现代高校思想政治教育创新研究

唐　敏◎著

线装书局

图书在版编目（ＣＩＰ）数据

现代高校思想政治教育创新研究 / 唐敏著. -- 北京:
线装书局, 2023.8
ISBN 978-7-5120-5567-4

Ⅰ. ①现… Ⅱ. ①唐… Ⅲ. ①高等学校－思想政治教
育－教学研究－中国 Ⅳ. ①G641

中国国家版本馆CIP数据核字(2023)第140072号

现代高校思想政治教育创新研究
XIANDAI GAOXIAO SIXIANG ZHENGZHI JIAOYU CHUANGXIN YANJIU

作　　者：唐　敏
责任编辑：白　晨
出版发行：线装书局
　　　　　地　址：北京市丰台区方庄日月天地大厦 B 座 17 层（100078）
　　　　　电　话：010-58077126（发行部）010-58076938（总编室）
　　　　　网　址：www.zgxzsj.com
经　　销：新华书店
印　　制：三河市腾飞印务有限公司
开　　本：787mm×1092mm　　　　1/16
印　　张：13.5
字　　数：300 千字
印　　次：2024 年 7 月第 1 版第 1 次印刷

定　　价：68.00 元

线装书局官方微信

前　言

　　思想政治教育是我们党的光荣传统和政治优势，是社会主义精神文明建设的一项基础工程，是我们各项工作顺利开展的生命线。高等学校的根本任务是育人，高校承担着人才培养、科学研究和服务社会的职能，是培养全面发展的高素质人才的摇篮，思想政治教育在高校显得尤为重要。作为高校基础工作的思想政治教育工作，它的最根本的问题就是学生的成长和发展问题，就是确立更高的目标、创造更好的条件、采取更好的措施、开辟更好的途径，为学生的健康成长和全面发展保驾护航。大学生是党和国家的宝贵人才资源，是民族的希望，祖国的未来，做好高校思想政治教育工作，对于提高毕业生综合素质、提升现阶段人才水平，进而更好地服务于经济社会发展具有重要意义。高校加强和改进党建与思想政治工作，是促进高等教育科学发展、和谐发展，建设高等教育强国的根本保证，是全面贯彻党的教育方针、培养社会主义事业建设者和接班人的必然要求。

　　近年来，高校思想政治教育工作在中共中央国务院、中宣部、教育部的高度重视下，在全国各地各教育部门的共同努力下，在培养高素质的人才，推动高等教育事业的发展，维护高校和社会的稳定等方面发挥了重要的作用，取得了长足的进步，获得了突出的成就。尽管高效思想政治教育工作有了长足进步，但从时代发展变化的形势和要求来看，目前高校思想政治教育的方式方法仍然落后于时代的发展，教育效果仍显不足。进一步强化改革，加强对高校思想政治教育的创新研究，仍然是高校思想政治教育工作者面临的艰巨任务。

　　本书从对以往高校思想政治教育的归纳和总结入手，研究现代高校思想政治教育面临的挑战与机遇，阐明了高校思想政治教育创新的基本原则，积极探索新形势下大学生思想政治教育工作的新思路、新内容、新方法。契合信息网络化、高等教育大众化的时代特点，对创新高校思想政治教育的方式方法做了较为全面的分析阐述。希望所有这些思想内容的提出以及实施，能为推动我国高校思想政治教育实效性的提升贡献一份力量。

　　由于知识视野的局限以及经验的不足，研究思路还不够开阔，内容不够充分，欢迎读者及专家提出宝贵意见，批评指正。

编委会

目 录

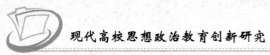

第一章　高校思想政治教育概述

高校是培养与输送人才的重要基地。一定意义上,高校人才培养的质量决定着国家事业的兴衰与成败。中共中央、国务院《关于进一步加强和改进大学生思想政治教育的意见》要求,加强和改进大学生思想政治教育,提高他们的思想政治素质,把他们培养成中国特色社会主义事业的建设者和接班人。

我国高等学校教育中的思想政治教育历来受到党和国家的高度重视,也是我们的优良传统和政治优势所在。中国广大高校把思想政治教育工作视为立校之本、兴校之本、育人之本、教学之本。可以说"以人为本"治国方略的理论支撑之一就在于高校思想政治教育的价值取向。思想政治教育本质上属于意识形态的范畴,它深受国家政治、经济、文化政策的影响,每一个阶段或时期都各有其时代特点。要创新研究当前高校的思想政治教育,我们则必须追溯新中国成立以来各个阶段思想政治教育发展的历史演变,提供借鉴、参考,并以此来改进、加强和创新高校的思想政治教育建设。

第 1 节　我国高校思想政治教育的历史沿革

一、我国高校思想政治教育历史沿革

1949 年中华人民共和国成立,经过"土地改革"、"三反"、"五反"等一系列政治运动,社会主义改造完成,这其中也包括对高等学校旧制度的改造。高校的思想政治教育肩负起改变旧思想、树立新思想,改造旧教育、创建新教育的重任。当时的"共同纲领"和"过渡时期总路线"都对高校思想政治教育的价值取向和目标做出了明确的规定,强调要特别加强高等学校中的思想政治教育。进行革命的政治思想教育,肃清一切反动错误的思想,树立正确的观点,用马克思列宁主义的基础知识教育学生,培养大批忠实于社会主义事业的、有一定科学技术知识的专门人才。各高校普遍开设了政治理沦课,并将课程和思想政治教育运动相结合。奉行学生德、智、体全面发展的教育理念,实施以马列主义世界

观、人生观为指导、以爱国教育和阶级观教育为重点的共产主义思想政治教育。这阶段的思想政治教育客观上促进了高校青年的政治观的形成，也在教育层面对稳定刚刚建立的社会主义制度起到了显著作用。但是，用政治运动方法进行思想教育，不仅违背教育发展的客观规律，也造成了思想混淆，这在"文化大革命"时期表现得尤为明显。

从中共中央八届十中全会提出将阶级斗争扩大化后，高校的思想政治教育也开始陷入了阶级斗争之中。"文化大革命"中江青、林彪等反革命集团一方面阴谋利用高校思想政治教育篡党夺权，而另一方面，又对思想政治教育进行破坏性的打击，推行极"左"的路线，提出"提高无产阶级专政下继续革命的觉悟"等错误的教育目标。破坏优良传统，摧毁教育机制体制，严重毒害了学生的思想，导致思想政治教育停滞。虽然1976年"文化大革命"结束，但是紧接着的"两个凡是"错误方针使思想政治教育仍徘徊不前。但这种徘徊毕竟不是倒退，这个时期客观上为十一届三中全会的拨乱反正和教育改革积累了经验。

十一届三中全会以来，高校思想政治教育的发展随着十一届三中全会的召开，高校思想政治教育的方向随着国家作重心的转移发生了变化，不再以阶级斗争为纲领，而是以马克思主义思想路线的"解放思想、实事求是"为指导思想，转到了服务"四化"建设的总目标上来，正确地定位了新时期思想政治教育的任务、地位和作用，尊重规律，科学、合理地为党培养社会主义现代化建设需要的专业人才，为此，这一时期一系列文件也相继颁布，如1980年的《关于加强高等学校思想政治工作的意见》和《加强和改进高校马列主义课的试行办法》、1985年的《关于改革学校思想品德和政治理论课程教学的通知》、1987年的《关于改进和加强高等学校思想政治工作的决定》，这些制度在此阶段从政策、内容、方法等方面保障了高校思想政治教育的连续性和稳定性。从党的十二大到十三大，再到十三届四中全会和十六大，直至十七大、十八大，我国高校思想政治教育进入到改进、加强、创新发展阶段。各高校紧紧围绕党的基本路线，切实改进思想政治工作，着力培养新人，并纷纷设立研究机构，使思想政治教育向科学化、法制化迈进。但也一度出现了共产党"僵化论"、马克思主义"过时论"、"异化论"等错误思潮。国家为此制定了《关于加强高等学校思想政治工作的决定》，各高校也认真贯彻执行中央的精神，坚持党的原则教育和基本路线教育。

十三届四中全会之后，党中央总结经验教训，为扭转一手硬一手软的现象，大力加强社会主义精神文明建设，高度重视高校思想政治工作。这期间最为重要的一个文件就是《关于进一步加强和改进大学生思想政治教育的意见》。这个文件对高校思想政治教育具有极其重要的意义，文件分析了高校思想政治教育所面临的形势和任务，全面阐述了高校加强和改进思想政治教育的指导思想、基本要求、主要途径和措施。随后，各地方和高校认真贯彻文件精神，结合各自实际，采取切实措施，制定具体的实施方案。比如在党建上落实校长负责制，当然这要坚持在党委的领导下。这种机制以党建推动思想政治教育工作的开展，客观上有利于进一步加强党对高校思想政治教育的领导，有益于深入推进高校的思想政治理论课程改革，从而使党与国家的社会主义理论进教材、进课堂、进入到大学生的头脑中，对学生进行近代史教育、国情教育、形势教育；能充分发挥思想政治理论课的主渠道作用，倡导大学生社会实践活动；可以加强校园文化建设，深入开展人文素质教育，提高大学生的文明素养，加强高校思想政治教育队伍建设等等。

进入新世纪以来，高校思想政治教育比以往任何时候都更加注重教育理念、内容和方式方法的创新。突出强调德育的重要性，突出理想信念教育、爱国主义教育、民族精神教育，突出以创新改革为核心的新时代精神的教育、心理健康教育。有效运用网络等新兴传媒开展思想政治教育，提高思想政治教育的科学化教育水平。这一系列的改革使得高校思想政治教育的创新性和实效性明显得到增强。高校思想政治教育在培养社会主义事业建设者和可靠接班人上呈现出崭新的局面。

进入新的世纪，我国开始全面建设小康社会，社会主义现代化建设事业进入新的历史发展阶段，当今世界和当今中国在经济、政治和文化等诸多方面都在发生深刻变化。伴随着世界高新科技产业和经济全球化趋势的迅猛发展，以及我国改革开放的进一步深化和社会主义市场经济体制的建立，高校思想政治工作面临的挑战更严峻、任务更繁重、工作更艰巨，如何做好高校的思想政治教育问题作为一个重大的时代性课题已尖锐地摆到高校思想政治工作者面前。

我国进入全面建设小康社会新阶段，表明我国物质文明建设和人民群众的物质生活已经达到一个新的水准，人民群众特别是高校的教师与学生，随着物质生活条件的不断改善，将在文化、精神生活方面提出更新更高的要求，以满足更快的发展需要。高校思想政治教育能不能与小康社会物质条件相适应并满足师生思想与精神生活全面发展的需要，是一个不容回避的现实课题。同时，我国加入世贸组织之后，作为开放前沿的高等学校，一方面直面国外各种文化、思潮与高等教育国际化的冲击，面临着国外高等学校登陆我国教育市场的挑战；另一方面，高等学校还要面向世界，发展外向型高等教育，在国际舞台上吸引、争夺人才。所有这些，都要求高校思想政治工作以更新更高的要求抓住机遇，迎接挑战，在发展自身过程中推进高校面向世界发展。另外，当代科学技术的迅猛发展，正在广泛而深刻地改变着社会的各个领域，处于科学技术发展前沿的高等学校，不仅要组织、发动师生根据科学技术发展的要求，改革学科结构、课程结构、教学内容与教学方法，而且要不断动员、激发师生知识学习、知识创新的热情与勇气。高校进入深层次的改革与前沿领域的创新，无疑需要经常、大量、艰苦的思想政治工作做保证。还有，高等学校的社会化发展，高等学校的相互竞争，高等教育大众化发展趋势，也提出了许多需要思想政治工作研究和解决的新问题。

二、对高校思想政治教育历史的深思

1949 年新中国成立以来，高校思想政治教育的历史是由单一走向整合的转变过程，其中有正确的时候，也有错误的时候。我们要借鉴成功的经验，吸取历史的教训，促进当前高校思想政治教育的开展。主要的历史启示体现在以下几个方面：

1. 坚持正确全面的思想政治教育观

全面发展的思想政治教育是人的全面发展，人的全面发展也构成社会发展的中心内容。顾名思义，人的全面发展就是按照人的本质，即作为一个完整的人，以一种全面的方式，占有自己全面的本质。这也正是思想政治教育的根本目标所在。所以坚持正确全面的思想政治教育观就是坚持以高校大学生个人的全面发展为教育目标，就是要重视作为思想政治教育者的素质的提高。过去，我们一味地重视对学生的思想政治教育，而长期忽视对教育者的思想政治教育。要有效提高思想政治教育者的整体素质，必须持续不断地对其政治素质、道德素质、思想素质、法律素质进行先教育。必须首先提高其知识能力素质、心理素质、创新素质等，只有这样才能取得良好的效果。当然，思想政治教育的受教育者——大学生的素质提高才是根本需要，重点就是思想道德修养的提高。

2. 坚持思想政治教育的正确导向

能否培养出社会需要的，具有自觉性社会服务意识的大学生，不仅直接关系到党和国家事业发展的全局，而且关系到高校思想政治教育能否沿着正确的教育方向前进。坚持高校思想政治教育的正确导向，就是要正确科学地引导大学生全面理解和贯彻党和国家的基本路线，正确认识和处理社会价值与自我价值之间的关系。坚持正确的政治方向，高举新阶段建设中国特色社会主义的伟大旗帜，坚定不移地走中国特色的社会主义道路。坚持高校思想政治教育的正确导向，就是要坚持把握政治方向和价值取向的辩证统一。从 1949年新中国成立以来高校思想政治教育的发展表明，只有坚持政治方向和价值取向的正确的辩证统一，才能有效地引导当代高校学生为社会主义现代化建设做出更多有益的贡献。

3. 坚持"以人为本"的思想政治教育理念

高校思想政治教育在于对人性的充分肯定和尊重，弘扬人的主体性，提高人的主体意识，促进人的个性发展，启发学生的自觉性，激发创造性，立足于学生的身心实际和发展实际，以学生的全面发展为目标和归宿，以促进社会发展为手段，注重学生的人性认同，注重学生的人格尊重，注重学生的人文关怀，给予学生更多人性的色彩。这是高校思想政治教育应达到的效果。坚持以人为本就要坚持以马列主义、毛泽东思想、邓小平理沦、"三个代表"重要思想和中国特色社会主义理论体系为思想行动指导，以培养全面自由发展的社会主义优秀建设者和接班人为目标，坚持教育与自我教育相结合、教育与管理相结合、政治理论教育与社会教育实践相结合。以继承优良传统与改革创新相结合为原则，深入细致地开展高校思想政治教育社会实践，同时尊重学生，突出学生的主体性地位，关注学生的精神需求，切实有效地通过高校思想政治教育，为现代大学生构筑人生理想提供思想支持、理论支持、时间支持，从而实现高校思想政治教育人和政治诉求的和谐统一。

4．坚持以社会主义核心价值体系为核心的思想政治教育

新阶段、新时期思想政治教育理论创新与发展的重要依据之一就是社会主义核心价值体系。社会主义核心价值体系与高校思想政治教育存在着一种相互促进的内在统一的关系。高校教育中开展的社会主义核心价值体系建设为加强和促进大学生思想政治教育营造了良好条件，创造了机遇，也提出了新的要求。社会主义核心价值体系是对高校思想政治教育内容、目标的总结和精练概括。

社会主义核心价值体系的内容与高校思想政治教育的教育本质、目标、任务等相融在一起，是高校思想政治教育集中的体现和反映。高校是建设社会主义核心价值体系的主阵地和主导力量，发挥着主渠道的作用。一方面社会主义核心价值体系在全社会营造的氛围，客观上增强了高校思想政治教育的有效性，促进了高校思想政治教育的顺利发展；另一方面社会主义核心价值体系的内容建设也需要依托高校思想政治教育的巩固和发展。现在每个高校在思想政治教育中，都把对学生的社会主义核心价值体系教育当作一个重点问题来探索和研究，充分发挥高校的主导性和能动性作用。在将社会主义核心价值体系融入高校思想政治教育的过程中，要突出马克思主义中国化的最新成果，倡导爱国主义和集体主义，培育和践行社会主义荣辱观，强调民族精神和时代精神，加强理想信念教育、形势政策教育，不断增强对社会主义制度、中国共产党领导的信心。

第2节　高校思想政治教育的地位与历史使命

一、大学生思想政治教育是社会主义精神文明建设的重要方面

党的十二大根据科学社会主义的理论和我国的实际情况明确指出，在建设高度的物质

文明的同时，一定要努力建设高度的社会主义精神文明。这是社会主义的重要特征，也是建设社会主义的一个战略方针。高等学校是建设社会主义精神文明的重要基地。它不仅以现代科学、进步文化、革命理论丰富和传播精神文明的重要成果，而且培养大批适应时代要求的人才去实现这种创造性的建设任务。因此，发展高等教育是建设两个文明的重要条件。

高校学生思想政治教育是高等教育的重要组成部分，在社会主义精神文明建设中占有重要地位。首先，它直接担负着在大学生中实现思想建设要求的任务。以共产主义思想为核心的思想建设决定着精神文明的社会主义性质。它要求在全国人民中普及革命的理想教育、道德教育和纪律教育，努力提高每一个社会成员的精神境界，建立和发展新型的社会关系，使越来越多的社会成员成为有理想、有道德、有文化、守纪律的劳动者。高校学生思想政治教育就是要实现这些基本要求，并且是在更高的科学理论和文化知识的基础上进行这种教育，使大学生达到比一般社会成员更高的文明水准，同他们的文化教育素养相称，同他们即将担负的工作任务相适应，真正成为在智慧、能力和道德品质上堪称新人的社会主义现代化建设的开创者。其次，大学生思想政治教育的成果会给整个社会精神文明建设以积极的影响。大学生学习和生活在高等学府，为社会所注目，应当是一代青年的楷模。他们又常常参与社会活动，并且在社会生活中，通过其言谈举止，影响着社会风尚，推动社会的精神文明建设。大学生思想政治教育的成果具有社会意义，是社会精神文明建设中具有示范和激发作用的部分。再次，学生思想政治教育的成果对于社会主义精神文明建设具有长期作用。大学生是各条战线文明建设的未来骨干，他们将分别成为物质生产工作者（科学家、工程师、管理人员等）和精神工作者（教师、理论家、艺术家、记者、党政干部等）。他们中的不少人将成长为我国经济、政治、文教科技战线的领导骨干或技术骨干，社会主义精神文明的种子在很大程度上将要通过他们传播到各条战线上并开花结果，大学生的精神面貌关系到我国精神文明建设的未来。因此，用爱国主义、共产主义思想培养教育大学生，使新人辈出，今胜于昔，这是我们伟大的共产主义事业能够代代相传和最后建成的重要保证。

二、以共产主义思想为核心的思想政治教育是社会主义高等教育的显著标志

思想政治教育就是学校教育中的德育。它直接反映社会经济和政治对于培养人才的要求，是我国高等教育社会主义性质的鲜明体现。

在历史上，各个社会中占统治地位的阶级，都按本阶级的政治需要把思想政治教育放在学校教育的重要地位。因为只有这样才能造就本阶级所需要的人才，以维持和巩固他们的社会制度，只是各个阶级实行的思想政治教育的性质和内容不同罢了。中国古代教育家孔子重视的教育内容主要包括道德教育和知识教育两大部分，并主张把德育放在教育的首位。

他说："弟子入则孝，出则悌，谨而信，泛爱众，而亲仁。·行有余力，则以学文。"他要求学生首先致力于道德修养，行有余力，然后才是学习文化，这反映了奴隶主阶级对德育的重视。唐代著名作家韩愈也说过："师者，所以传道授业解惑也。"教师的职责，首先在于"传道"，即传播思想和道德，可见封建阶级对德育的重视。在半殖民地半封建的中国，伟大的民主主义革命先行者孙中山曾经一再强调"立志是读书人最要紧的一件事"，要求青年学生读书要"为大家谋幸福。著名的爱国主义教育家蔡元培提出道德教育为学校教育的中心。说明中国资产阶级民主主义革命家和教育家对德育的重视。他们都按照本阶级的要求，实施德育；不同性质和内容的德育，反映了不同性质教育的政治方向。

我们党以毛泽东同志为主要代表的老一辈无产阶级革命家，对创建我党我国的思想政治工作包括学校的思想政治教育，都有伟大的建树，不断从理论上和实践上说明和解决思想政治工作的路线、方针、政策、方法。制度、作风等问题，形成了优良的传统。在新民主主义革命时期，我党领导下的革命根据地的学校教育中，就非常注重对学生进行革命的思想政治教育，把引导学生确立。坚定正确的政治方向放在学校工作的首位。各类革命学校的领导和广大教师都很重视帮助学员转变思想，努力确立无产阶级世界观。在社会主义革命和建设时期，一直把思想政治教育放在学校工作的十分重要的地位，予以充分的重视。

我国高等教育是社会主义性质的培养各种专门人才的事业。社会主义高等教育的性质和目的是由社会主义制度的性质所决定的。它规定了社会主义大学的政治方向，培养目标。我国高等学校必须坚持党的领导，坚持社会主义方向，坚持以马克思主义世界观和共产主义道德教育学生，坚持马克思主义在科学、文化和学术工作中的指导地位。这是我国高等教育社会主义性质的根本标志。其中坚持党在政治上的领导地位和马列主义在思想上的指导地位，对于保证学校的社会主义性质具有决定的意义。这种领导和指导地位在学校教育工作中的表现，就是学校教育的思想政治方向和内容，就是党的思想政治工作。历史的经验说明，高等学校的性质最终是要通过它所培养的学生的思想政治素质，他们为谁服务表现出来的，而学生的这种素质又主要是通过学校的思想政治教育（包括业务教学和各项工作中的思想政治教育）来培养的。正是从这个意义上说，实施以共产主义思想为核心的思想政治教育是区别社会主义大学与资本主义大学的一个根本标志。

在新的历史时期，发展科学技术已经成为实现四化的关键，高等学校的主要任务是为现代化建设培养合格的人才，但教育仍然有社会主义与资本主义性质之分，仍然必须坚持用共产主义思想体系教育学生，才能保证学校的社会主义性质。这是因为历史上剥削阶级和其他非无产阶级的影响，十年内乱造成的思想政治方面的影响还会在我国社会生活的各个领域有所反映；实行对外开放和对内搞活经济的政策，在促进我国社会主义现代化建设的同时，内外资产阶级的腐朽思想、文化和生活方式不可避免地会通过各种渠道直接间接、潜移默化地影响青年学生；由于阶级斗争还将在一定的范围内长期存在，在某种条件下还有可能激化，这种情况结合着新的历史条件，也会影响思想领域的斗争，使之带有某种新的、错综复杂的特点。高等学校处于对外文化交流的前沿，各种思想文化和社会信息，通过书刊和人员交流很容易得到传播，因而，高等学校始终是思想战线的重要阵地，大学生由于其社会地位和思想敏感的特点，在思想战线上也常常处于一种特殊的、敏感的地位。对青年包括对大学生在思想上的腐蚀与反腐蚀、在政治上的争夺与反争夺的斗争仍将长期存在。我国大学生具有光荣的革命传统，我国高等学校有丰富的思想政治教育经验，这是我们在政治上、思想上坚持社会主义阵地的重要基础。但是，我们不能因此而掉以轻心。只有我们目标明确，头脑清醒，坚持正确的方针，才能保证我国高等教育的社会主义性质，保证我们的大学生具备共产主义的思想政治品德。反之，我们的高等教育事业也可能造成新的失误，背离社会主义的培养目标，造成严重的恶果，贻害整个社会主义事业。我们应该从这样的高度去认识思想政治教育在高等教育中的地位和作用。

三、思想政治教育在全面发展教育中占主导地位

思想政治教育是全面发展教育的重要组成部分，并占主导地位。思想政治教育的地位，在我国的教育方针中有明确的规定。毛泽东同志在一九五七年指出："我们的教育方针，应该使受教育者在德育、智育、体育几方面都得到发展，成为有社会主义觉悟的有文化的劳动者。"党的教育方针，体现了我国教育的社会主义性质，指明了我国的教育目的及实现教育目的的根本原则。这个方针首先坚持要求使受教育者德智体全面发展，既说明我们的教育内容包含德、智、体三个方面;，又说明我们的教育目标是培养全面发展的人。德育，就是向学生进行马克思主义世界观和共产主义道德的教育，培养学生的无产阶级政治立场和思想品德，它体现了社会主义教育的无产阶级政治方向，在整个学校教育工作中占有十分重要的地位。

四、加强高校思想政治教育的重要意义

思想政治教育是阶级社会出现以来就存在的一项重要工作，是一定的阶级或政治集团为实现一定的政治目的，有计划地对人们施加意识形态的影响，以期转变人们的思想、观念和心理，塑造人们的政治立场、情感、价值和理想，并提升人们的道德境界，进而指导人们行为的社会实践活动。

一、全面贯彻科学发展观的生动体现

在党的十六届三中全会上，我们党根据马克思主义辩证唯物主义和历史唯物主义的基本原理，总结国内外在发展问题上的经验教训，吸收人类文明进步的新成果，站在历史和时代的高度，明确强调要"坚持以人为本，树立全面、协调、可持续的发展观，促进经济社会和人的全面发展"，深刻回答了新世纪新阶段我国要发展、为什么发展和怎样发展的重大问题，完整地提出了科学发展观，实现了我们党对社会主义现代化建设指导思想的新发展。《意见》自觉以科学发展观为指导，立足于坚持社会主义办学方向，全面贯彻党和国家教育方针的高度，系统阐明了大学生思想政治教育为什么要加强和改进、如何加强和改进等一系列重要问题，对新世纪新阶段大学生思想政治教育工作做出了全面部署，是贯彻落实科学发展观的生动体现。

加强和改进大学生思想政治教育。努力造就全面发展的中国特色社会主义事业的合格建设者和可靠接班人。是实践科学发展观、推动我国经济社会更快更好发展的根本基础。科学发展观的实质是要实现经济社会更快更好的发展。发展观的第一要义是发展，离开发展，就无所谓发展观；发展的主体是人，离开人——这一生产力中最活跃、最革命的因素，发展也就无从谈起。正因如此，改革开放以来，我们党高度关注经济社会的发展，同时也高度关注人的发展，关注人的思想道德素质和科学文化素质、健康素质的全面提升。邓小平明确指出："中国的事情能不能办好，社会主义和改革开放能不能坚持，经济能不能快一点发展起来，国家能不能长治久安，从一定意义上说，关键在人"（中华人民共和国教育部，《"三个代表"重要思想教育理论学习纲要》，高等教育出版社 2004 版，第 17 页）。在新的社会历史条件下，江泽民同志在反复强调发展是党执政兴国的第一要务的同时，也反复强调，在社会的各种资源中人才是最宝贵、最重要的资源，是第一资源。"物质资源的开发利用是人类社会发展的基础，而人类智慧和能力的发展决定着对物质资源开发的深度和广度。随着社会的进步，人类自身能力不断发展，显示出越来越强的力量。经济发展

和社会进步，需要物质资源作为基础，更需要人的知识和能力作为支撑。当今世界，人才和人的能力建设，在综合国力竞争中越来越具有决定性的意义。人类有着无限的智慧和创造力，这是文明进步不竭的动力源泉。开发人才资源，加强人力资源能力建设，已成为关系当今各国发展的重大问题"。在新世纪新阶段，以胡锦涛为总书记的党中央提出了科学发展观，同时也做出了人才强国的重大战略决策。大学生是十分宝贵的人才资源，是民族的希望，是祖国的未来。加强和改进大学生思想政治教育，提高他们的思想道德素质，并努力促进他们的全面发展，把他们培养成中国特色社会主义事业的建设者和接班人，是对高素质社会发展主体的塑造，是推动我国经济社会更快更好发展的基础工程。全面贯彻科学发展观、努力实现我国经济社会更快更好发展的伟大实践，凸显着加强和改进大学生思想政治教育的重要战略意义。

坚持以人为本，是科学发展观的本质和核心。贯彻科学发展观，需要将"以人为本"贯彻到我们工作的方方面面。加强和改进大学生思想政治教育，是以人为本在大学生培养中的基本要求和生动体现。温家宝同志指出："以人为本，就是要把人民的利益作为一切工作的出发点和落脚点，不断满足人们的多方面需求和促进人的全面发展。具体地说，就是在经济发展的基础上，不断提高人民群众物质文化生活水平和健康水平；就是要尊重和保障人权，包括公民的政治、经济、文化权利；就是要不断提高人们的思想道德素质、科学文化素质和健康素质；就是要创造人们平等发展、充分发挥聪明才智的社会环境"。大学生精神需求的满足和精神生活质量的不断提升，思想道德素质、科学文化素质和健康素质的不断提高，大学生维护、享受自己政治、经济、文化权利能力的不断增强，进而大学生全面发展的实现，都离不开科学有效的思想政治教育。《意见》把"以人为本"作为加强和改进大学生思想政治教育的指导思想中的重要内容，明确要求加强和改进大学生思想政治教育，要以大学生全面发展为目标，要坚持以人为本、育人为本，要教育人、引导人、关心人、帮助人等等，也都鲜明地体现了我们党和政府对在以人为本的基点上推动大学生思想政治教育新发展的自觉追求。

以人为本、全面、协调、可持续。是科学发展观在发展问题上的基本观点，也是科学发展观思考发展问题时所坚持的基本的思想方法论。坚持用这种思想方法思考我们的各项工作，也是贯彻落实科学发展观的重要方面和重要要求。《意见》通篇洋溢着在以人为本、全面、协调、可持续中实现加强和改进大学生思想政治教育的思想方法论。《意见》强调以人为本实施大学生思想政治教育，明确要求切实加强思想政治教育工作队伍建设，与此同时，充分调动大学生的积极性和主动性，引导他们自我教育、自我管理、自我服务，从而实现促进大学生全面发展的目标。《意见》强调在提升全面性、协调性与可持续性中实现大学生思想政治教育的新发展，明确要求所有教师都负起育人职责，要坚持教书育人、服务育人、管理育人、齐抓共管、形成合力；高等学校各门课程都具有育人功能，要深入发掘各类课程的思想政治教育资源，并坚持实践育人、文化育人、环境育人；教育与自我教育、政治理论教育与社会实践、解决思想问题与解决实际问题、教育与管理要紧密结合，共同促进大学生思想道德素质的提升和大学生的全面发展。《意见》坚持人的思想道德素质、科学文化素质、健康素质的有机统一，强调促进大学生思想道德素质、科学文化素质和健康素质协调发展；坚持思想政治素质在人的素质构成中的特殊重要性，强调学校教育要以德育为先，把思想政治教育摆在首要位置；坚持知识教育与思想教育之间互相促进，强调在传播专业知识过程中加强思想教育，使学生在学习科学文化知识过程中，自觉加强思想道德修养，提高政治觉悟；坚持实践在人的思想政治素质发展中具有根本性作用，强调深入开展社会实践，探索实践育人的长效机制；坚持思想政治素质内在构成的多样性、层次性与整体性，强调以理想信念教育为核心，以爱国主义教育为重点，以基本道德规范为基础，以全面发展为目标开展大学生思想政治教育。这些思想，充分反映了我们党和政府对大学生思想政治素质发展、教育与培养规律的深刻把握，对实现大学生思想政治教育全面、协调、可持续发展的不懈探索。

二、实现中华民族伟大复兴的战略要求

《意见》指出："加强和改进大学生思想政治教育，提高他们的思想政治素质，把他们培养成中国特色社会主义事业的建设者和接班人，对于全面实施科教兴国和人才强国战略，确保我国在激烈的国际竞争中始终立于不败之地，确保实现全面建设小康社会、加快推进社会主义现代化的宏伟目标，确保中国特色社会主义事业兴旺发达、后继有人，具有重大而深远的战略意义。"这一论述，从努力实现中华民族伟大复兴的战略全局，从三个"确保"的战略高度，深刻阐明了加强和改进大学生思想政治教育的战略意义。

加强和改进大学生思想政治教育是确保我国在激烈的国际竞争中始终立于不败之地的需要。当今时代，科技进步日新月异，国际竞争日趋激烈。各国之间的竞争，说到底，是人才的竞争。这里所说的人才，是思想道德素质、科学文化素质和健康素质全面发展的人才。在庆祝清华大学建校九十周年大会上，江泽民同志曾向全国大学生明确指出："从二十世纪进入二十一世纪，你们是承前启后、继往开来的重要一代。我国现代化建设的第三步战略目标将在你们这一代手中实现。你们树立什么样的理想，学到什么样的知识，具有什么样的能力，对于祖国和民族的未来关系重大。"这一谆谆教导，也正表明了具有什么样的素质、成长为什么样的人才，在综合国力的竞争、在推进民族的复兴中所具有的重要意义。加强和改进大学生思想政治教育，不断造就大批具有丰富创新能力的高素质人才，

不断培养大批忠于党、忠于国家、忠于民族的中国特色社会主义事业的建设者和接班人，这是我们能够在激烈的综合国力竞争中站稳脚跟、实现中华民族伟大复兴的必然要求，也是我国社会主义教育事业的历史任务。

加强和改进大学生思想政治教育是确保实现全面建设小康社会、加快推进社会主义现代化宏伟目标的需要。全面建设小康社会，是党的十六大确定的新世纪新阶段我国社会主义现代化建设的宏伟目标。我们所要建设的小康社会，是经济更加发展、民主更加健全、科教更加进步、文化更加繁荣、社会更加和谐、人民生活更加殷实的小康社会，是全面发展的小康社会。努力实现全民族思想道德素质、科学文化素质和健康素质的明显提高，是全面建设小康社会宏伟目标中的重要内容。大学生思想道德素质的明显提高，是全民族思想道德素质明显提高的重要部分。与此同时，由于大学生是最富有生机、最富有活力、代表着希望和未来的社会群体之一，由此，大学生思想道德素质的明显提高在全民族思想道德素质的明显提高中又具有示范作用、辐射作用、推动作用，是全民族思想道德素质明显提高的重要基础。因而，提升全民族的思想道德素质，推动全面建设小康社会、加快推进社会主义现代化宏伟目标的顺利实现，必须高度重视大学生思想道德素质的提升，高度重视加强和改进大学生思想政治教育。

加强和改进大学生思想政治教育是加强党的执政能力建设。确保中国特色社会主义事业兴旺发达、后继有人的需要。党的十六届四中全会从关系社会主义事业兴衰成败、关系中华民族前途命运、关系党的生死存亡和国家长治久安的高度，做出了《关于加强党的执政能力建设的决定》（以下简称《决定》）。不断巩固党执政的思想基础，努力造就源源不断的中国特色社会主义建设者和接班人，是增强党的执政能力的重要内容和重要基础。正因如此，《决定》明确将"坚持马克思主义在意识形态领域中的指导地位，不断提高建设社会主义先进文化的能力"作为加强党和执政能力建设的重要方面，并对"努力探索新方式新方法，加强和改进思想政治工作"、"全面贯彻党的教育方针，培养德智体美全面发展的社会主义建设者和接班人"等提出了具体要求。坚持以马克思列宁主义、毛泽东思想、邓小平理论和"三个代表"重要思想为指导，全面落实党的教育方针，以理想信念教育为核心，以爱国主义教育为重点，以思想道德建设为基础，以大学生全面发展为目标，加强和改进大学生思想政治教育，培养德智体美全面发展的社会主义合格建设者和可靠接班人，对于加强党的执政能力建设，确保中国特色社会主义事业兴旺发达、后继有人等，具有重要的战略意义。

实现中华民族的伟大复兴，是近代以来无数仁人志士的夙愿，是几代中国共产党人的不懈追求。党的十六大报告指出："中国共产党深深扎根于中华民族之中。党从成立那一天起，就是中国工人阶级的先锋队，同时是中国人民和中华民族的先锋队，肩负着实现中华民族伟大复兴的庄严使命。在新民主主义革命时期，我们党团结和带领全国各族人民完成民族独立和人民解放的历史任务，为实现中华民族伟大复兴创造了前提。新中国成立后，我们党创造性地完成由新民主主义到社会主义的过渡，实现中国历史上最伟大、最深刻的社会变革，开始了在社会主义道路上实现中华民族伟大复兴的历史征程。党的十一届三中全会以来，我们党找到建设中国特色社会主义的正确道路，赋予民族复兴新的强大生机。中华民族的伟大复兴展现出灿烂的前景。"切实加强和改进大学生思想政治教育，不断提高大学生的思想政治素质，我们才能够确保我国在激烈的国际竞争中始终立于不败之地，确保实现全面建设小康社会、加快推进社会主义现代化的宏伟目标，确保中国特色社会主义事业兴旺发达、后继有人，从而推动中华民族伟大复兴的早日实现。

三、有效应对一系列重要课题的迫切需要

在当前，大学生思想政治教育面临着崭新的境遇，由此也面临着一系列重要的课题。有力回应这些重要课题，需要我们切实加强和改进大学生思想政治教育。概括而言，大学生思想政治教育所面临的重要课题有：

在国际敌对势力与我争夺下一代的斗争更加尖锐复杂的条件下如何引导大学生弘扬和培育以爱国主义为核心的民族精神。牢固确立成长为中国特色社会主义事业合格建设者和可靠接班人的人生追求。国际敌对势力对我国"西化"、"分化"的图谋由来已久。早在20世纪50年代，美国中央情报局就开始草拟一套内部代号为《十条戒令》的行动计划，企图从思想文化、政治经济、民族宗教矛盾、传媒工具到武器装备等方面动摇中国年轻一代的传统价值观。冷战结束以后，国际敌对势力更是进一步将"西化"、"分化"的目标锁定在中国，妄图使中国的社会主义事业在不久的将来改旗易帜。一如江泽民同志所指出的那样："东欧剧变、苏联解体以后，国际敌对势力自以为得计，声称他们对社会主义国家的和平演变战略取得了决定性的胜利，妄言社会主义国家将很快在地球上消失，加紧对中国推行'西化'、'分化'战略。……他们的目的，就像邓小平同志指出的，是要把社会主义的中国变成完全西方附庸化的资产阶级共和国"。在当前，西方敌对势力加紧对我国实施"西化"、"分化"的战略图谋仍然没有改变，我们与西方敌对势力在渗透与反渗透、颠覆与反颠覆方面的斗争更加复杂、尖锐。如何引导大学生弘扬和培育以爱国主义为核心的民族精神，牢固确立成长为中国特色社会主义事业合格建设者和可靠接班人的人生追求，有效粉碎国际敌对势力的"西化"、"分化"图谋，是大学生思想政治教育面临的重要课题。

在资本主义仍然不断发展、社会主义运动从总体上仍然处于低潮的态势下如何引导大学生深刻认识人类社会发展的客观规律和必然趋势，牢固确立马克思主义的理想信念和建

设中国特色社会主义的信心。从总体上看，当今世界，资本主义与社会主义力量的对比，仍然明显失衡。对此，江泽民同志有过深刻分析，他指出："资本主义的发展，从英国资产阶级革命算起，已有三百六十年的历史了。很多人感到不好解释的一个问题是：马克思、恩格斯早在《共产党宣言》中就宣告，由于资本主义生产的社会化和资本主义私人占有形式这个基本矛盾的运动，资本主义必然灭亡，共产主义必然胜利。列宁在本世纪初期曾经提出进入帝国主义阶段的资本主义，是垄断的、腐朽的、垂死的资本主义。现在资本主义不仅没有在世界上消失，而且发达资本主义国家在生产力、科学技术等方面还有新的很大的发展"。"目前，从经济、科技发展和物质文化生活水平来看，发达资本主义国家比我们这样的发展中社会主义国家要高得多。这也是客观存在，我们不承认、不正视也不行。"与此同时，社会主义运动跌入低潮对人们思想观念的影响从而对整个社会主义的影响同样不容忽视，江泽民同志指出："东欧剧变，苏联解体，是世界社会主义遭受的巨大挫折。为什么苏联这样一个发展了七十多年的社会主义国家还会解体呢？一些善良的人们产生了疑问和困惑，对世界社会主义的前途也存在这样那样的忧虑，甚至在我们的一些党员和干部中也程度不同地产生了'信仰危机'。这是客观存在，我们不承认、不正视不行"。在这一背景下，大学生思想政治教育必须认真思考如何引导大学生深刻认识人类社会发展的客观规律和必然趋势，牢固确立马克思主义的理想信念和建设中国特色社会主义的信心，成长为中国特色社会主义事业的合格建设者和可靠接班人。

在信息技术迅猛发展、社会信息化程度不断提高、世界范围内不同思想文化相互激荡的条件下，如何引导大学生在积极吸纳世界其他民族优秀文化成果的同时，自觉抵制不良思想文化的侵蚀。努力成长为社会主义先进文化的继承者、弘扬者、实践者和创造者。信息技术的迅猛发展、社会信息化程度的不断提高、世界范围内不同思想文化的相互激荡是紧密相关的，它既为当代大学生个体的思想信息接受行为和生活方式带来了新的境遇，也使得当代大学生的成长面对着更加复杂的文化环境。随着信息技术的迅猛发展、社会信息化程度的不断提高，世界范围内各种思想文化，历史的和现实的、外来的和本土的、进步的和落后的、积极的和颓废的，相互激荡，有吸纳又有排斥，有融合又有斗争，有渗透又有抵御。总体上处于弱势地位的广大发展中国家，不仅在经济发展上面临严峻挑战，在文化发展上也面临严峻挑战。保持和发展本民族文化的优良传统，大力弘扬民族精神，积极吸取世界其他民族的优秀文化成果，实现文化的与时俱进，是关系广大发展中国家前途和命运的重大问题。在这一背景下，如何引导大学生在积极吸纳世界其他民族优秀文化成果的同时，自觉抵制不良思想文化的侵蚀，努力成长为社会主义先进文化的继承者、弘扬者、实践者和创造者，同样是大学生思想政治教育面临的重要课题。

在我国的改革开放不断推进、社会生活现实日趋多样化的条件下。如何引导大学生自觉抵制各种不良思想观念的侵蚀，积极弘扬集体主义、爱国主义、社会主义的主旋律，形成昂扬向上的精神状态和积极健康的心理素质。改革开放是一场革命，它在催生人们许多新的、积极的思想观念、精神状态的同时，也给人们的精神世界带来了一些消极的影响。由于社会主义经济成分、组织形式、物质利益、就业方式日益多样化，人们思想活动的独立性、选择性、多变性、差异性明显增加；市场经济活动存在的弱点及其带来的消极影响，反映到人们的思想意识和人与人关系上，容易诱发自由主义、分散主义和拜金主义、享乐主义、利己主义；人民内部矛盾的内容和表现形式也出现了许多新的情况。实行对外开放，有利于人们开阔眼界、增长见识、活跃思想，但国外资产阶级的腐朽思想文化也会乘机而入。我国社会长期存在的封建残余思想包括封建迷信和愚昧落后的思想观念，在新的历史条件下也会沉渣泛起。在当前，一些大学生不同程度地存在政治信仰迷茫、理想信念模糊、价值取向扭曲、诚信意识淡薄、社会责任感缺乏、艰苦奋斗精神淡化、团结协作观念较差、心理素质欠佳等问题，就是这种负面影响的具体体现。引导大学生自觉抵制各种不良思想观念的侵蚀，积极弘扬集体主义、爱国主义、社会主义的主旋律，形成昂扬向上的精神状态和积极健康的心理素质，需要我们付出更多的努力。

在大学生群体发生明显变化的条件下。如何准确把握教育对象的新变化，切实增强大学生思想政治教育的针对性、实效性和吸引力、感染力，有效发挥思想政治教育引导大学生思想政治素质不断发展的作用。就宏观而言，当代大学生的群体构成日益表现出规模扩大、来源多样、组织多型等特点；就微观而言，当代大学生的生理成熟期普遍前移，在心理发展方面，当代大学生明显表现出心理成熟期后移、心理矛盾增多、心理压力加大、心理问题频发等特点。在思想行为方面，影响当代大学生思想活动的因素日趋多样，他们思想的关注点日趋宽泛和分散，思想文化需求日趋多样，价值取向日趋多元。这些新变化和新特点，对大学生思想政治教育提出了一系列新的课题。如，在大学生群体构成变化的情况下，如何及时建构与高等教育大众化发展阶段相适应的学生思想政治教育新机制；在大学生生理、心理发生变化的情况下，如何及时拓展教育内容体系，关注学生的心理发展，建构富有针对性的高校学生心理教育模式；在大学生思想活动影响因素变化的情况下，如何坚持并强化学校在诸影响因素中的主导性作用，坚持并强化学校思想政治教育在学生思想发展中的主导性作用；在大学生的思想关注点变化的情况下，如何切实有效地加强对大学生的马克思主义理论教育，强化他们对马克思主义的信仰，对社会主义的信念，提高他们对先进文化、主流文化接收与接受的积极性、自觉性；在价值取向变化的情况下，如何引导当代大学生确立积极的人生态度，高扬远大的理想风帆，形成昂扬向上的精神状态等等。所有这些问题，都对大学生思想政治教育的加强和改进提出了新的要求。

当前，大学生思想政治教育面临着崭新的境遇、崭新的课题。积极探索大学生思想政治教育的新方法、新途径，切实加强和改进大学生思想政治教育，努力实现大学生思想政治教育的与时俱进，是时代赋予我们的重任。

四、开创高校思想政治教育新局面的必由之路

综上可见，在新世纪新阶段，大学生思想政治教育面对着更高的要求、肩负着更加神圣的使命，同时也面临着更加复杂的环境、更加严峻的挑战。面对新形势、新情况，大学生思想政治教育工作还存在着许多无法适应的地方，还存在不少薄弱环节。在思想认识方面，一些地方、部门和学校的领导对大学生思想政治教育工作的重视程度还不够，甚至认为思想政治教育可有可无，并基于这种认识，在高等教育的改革进程中，没有把加强和改进大学生思想政治教育摆在学校工作的重要位置，不能始终坚持把引导大学生具有坚定正确的政治方向放在首位，或者盲目挤压大学生思想政治教育的工作空间。在实践推进方面，大学生思想政治教育的主渠道建设还比较薄弱，思想政治理论课的实效性和吸引力还有待进一步增强；思想政治教育在贴近生活、贴近实际、贴近学生方面还有许多工作要做，根据大学生的思想实际和思想政治素质发展规律不断推进大学生思想政治教育方式方法创新的任务还很艰巨；学校、家庭、社会共同构筑的大学生思想政治教育立体化网络还没有真正建立起来。在条件保证方面，政治强、业务精、作风正、纪律严的大学生思想政治教育工作队伍建设还亟待加强，大学生思想政治教育的阵地建设还有待加大力度，大学生思想政治教育必要的经费投入还需要予以制度化的保障，思想政治教育的学科建设和理论研究还需要进一步加强。在环境营造方面，大学生思想政治教育工作队伍孤军奋战的状况还没有彻底改变，所有教师、所有管理人员、所有教育环节、所有课程都担负着育人重任的责任意识还需要进一步增强，全社会关心支持大学生思想政治教育的合力还没有真正形成。这些情况，与大学生思想政治教育面对的更高要求、肩负的神圣使命、面临的复杂环境、严峻挑战等形成鲜明比照，更进一步凸显了加强和改进大学生思想政治教育的重要意义。

可以说，正是基于对加强和改进大学生思想政治教育重大战略意义的深刻认识，中共中央、国务院颁发了《关于进一步加强和改进大学生思想政治教育的意见》。《意见》根据科学发展观的要求和当前中国全面建设小康社会的实际、大学生思想政治状况的实际及其发展变化的规律，进一步明确了加强和改进大学生思想政治教育的指导思想，从教书与育人、教育与自我教育、政治理论教育与社会实践、解决思想问题与解决实际问题、教育与管理、继承优良传统与改进创新等不同的关系角度，深刻阐明了加强和改进大学生思想政治教育的基本原则，从而为新世纪新阶段大学生思想政治教育的加强和改进确立了科学的

理论定位和实践准则。《意见》根据当前大学生思想政治教育的新形势、新情况和新课题，更加精辟、集中地概括了加强和改进大学生思想政治教育的主要任务，明确要求加强和改进大学生思想政治教育要以理想信念教育为核心、以爱国主义教育为重点、以基本道德规范为基础、以大学生全面发展为目标，使得大学生思想政治教育的方向更明确、重点更突出、任务更具体。《意见》根据多年来大学生思想政治教育实践中形成的有益经验，自觉吸收大学生思想政治教育理论研究的有益成果，针对大学生思想政治教育的现实动作状况，从课堂教学、社会实践、条件创设、内容拓展、队伍建设、工作机制、环境营造、组织领导等方面，系统阐述了加强和改进大学生思想政治教育的基本措施和实践路径，对加强和改进大学生思想政治教育工作做出了全面部署。有理由相信，全面贯彻落实这一新世纪新阶段大学生思想政治教育的行动纲领，我们一定能够开创大学生思想政治教育的崭新局面。

第 3 节　高校思想政治教育的必要性与发展趋势

一、高校思想政治教育的现状

改革开放特别是党的十三届三中全会以来，在党中央的高度重视和各地区各部门的切实努力下，大学生思想政治教育工作取得了积极进展，从而为培养高素质人才，推动高等教育事业的发展，维护学校和社会稳定等方面发挥了重要作用。

（一）党中央高度重视大学生思想政治教育工作

1. 党中央一贯重视大学生思想政治教育

重视大学生思想政治教育工作是我们党和国家的一个具有战略意义的优良传统。毛泽东同志提出："我们的教育方针，应该使受教育者在德育、智育、体育几方面都得到发展，成为有社会主义觉悟有文化的劳动者。"文革后，为了培养社会主义事业的建设者和接班人，邓小平同志重申"学校应该永远把坚定正确的政治方向放在第一位"。他在 1980 年的讲话中说："清华大学提出了一个很重要的问题，就是学生从到学校的第一天起，就要对他们进行政治思想工作"，并指出，"又红又专，那个红是绝对不能丢的"。1989 年江泽民同志明确提出："要把德育放在首位，确立正确的政治方向。"在当前我国深化改革、扩大开放的形势下，江泽民同志多次强调，越是改革开放，越要加强思想政治工作。

党的十五大报告指出青少年是祖国的未来、民族的希望，要十分重视青少年思想道德建设；认真贯彻党的教育方针，重视受教育者素质的提高，培养德智体等全面发展的社会主义事业的建设者和接班人。十六大报告再次强调加强青少年思想道德建设的重要性。

2004 年 10 月中共中央、国务院发出《关于进一步加强和改进大学生思想政治教育的意见》。《意见》强调指出，大学生是十分宝贵的人才资源，是民族的希望，是祖国的未来。加强和改进大学生思想政治教育，提高他们的思想政治素质，把他们培养成中国特色社会主义事业的建设者和接班人，对于全面实施科教兴国和人才强国战略，确保我国在激烈的国际竞争中始终立于不败之地，确保实现全面建设小康社会、加快推进社会主义现代化的宏伟目标，确保中国特色社会主义事业兴旺发达、后继有人，具有重大而深远的战略意义。

《意见》的制定和公开发表，是继《关于进一步加强和改进未成年人思想道德建设的若干意见》发布后，党中央作出的又一重大部署，是我们党高瞻远瞩，审时度势，顺应时代要求，为提高大学生思想政治素质，促进大学生全面发展而采取的重大举措。以党中央、国务院名义下发加强和改进大学生思想政治教育的文件，这在我们党和国家历史上还是第一次。举全党之力抓大学生思想政治教育，深刻体现了党和国家对广大青年大学生的高度重视和殷切希望。

2. 各地各部门切实加强和改进大学生思想政治教育

中共中央宣传部、教育部等各部门一贯重视大学生思想政治教育，长期以来形成了继承、创新和改进大学生思想政治教育的优良传统。各地各部门在实际工作中也把大学生思想政治教育摆在非常重要的地位，积极配合开展大学生思想政治教育活动，共同加强和改进大学生思想政治教育。面对不断变化发展的新情况、新形势，中央和国务院各部门积极探索大学生思想政治教育的新思路、新方法，有力推动了各高校在大学生思想政治教育方面的成功进展。与此同时，各高校也非常重视大学生思想政治教育的开展。教育部始终强调坚持马克思主义在学校的指导地位和社会主义办学方向，采取一系列措施，加强和创新大学生思想政治教育，包括建立高校党委领导下的校长负责制，加强思想政治教育学科建设，加强"两课"建设，改进、加强大学生思想政治教育师资培训，开展大学生心理咨询和文化素质教育等，有力地发挥了思想政治教育在大学生成长过程的积极作用。

《意见》发表之后，各地各部门更加重视加强和改进大学生思想政治教育。全国各高等院校纷纷以丰富多彩、形式多样的主题教育活动进行大学生思想政治教育，立志培训德智体美全面发展的社会主义合格建设者和可靠接班人。如大连市团市委下发了《关于组织全市高校团学组织学习贯彻〈关于进一步加强和改进大学生思想政治教育的意见〉的通知》，学习贯彻十六届四中全会精神，深入了解大学生的特点，把握大学生成长规律，不断巩固和扩大党执政的青年群众基础。再如，江苏省教育厅、省委教育工委于 2004 年 11

月 4 日召开加强大学生思想政治教育工作座谈会，就学习贯彻落实《意见》进行研讨、部署。全省 30 多所高校的党委书记、宣传部长、学生处长、团委书记以及优秀学生辅导员代表出席会议。会议认为要以课程建设为主导，灵活通过多种途径开展学生思想政治教育活动；要以学校党政干部和共青团干部、思想政治理论课和哲学社会科学课教师和辅导员、班主任队伍建设为重点，逐步形成各方面齐抓共管、学校广泛参与的局面；要以营造校园综合育人环境为重点，努力创造大学生健康成长的良好社会环境。

3. 社会各界关心和支持大学生健康成长

作为一个社会备受瞩目的高智力青年群体，当代大学生扮演着社会精英的角色，是国家未来的栋梁。作为社会进步的重要推动力量，大学生群体的健康成长对整个社会的发展进步是至关重要的。作为社会主义现代化事业的建设者和接班人，大学生群体的健康成长得到社会各界的关心和支持。

（1）我党高度关心和支持大学生健康成长。我党始终坚持并不断加强对大学生思想政治教育工作的领导，始终坚持在党委统一领导下，党政主要领导亲自抓，切实把大学生思想政治教育工作落到实处。长期以来，政府行政部门自觉担当起思想政治教育的责任，并与思想政治教育职能部门协调一致，对大学生思想政治教育工作做出了很大的贡献。

（2）主流大众传媒在大学生健康成长中发挥了重要作用。主流大众传媒通过社会舆论、社会活动、社会影响等途径对大学生进行教育活动，它是党和国家思想宣传工作部门及各级群众组织的喉舌，代表社会大多数人的意见和看法，对大学生的健康成长起到了导向作用，调节和控制大学生思想和行为的发展方向。

（3）家庭、社区也在大学生健康成长中发挥了重要作用。家庭是首要的初级群体，是社会构成的细胞，是个体早期社会化的第一个社会环境和继续社会化的重要环境。家庭对个体的影响特别是早期的影响是具有决定作用的。在现代社会，家庭仍然具有社会化、情感和陪护、性规范、经济合作等功能，对大学生个体的健康成长发挥着必不可少的重要作用。而社区是大学生生活和居住的地区，拥有大学生思想政治教育的丰富教育资源和教育基地，因此高校思想政治教育要以社区为依托，充分利用社区内的丰富资源，形成大学生思想政治教育的整体合力。

（4）各级群众组织关心和支持大学生健康成长。工会、共青团、妇联是党领导的212人阶级、先进青年、广大妇女的群众组织，是党联系群众的桥梁和纽带，是推动大学生健康成长的重要的力量。

（二）高校加强和改进大学生思想政治教育取得显著成效

1. 提高对大学生思想政治教育重要性的认识

在高等教育中，大学生思想政治教育的地位和作用问题是一个带有根本性的问题。近来，各高校普遍重视加强和改进大学生思想政治教育工作，在思想认识和实际工作中对大学生思想政治教育的重要性达到了共识。

大学生思想政治教育是社会主义精神建设的重要方面。高等学校是建设社会主义精神文明的重要基地，它不仅是现代科学、进步文化的发源地，也是丰富和传播精神文明成果的重要场所。大学生思想政治教育是高等教育的重要组成部分，在社会主义精神文明建设中占有十分重要的地位。首先，它直接担负着在大学生中实现思想建设要求的任务；其次，大学生思想政治教育的成果会给整个社会精神文明建设以积极的影响；再次，大学生思想政治教育的成果对于社会主义精神文明建设具有长期作用。

大学生思想政治教育是社会主义高等教育的显著标志。大学生思想政治教育直接反映经济和政治对于培养人才的要求，是我国高等教育社会主义性质的鲜明体现。我国的大学是社会主义性质的培养各种专门人才的机构。社会主义高等教育的性质和目的是由社会主义制度的性质所决定的，它规定了社会主义大学的政治方向和培养目标。我国的高等学校必须坚持党的领导，坚持社会主义方向，坚持以马克思列宁主义世界观和共产主义道德教育学生。实施以共产主义思想为核心的思想政治教育是区别社会主义大学与资本主义大学的一个根本性标志。

大学生思想政治教育工作是高校其他一切工作的生命线。思想政治教育工作为高校其他一切工作提供强有力的思想保证和强大的精神动力。首先，是确保马克思列宁主义的指导地位，保证高校其他一切工作的社会主义方向。第二，保证党的路线、方针和政策的贯彻、实施。第三，间接地参与学校的教书育人等实际工作，促进学校各项工作的全面发展。第四，振奋人的精神，提高生产和工作的积极性、主动性和创造性。第五，培育社会主义新人，促进人的全面发展。

2. 健全大学生思想政治教育的体制

大学生思想政治教育体制包括领导体制、管理体制和工作机制，是高校思想政治工作中各种关系的制度化形式。

首先加强了党对大学生思想政治教育的领导。目前，各级党组织从以下三个方面着手加强对大学生思想政治教育的领导，即强化责任意识；建立健全党内思想政治工作领导制度；选好党委领导班子。

其次建成一支强有力的思想政治工作队伍。思想政治工作队伍是个多元的网络，包括政治辅导员、班主任、教师和行政工作人员等。加强了政治辅导员在大学生思想政治工作中的组织者和教育者的地位和作用；强化了班主任在指导学生的学习，协调教学工作，搞好思想政治教育，关心学生生活等方面的职责；强调了任课教师在大学生思想政治教育中的引导作用；重视了学校行政人员在高校的管理育人工作。

再次，建立健全了大学生思想政治教育管理机构。完善了以高校各级党委职能部门为主的大学生思想政治教育管理机构；发展了心理咨询中心、就业指导中心、社会工作与社团指导中心等学生工作机构。

最后，严格了大学生思想政治教育的规章制度。大学生思想政治教育工作的规章制度是指大学生思想政治教育应遵循的规则和程序，它是思想政治工作内在规律的反映和要求，通过严格规章制度能增强思想政治工作的管理效益。

3．广泛开展形式多样的思想政治教育活动

通过马列主义理论课、形势任务课与共产主义思想品德课对大学生进行思想政治教育，充分发挥课堂教学在大学生思想政治教育中的主导作用。马列主义理论课、形势任务课与共产主义思想品德课以及日常思想政治工作，是学校通过教师和政工干部向大学生进行思想政治教育的主要渠道，它们都是在一定的教学时间里，用课程形式对学生集中进行的教育活动。

加强社会实践、发挥第二课堂的教育功能。近年来，高校社会实践活动不断发展，呈现了生机勃勃的喜人局面，不仅规模较大、领导重视而且形式也灵活多样。其中，具有典型意义的形式主要有军训、公益劳动、专业实习、暑期社会实践、课外科技活动、勤工俭学活动、挂职锻炼、社会服务等。

加强校园文化建设。近年来，各高校大力加强校园文化建设，形成了"校园文化热"。一是大力培养优良的校风、学风。二是建立、健全优良的制度体系。三是建设和维护优美和谐的校园文化环境。四是组织和推动丰富多彩的校园科技文化体育活动。

在加强德育与智育的基础上，加强大学生体育、美育与劳动技术教育，开展丰富多彩的课外活动。只有德、智、体、美、劳全面发展才能培育全面发展的人，尤其是体育、美育和劳动技术教育对于大学生全面素质的培养，有其独特的、必不可少的作用和地位。通过课堂教育如篮球课、音乐欣赏课、手工制作课来促使大学生体、美、劳的发展，同时也可开展形式多样的课外文体活动，如组织各种学生社团、协会，大学生科技文化艺术节，以及日常的文化、体育活动等。

大学生心理咨询工作的开展。高校心理咨询工作的开展对于大学生处理好学业、成才、择友、健康、生活等方面问题，促进大学生德、智、体面发展起到了积极的作用。大学生心理咨询工作的开展是社会的需要、时代的要求，是高等教育发展的需要。

（三）高校思想政治教育面临的挑战

邓小平同志曾指出，研究重大政治问题，既要注意国内的小气候，又要注意国际的大气候。同样，做好大学生思想政治教育，也要关注国内外的形势变化，因为新形势下，复杂多变的国内外形势在给大学生思想政治教育提供了前所未有的机遇的同时，也使大学生思想政治教育面临着巨大的挑战。因此，认真地对待和研究新形势对大学生思想政治教育的挑战，是做好高校思想政治教育的重要前提。

1. 理念的挑战

（1）传统高校思想政治教育价值观所面临的挑战

过去，在相当长的一段时间内，由于受我国传统的、片面的社会本位主义的影响，同时，也由于当时高度集中的计划经济体制必然要求个人对国家计划和社会需要的绝对服从，在思想政治教育中，存在着片面的社会至上的价值观。这种片面的社会本位价值观把社会价值与个人价值人为地对立起来，片面强调社会价值，忽视甚至否定个人价值，这直接导致在思想政治教育目标的确定上，只强调社会要求，忽视甚至否定大学生个人的内在需要；在思想政治教育功能的发挥上，只重视思想政治教育在促进社会方面的社会性功能，忽视甚至贬抑思想政治教育在促进大学生发展方面的个体功能；在思想政治教育的内容中偏重讲个人对国家和社会利益的服从，不注重讲在保证国家和社会利益的前提下，对个人正当利益的兼顾。致使思想政治教育不能激发人的内在积极性，并且必然地受到了人们的冷遇。改革开放二十多年以来，由于受到西方个人主义的影响，也由于市场经济固有的自发性、盲目性所带来的负面影响，社会上又出现了一股个人至上的思想政治教育价值观。一些人片面强调思想政治教育的个人价值而忽视甚至贬低思想政治教育的社会价值。在思想政治教育中，出现了只讲满足人的需要，实际上就是满足个人的需要，只讲个人的自我实现，无视社会历史发展要求的倾向，其结果也是导致思想政治教育的削弱。事实上，思想政治教育的社会价值与个人价值是辩证统一的。在我国社会主义条件下，社会与个人更有其内在的高度统一性，而且随着市场经济不断发展，这一内在统一性更加明显地表现出来。因此，在大学生思想政治教育过程中，我们必须克服片面的社会至上的思想政治教育价值观，同时，也要防止片面的个人主义的思想政治教育价值观。确立尊重社会价值与尊重个人价值统一的思想政治教育价值观，在满足社会发展要求的前提下，充分尊重和兼顾大学生个人发展的内在需要，以促进社会价值和个人价值协调发展，真正走出以前的思维定势，把个人的主观能动性调动起来。

（2）传统高校思想政治教育任务观所面临的挑战

由于受到传统教育思想的影响，思想政治教育的全部任务仅仅被归结为"传道"，即向大学生灌输社会的政治、思想和道德规范，不重视培养大学生的能力和个性，甚至存在着否定和抹杀他们的个性的倾向，大学生仅仅被视为社会规范的接受器。这导致在思想政治教育中简单说教、硬性注入的现象普遍存在，而大学生往往也被按照统一的规格标准培养成缺乏个性和创造力的"标准件"。随着改革开放和市场经济的发展，人的能力培养和个性发展问题日益突出，并成为思想政治教育的重要课题。一些人在强调能力和个性培养的同时又走上了另一极端，即否定灌输的必要性和重要性，不重视系统地向人们灌输社会规范。事实上，社会规范的灌输和个人个性的培养是有机统一的。首先，完整的思想政治品德结构应是社会规范和个人个性能力相统一的结构，培养大学生的思想品德能力是思想政治教育应有的内容。其次，人是共性和个性的统一，大学生的发展包括大学生的思想品德的发展，这既是一个社会化的过程，也是一个个性化的过程。没有社会化，大学生就不能适应社会；而没有个性化，大学生也不可能成为一个独立的、自主的、富有创造性的生气勃勃的主体。因此，我们必须克服片面的唯社会规范灌输的任务观，同时也要防止忽视甚至否定灌输社会规范的倾向。要确立灌输社会规范与培养能力和发展个性有机统一的新任务观，在改革教育方法中，提高灌输效果的同时，着力培养人的能力和个性，促进人的全面发展。

（3）传统大学生思想政治教育主体观所面临的挑战

过去，在思想政治教育中，长期存在着片面的唯教育者主体观，视教育者为思想政治教育的惟一主体，忽视受教育者在思想政治教育中的主体性，把受教育者视为消极被动地接受教育的客体。这种片面的唯教育者主体观必然地导致了大学生思想政治教育中的命令主义、强制压服和单向注入等倾向，严重地挫伤和压抑了大学生在思想政治教育中的主动性和积极性。在反思思想政治教育主体观的过程中，一些人又主张片面的唯受教育者主体观，视受教育者为思想政治教育活动的惟一主体，忽视教育者对受教育者的教育和引导作用，结果又放松了教育。实际上，教育者与受教育者都是思想政治教育的主体。思想政治教育过程既是教育者按照社会要求积极组织实施教育的过程，也是大学生基于自身思想基础和内在需要，通过自己的积极活动，能动地选择、接受教育者的影响，同时进行自我教育的过程。在这里，教育者组织实施教育的主体性与大学生能动地接受教育和自我教育的主体性是没有矛盾的，大学生主体性的发挥需要教育者的激发和引导；而教育者的教育也只有通过大学生的积极活动，尤其是大学生的自我教育才能发挥并达到预期的目标。实际上，教育者的主体作用，说到底也就是对大学生主体性的激发、引导和培育作用。因此，我们必须克服片面的唯教育者主体观，同时也要防止片面的唯受教育者主体观，树立教育者的主体性与受教育者主体性辩证统一的新主体观。

2．环境的挑战

环境是影响思想政治教育的一个重要因素，人在改变环境的同时，也受这改变了的环境的影响。因此，分析大学生思想政治教育工作现状，当然不能忽视环境因素对大学生思想政治教育的影响。从实际情况来看，以下三个环境子因素对大学生思想政治教育的影响尤为明显。

（1）社会环境

学校不是真空，它属于社会组织系统的一个子系统，与社会联系紧密。因此，置身于社会中的青年大学生的思想会受到来自复杂的社会环境的影响。党和政府历来强调物质文明和精神文明协调发展，尤其强调精神文明在物质文明乃至整个社会发展进步中的地位和作用，因而社会环境的优化也取得了一定的进展。但由于长期以来，整个社会重经济、轻精神的现象普遍存在，一时难以改变，在实践中，对精神文明建设仍重视不够、投入不够，一定程度上影响了整个社会环境的优化，致使党风问题、治安问题、文化市场问题等方面的消极因素大量存在，给我们青年大学生带来了极为消极的影响。如一些青年大学生对党和政府缺乏信任、对改革开放缺乏信心；在一些青年大学生中出现了讲功利、图实惠的学习观和就业观；一些青年大学生只注重吃喝玩乐，把追求高消费作为一种时尚，对学习、对理想无所追求，跟着感觉走，缺乏正确的价值判断，享乐主义、利己主义、拜金主义等盛行。

（2）学校环境

学校是青年学生学习、生活的地方，学校环境是影响青年大学生思想最重要的环境，学校环境建设对青年大学生的思想政治教育至关重要。然而，尽管高校不断加强校园文化建设，力求使学校教育内容健康向上，广大教师也努力塑造自己良好人格，为学生树立榜样；学生则积极进取，努力拼搏；师生关系、同学关系纯洁，但近几年来，一方面随着高校招生制度的改革，学生人数激增，学生学习和生活环境有所恶化；学生活动场所受到限制，致使学生活动减少；学生中校外租房、走读的越来越多，教育主体对他们的接触和监督越来越少等。由于治理措施跟不上，各种不良东西乘虚而入，制约和影响了大学生思想政治教育实效的提高。另一方面，随着高校现代化设施的改善，特别是计算机的普及，高校信息网络已成为影响青年大学生的一种新环境。尽管高校网络环境形成的时间不长，但由于计算机网络具有集声、图、文于一体和信息传播快捷的特点，它的传播速度和效果比现今其他任何一种传播工具大得多，它在给青年大学生带来大量的知识和信息的同时，也使各种错误的思想、理论、观点快速地向青年大学生袭来，如大量的黄、赌、毒和网上犯罪的信息污染，各种资产阶级的腐朽思想、社会思潮、自由化思想等非马克思主义思想随着高校网络的开通蜂拥而至等。由此可以看出，网络环境对大学生思想政治教育的影响力度是前所未有的，由于我们当前对网络环境认识不足、缺少治理网络环境的经验和措施，因此大学生思想政治教育的影响力有所削弱、受到制约。

（3）家庭环境

青年大学生尽管从年龄上基本成年，但他们还未完全独立，对家庭仍有一定的依赖性，并把家庭当作安全的港湾，家庭环境的好坏也对青年学生的健康成长起着重要的作用。尽管长期以来我国对家庭伦理道德建设特别重视，总体上讲，整个社会家庭环境文明健康。但社会的发展在给家庭环境带来积极影响的同时，也给一些家庭环境带来了很大的冲击。如有些家庭父母下岗经济困难，有些家庭成为赌博场，还有父母离婚或因其他因素等，使得昔日温馨的家庭变得不太平，使家庭充满了铜臭味、冷漠、暴力等。此外，独生子女时代已经来临，父母不切实际的高期望、严要求，使得整个家庭充满了紧张、忙碌的气氛等。所有这些使得家庭环境应有的思想政治教育功能难以发挥，制约了大学生思想政治教育实效的提高。

3．内容的挑战

随着国内外形势的变化，尤其是国内改革不断深入，经济全球化、科学技术的飞速发展，大学生思想政治教育内容在面临着新的机遇的同时，也遇到了前所未有的巨大挑战。

（1）思想政治教育指导思想一元化面临挑战

我国是社会主义国家，在意识形态领域，要坚持以马列主义、毛泽东思想、邓小平理论和"三个代表"重要思想为指导，坚持社会主义、集体主义的价值导向，坚持以为人民服务为核心、集体主义为原则的社会主义道德建设。坚持指导思想与价值导向的一元化是关系到社会主义在中国的前途与命运，中国如何在复杂的国际环境中前进与发展的重大问题。随着信息高速公路的飞速发展，信息网络的发达，信息传播速度的加快，传播的覆盖面更为广阔，这一切先进的技术为东西方思想、文化的正面接触与直接交流提供了最为迅捷和方便的手段。文化的冲突、观念的碰撞、思想的相互渗透、价值取向的并存将构成中国政治思想文化发展史上前所未有的多元景观。当然，从积极意义上讲，这种多元的思想状况，有利于我们借鉴和吸收国外的先进的思想文化观念，进而丰富和发展我们的思想文化观念。但它所带来的负面影响，我们也不可忽视。因为这种多元化的状况很容易造成人们思想的混乱和选择的迷茫，特别是某些西方社会思潮披着科学和进步的外衣，实质上是否定马克思主义的。可见，意识形态领域的斗争仍然很激烈，只不过斗争的手段、方式发生了变化，由公开转向隐蔽，由大众传媒转向高科技。意识形态领域斗争的这种变化加大了大学生思想政治教育的难度，给大学生思想政治教育提出了更高的要求，即如何引导广大学生在多元思想文化、价值观念并存的情况下，坚持指导思想的一元化。

（2）具体来看，高校思想政治教育内容滞后于时代发展马克思主义哲学告诉我们，社会存在决定社会意识，社会意识反作用于社会存在。就后一方面而言，先进的社会意识能促进社会的发展，而落后的社会意识不但不促进社会的发展，反而阻碍社会的发展。作为传播先进思想意识的大学生思想政治教育，当然要及时有效地将社会所要求和大学生急迫需要的先进思想意识传输到大学生中去。而目前我国大学生思想政治教育内容存在的最突出的问题就是发展的滞后性，即思想政治教育内容滞后于经济发展，滞后于国内、国外形势的发展和变化。例如，目前的大学生思想政治教育内容缺乏与科学技术相关的道德、伦理教育。面对科学技术的迅猛发展，思想政治教育的内容很难适应这方面的要求，特别是缺乏针对网络的道德教育，无法适应网络迅速普及的新形势。网络黑客已经成为全世界共同关注的问题。目前与科技相关的许多道德、思想问题已经暴露出来。某媒体曾报道一化学博士居然用所学的化学知识生产冰毒，利用高科技手段犯罪的案例屡见不鲜。目前的思想政治教育没能做到根据形势变化、发展的需要，针对大学生存在的思想认识问题和思想实际，及时地充实、扩展和更新思想政治教育内容。思想政治教育内容发展滞后性的这种状况使得思想政治教育本身缺乏针对性，缺乏时代感，无法深入人心，无法为大学生解决实际问题，无法适应时代发展的需要。同时，教育内容发展的滞后性也使思想政治教育丧失了把思想认识问题解决于萌芽状态的时机。当种种思想认识问题长期累积，得不到妥善、及时的解决的时候，这些问题就会根深蒂固，最终导致思想政治教育的难度加大。

4. 方式方法的挑战

（1）现代社会的进步对传统教育方式的挑战

目前大学生思想政治教育还存在着一定的等级性和强制依附性，这既受传统伦理教化方式的影响，也与过去社会化程度不高有关。在我国，社会主义制度为人们提供了政治上的平等关系，改革开放、社会主义市场经济体制的建立和政治体制的改革，增强了人们的自主性，扩大了社会生活的民主程度。因此，为了适应社会主义市场经济的需要，适应信息化社会的发展，适应社会化程度不断提高的大学生的要求，传统的大学生思想政治教育方法也必须加以改进和发展。这就要求，不断增强思想政治教育的平等性，克服教师与学生之间存在的不平等现象，探索尊重人、理解人、关心人、爱护人的方法，建立教师与学生之间平等的、双向的教育及影响方式；不断增强教育的自主性，减少教育的依赖性，发展学生自我认识、自我教育、自我约束、自我管理的方式，帮助学生自觉进行自我修养、自我完善，使自我教育成为每个学生的自觉行为；不断增强教育的民主性，避免教育的强制性，研究协商、沟通、讨论、评议、自我批评等具体措施，使思想政治教育成为学生共同关心和参与的活动。

（2）现代科技发展对传统教育手段的挑战

现代科学技术的迅猛发展和在社会各个领域的广泛运用,既向思想政治教育提出了手段现代化的迫切要求,也为思想政治教育手段现代化创造了条件。大学生思想政治教育面对信息化社会,面对社会化程度不断增强的大学生,面对各项工作、各个领域的竞争状态,只有改变传统方式,运用现代化的教育手段,才能有效发展自身,适应社会发展需要。大学生思想政治教育手段现代化,不是对现代高科技手段的简单搬用,而是一个创造性运用的过程;不是仅仅涉及教育的某一方面,而是涉及到教育的各个环节,包括调查、收集、处理思想信息手段的现代化,思想教育信息传播的现代化,思想教育反馈、评估手段的现代化,思想政治教育环境建设、优化手段的现代化等。总之,大学生思想政治教育只要有效地综合运用现代化手段,就会改变现有的思想政治教育面貌,创造新的教育感化力量和富有时代气息的育人环境。

（3）学科发展对教育方法的挑战

当前,跨学科整合成为当今科学发展的重大趋势。它不仅包括内容的整合而且也包括方法的整合。这对传统教育方法提出了挑战和更高的要求,因为传统教育方法大多局限于对工作经验的总结,缺乏一定的学科借鉴性。因此,从大学生思想政治教育工作的实效性角度看,加强思想政治教育方法论上的学科借鉴和整合是做好思想政治教育的重要保障。大学生思想政治教育方法的多学科整合就是指吸收包括伦理学、教育学、心理学等众多学科在内的研究成果,采用信息论、系统论等科学方法论,使之有机结合起来,形成现代化的思想政治教育方法体系。马克思主义伦理学在对道德教育研究的基础上,提出以理导人、以情动人、以形感人、以境育人的道德教育方法,为思想政治教育方法现代化提供了丰富的理论源泉;现代心理学揭示了人的道德品质形成过程及人的能力性格等个性特征形成的途径和方法,为现代化的思想政治教育方法的实施提供了更强的针对性和可操作性;行为科学关于人的共同心理和行为规律的研究,关于如何调动人的积极性、主动性、创造性等方面的研究,都是思想政治教育方法现代化进程中值得充分吸收和认真借鉴的。总之,科学的进步,各种学科的相关方法的交融,必将有助于大学生思想政治教育者探索出更多、更新的思想政治教育方法,从而加速其现代化进程。

5. 管理的挑战

（1）管理理念方面

在管理理念方面,广大从事学生教育工作管理的人员普遍存在"重管理、轻教育"的现象。从理论上说,学生事务管理与学生思想政治教育工作同等重要,二者的最终目的都是为了培养合格的全面发展的人才。但学生政工干部在具体的工作中,却很难将二者同等对待,尽管认为学生思想政治教育极为重要,但是在实际工作中往往整天淹没在具体的学生事务管理之中,处理完这事,又接着处理那事,"管理员"、"保姆"、"救火队员"等称呼，成了许多学生政工干部对自己无奈的自嘲。这种带有普遍性的"重管理、轻教育"的现象的出现是因为：首先，高校扩招带来了高校招生规模庞大、专业复杂、在校学生人数增多等变化。不仅如此，学生缴费上学、自主择业、学分制等高等教育改革带来的一系列新问题和我国特有的独生子女问题，使高校学生工作在任务增加的同时，面临的局面更为复杂。相比之下，高校学生工作人员不可能大幅度增加。这样，很容易造成他们忙于学生事务管理而忽略学生思想政治教育。其次，高校学生工作在目标上侧重于"求稳定"，导致在实际工作中学生思想政治教育被弱化。自 1989 年政治风波以来，高校一直强调稳定，加上近几年高校学生中的突发事件呈上升趋势，使学生政工干部将主要的时间和精力放在对学生事件的预防和处理上，往往忽视了对学生事件深层次的原因作进一步的分析和总结，从而难于采取积极主动的措施开展思想政治教育活动。再次，机构整合带来工作职责的变化，在一定程度上弱化了学生工作的合力作用。由于有专门的学生工作机构和学生政工干部，使一些原本属于行政管理部门负责的工作，都因为与学生有关而移交给学生工作机构，无形之中加重了学生政工干部的工作负担。对于这种做法，高校之间看法并不一致，有的甚至认为这是归口负责，有利于管理、方便学生。但这种做法事实上造成了学生政工干部管理事务过多，没有时间和精力来研究和解决学生的思想政治教育问题，工作大多停留在完成管理任务的层面上，难以深入、细致地开展思想政治教育工作。

（2）管理模式方面

新时期，构建新的思想政治教育管理模式是非常必要的。原有的管理模式已不能适应思想政治教育管理的需要，这主要体现在：传统模式下的管理手段过于单一、落后，方法老化，难以适应当今人们思维意识日趋活跃、精神世界日趋复杂的现实；旧模式在组织各种因素、协调和解决思想政治教育及其管理过程中各种矛盾时力不从心，影响了教育职能的发挥；旧模式对于市场经济条件下涌现的新事物、新思维、新观念等诸多新内容难以包容，难以组织创新。尤其是下列新情况的出现，使得变革传统管理模式，构建新的管理模式成为迫切需要加以解决的问题。高校突发事件的频繁出现、高校后勤社会化的实施、信息化社会的来临等新情况，都对高校的管理模式提出新的挑战，亟待解决。

（3）管理队伍方面

目前高校思想政治教育管理队伍方面存在着这样几个不足：数量不足，质量不高，队伍不稳。从管理队伍的数量来看，学生专职政工人员的人数不足。按国家教育部的规定，每 120～150 名学生需要配备一名专职政工人员，而在实际操作中，虽然一般高校都为各院（系）配备了专职总支副书记、党团委书记分管学生工作，但即使将他们包括在内，还达不到这一规定要求，有的高校还存在缺额较大的现象。从素质结构来看，高校的专职政工人员普遍存在质量不高的现象。目前从事学生思想政治教育的大多是留校的本科生或大专生，他们一般缺乏实际的思想工作经验。尤其是理工科大学毕业生，学的是自然科学，缺乏一个系统的思想政治教育理论的训练，这或多或少地会影响大学生思想政治教育的开展。从队伍稳定性来看，这是一支极不稳定的工作队伍。原因是多方面的，既有主观上的原因，也有客观上的原因。主观上的原因是对大学生思想政治教育工作的科学性、重要性认识不足，轻视这项工作。客观上的原因是对广大专职政工人员缺乏一个有效的评价机制，无法激励他们的工作积极性。

二、高校思想政治教育的发展趋势

（一）当下高校思想政治教育的本质特征

纵观中国现当代教育发展历史，可以说在革命战争年代，思想政治工作是为了民族的独立和人民的解放，掌握思想政治教育是全党团结进行伟大斗争的中心环节。新中国成立以来，思想政治工作的生命线则是为了中国特色社会主义制度的建立和巩固。当前，思想政治教育这个党和国家的优良传统和政治优势，在新世纪的今天已然为社会主义现代化的建设提供了充足的精神动力和思想保证，为推进现代化建设全面建成小康社会，实现中华民族的伟大复兴提供了保证。各高校也把思想政治教育作为学校的立校之本、治校之本、兴教育人之本，将其视为高校改革、发展和稳定的重要导向、动力和保证，视为培养德、智、体、美全面发展的高素质创新型人才的关键。目前，在高等教育层面上，我国教育正处于由精英教育向大众化教育的转型阶段，这个阶段也是由规模扩张走向以提升质量为主的阶段。这种由精英教育向大众化教育、由规模扩张向提升质量为主的发展态势为各高校思想政治教育的走向提出了新的思路和问题。面对这些新问题，传统的思维方法、运作模式和措施势必要进行改革，这就要求高校要在理论与实践上都做出与时俱进的创新性思考和理性决策。与时俱进、开拓创新的本质属性和特征本就是高校思想政治教育应该具有的精神。

（二）当下高校思想政治教育的理想境界

以往思想政治教育的很多做法和经验是值得反思的，表现为：教育缺失，忽视素质教育，过分看重分数，教育缺腿明显，对学生期望过高，将压力无形中转嫁给了学生。在高校的思想政治教育工作中教育者有时超越现实需要，超越学生的承受能力，把带有缺陷的、具有强化性的教育愿望、教育观念、教育内容、教育方法和要求以及教育的心理缺陷，通过各种途径转嫁给学生，用强迫成才成功的、脱离实际的"远、大、高"等目标要求学生，甚至强迫学生接受所谓的必需的教育，而与学生平等沟通不够，给予民主理解不多。长此以往，致使一些人产生心理畸形或人格缺陷。最为普遍和"理直气壮"的现象是在很多高校存在着用专业学习教育代替思想政治教育工作，用解决实际问题代替解决思想认识，用约束管理代替思想引导，用物质奖励代替精神鼓励，用实践活动代替理论教育等等。其实，高校思想政治教育的理想境界是管用有效、协调和谐。随着高校办学形式的高速发展、招生规模不断扩大，办学质量、层次获得不断的提升，，随之而来的是管理体制改革步伐的加快，特别是人事分配制度。这使得高等教育出现了入学水平的大众化、人才流动的国际化、教育投资的多元化和教学手段科技化的局面。可以预测，未来高等教育的发展将更为猛烈多变。所以，要使高校思想政治教育进入管用有效、协调和谐的境界，我们必须深入分析新形势，认真研究新问题，积极应对新情况；还应该总结新经验，树立新观念，构想新内容，寻找新途径。

（三）当下思想政治教育的与时俱进、开拓创新

当下高校思想政治教育在不断地尝试着实行改革，并在持续不断的改革中加强，这种改革和加强客观上又不停地务求落实与创新，从而使得思想政治教育的本质和主流朝好的一面发展。当然在取得较大成绩的同时，也有存在的问题。因此，可以说高校思想政治教育是一项科学的事业，一门职业学问，一项专业的艺术，也是一个系统的工程。在这个新世纪新阶段高校思想政治教育的发展趋势是与时俱进的、开拓创新的，，与时俱进、开拓创新是高校思想政治教育的本质特征和鲜明特色，高校思想政治教育的创新是一个天天说、月月讲、年年谈的老话题，但却不是一个简单的口号和标签。应该说着眼于理论、观念，体制、机制，内容、形式和方法等实实在在的创新才是最有价值、最重要的选择。所以，高校思想政治教育与时俱进、开拓创新的内涵至少包括：

第一，观念的现代化。当前高校思想政治教育的不断创新最先表现为观念的持续更新，那就是要形成符合当前时代进步、发展和培养创新型高素质人才需要的谋划、实施和评估高校思想政治教育工作的现代化新观念。这种现代化新观念包括：将思想政治教育置于战略位置，作为一项战略任务，确保不越位、不错位、不失位的战略工作观；按照思想政治教育自身的特点和规律，将思想政治教育作为一门科学和一门艺术对待的科学工作观；强调针对性和实效性，注重效益质量的提高大学生的整体素质特别是思想政治品德素质的质量工作观；重在建设、重在发展、重在创新，力求落实思想政治教育大政方针的规范工作观；将"教书育人、管理育人、服务育人"齐抓共管，学校、家庭、社会"三位一体"的工作观。

第二，途径多样化。客观上有多少影响高校培养大学生思想政治教育素质的因素和渠

道，相应地就会有多少对应的解决措施和教育途径。纵观现在高校的实际情况，措施途径的选择足够多。比如，学校各级党组织的党团活动，思想政治教育管理者的管理工作，学校的思想政治理论课，思想政治教育的辅导员、班主任制度以及各种社团和学校思想教育的咨询研究等。但无论是哪种途径或措施，最终的结果都会让他们实现认同、接受、内化、践行的转变过程，都是从多途径、新途径、好途径探索的过程，都是为了思想政治教育内容进入大学生的头脑。最后，实现途径的多样化还要特别注意投入的问题，即在强调思想政治教育进课堂、进社团、进社会实践、进网络的时候要舍得投人，不能因为短时期的收益不足而放弃投入。

第三，内容整体化。高校思想政治教育内容的发展方向是将科学性、思想性、丰富性、规范性、创新性相统一整体推进。既要达到教育内容定位准确、安排富有创新性，还要达到教育内容反映时代精神、体现民族文化、形成科学体系的客观要求。这就要求思想政治教育的内容要保持相对的稳定，教育的核心内容要相对明确。同时相关的内容要有机结合，使得整体内容成为一个系统。所以，高校思想政治教育二作者要在这些思考之上担负起责任，建立起方向相一致、目标相一致、规格相一致、要求相一致的合力教育和管理机制，从而力争使得各高等院校各有优势、各有专业、各有特色，学生各有专长。

第四，人员专业化。未来高校思想政治教育的从业者应该是政治上坚定、业务上精湛的专业化、学者化人才。专业，意味着高质量，也体现着主体的不可替代性。高校思想政治教育重点研究的是大学生丰富多彩的精神世界，它负责解答昨天、今天和明天关于世界与人生的问题。解决的是大学生面对社会与人生的问题，面临的是不断的发展、变化与研究探索，这一切要求思想政治教育者拥有广博、深厚的学识基础，拥有实操的技术能力，这也为思想政治教育人员的专业化明确了指向，即要向事业型、开拓型、务实型、复合型发展。在高校中，从校领导、院系的主任院长，到每一个普通的辅导员、班主任以及授课教师，尤其是思想政治理论课的授课教师，都应是非常乐于从事思想政治教育工作并有相应的思想政治素质和工作能力的专家型人才。每个思想政治教育者及其代表的群体都应该有个自的工作特色和突出业绩，都应该有高水平、高质量的围绕着思想政治教育研究方向和标志性研究项目的课题、著作、调研报告，并有奖项。

第五，考核综合化。高校思想政治教育的发展是一个系统的工程，要想使其不断地发展与完善就必须使思想政治教育考核体系更加完备，提高管理的科学化水平，并使考核手段、方法更加综合化。目前，高校思想政治教育管理的趋势正在由传统的随意型、被动型向规范型、创新型过渡。基于此，高校思想政治教育的重点是着眼于管理理念、管理内容、管理形式和管理目标的科学化。至于考核的综合化，可将学生思想政治教育理论学习成绩、思想素质、日常表现以综合测评的形式，统一纳入思想政治教育工作整体考评体系中，或将思想政治教育理论课的教育实践环节不仅与理论课堂衔接，还要与党团、社团活动有机结合。总之，在保证考核评价体现学生个性发展、体现民主参与过程、体现评价方式层次性和多样性的前提下，建设长效的思想政治教育考核综合工作机制。

（四）新时期思想政治教育的"四个"必须

一是必须用马列主义、毛泽东思想、邓小平理论、"三个代表"重要思想和中国特色社会主义理论体系指导新世纪新时期的高校思想政治教育。这些先进的理论反映着当今时代的主题，体现着新时代的精神，展现出信息时代的特征，保证了高校思想政治教育不偏离方向，保持魅力和作用。

二是必须学会在经济全球化、政治多极化的国际竞争中，在不断提高综合国力的前提下，面向世界，站在国际化的高度，坚信民族传统文化的特色和优势，坚持传统文化的发扬，坚信民族的经济、政治、文化是与高校思想政治教育相适应的。同时，还要学习借鉴人类一切文明教育成果，合理接受其他国家公理性的价值观，使高校思想政治教育在与国际接轨，在与各文化教育发达国家相互竞争中，长期共存，双赢共利，进而培养学生的综合素质特别是思想政治品德素质。

三是必须使高校思想政治教育紧紧围绕着培养高素质的创新型人才，进行不断改革。高校思想政治教育为高校的改革、发展和稳定提供导向和思想动力保证，反过来高校改革、发展和稳定为高校思想政治教育提供有利条件。现如今，面对持续不断进行的改革，面对社会状况复杂而深刻的变化，特别是就业方式、利益关系和分配方式多样化的情况下，高校要向学生进行党的基本理论、基本路线、基本纲领、基本经验教育及爱国主义、集体主义和社会主义思想道德教育以及社会主义荣辱观教育。对于理想信念教育，要充分改革其原有的教学科研工作观念、内容和方式，一切以解决大学生的思想认识问题和实际问题，以学生的全面发展成长为目的。

四是必须正视新时期新阶段高等教育飞快发展、办学规模持续扩大、教学质量深化提高、高校内部管理体制改革的情况。要更新落后的教育观念，改革过时的教育内容，扬弃陈旧的教育方法，使得高校思想政治教育随着高校思想政治教育原则、环境、内容、任务和对象的变化去探寻新的理念，研究新的思路方法，总结新的经验对策。

第二章　现代高校思想政治教育
的基本内涵

创新高校思想政治教育，首先要把握高校思想政治教育的基本内涵。内涵搞清了，在具体实践中，高校思想政治教育才能有的放矢。

在《现代汉语词典》中，所谓内涵是指"一个概念所反映的事物的本质属性的总和，也就是概念的内容"。按照内涵的这一定义，高校思想政治教育的内涵就应当是"高校思想政治教育"这一概念所反映的事物的本质属性的总和，即"高校思想政治教育"这一概念的内容。在实践中，高校思想政治教育主要是高校思想政治工作者利用一定的思想观念、政治观点、道德规范，对大学生施加有目的、有计划、有组织的影响，使他们形成符合中国特色社会主义所需要的思想品德的教育实践活动。因此，高校思想政治教育的基本内涵是指最能反映这一教育实践活动本质属性的主要内容。

第1节　高校思想政治教育的社会内涵

社会性内涵是高校思想政治教育的基本内涵。在党的历史上，为社会现实服务，依据社会发展的需要确定教育内容，是高校思想政治教育的光荣传统。新中国建立前，高校思想政治教育为新民主主义革命服务；新中国建立后，高校思想政治教育先后为社会主义革命和建设服务，形成了高校思想政治教育在不同历史时期的特定社会内涵。在新的历史时期，高校思想政治教育的社会内涵主要体现在普及马克思主义中国化理论、树立中国特色社会主义共同理想、弘扬民族精神与时代精神、树立社会主义荣辱观等几个方面。

（一）普及马克思主义中国化理论

马克思主义自 20 世纪初传入中国便根植于中国社会，并与中国社会的具体实际结合起来，形成了中国化的马克思主义。在这一历史过程中，以毛泽东、邓小平、江泽民为杰出代表的中国共产党人及以胡锦涛为总书记的新一代领导集体把马克思主义与中国国情相结合，先后产生了四大理论成果——毛泽东思想、邓小平理论、"三个代表"重要思想和科学发展观，后三者又是中国特色社会主义理论体系的重要组成部分。在革命战争年代，毛泽东思想围绕"什么是革命政权，怎样夺取政权"的时代主题，创立了具有鲜明中国特色的新民主主义理论，完整地提出了人民民主专政的理论，使一个独立自主的社会主义中国开始屹立在世界的东方；在和平与发展时期，邓小平理论围绕"什么是社会主义，怎样建设社会主义"的时代主题，对社会主义的本质理论、社会主义初级阶段理论等进行创新，开辟了中国特色社会主义建设道路；进入新世纪，江泽民科学判断党所处的历史方位，围绕着"建设什么样的党，怎样建设党"的时代主题，提出了"三个代表"重要思想，深化了对共产党执政规律、社会主义建设规律和人类社会发展规律的认识；中国的改革发展进入关键期，胡锦涛总书记围绕"发展什么，为什么发展和怎样发展"的时代主题，提出了科学发展观，在发展的目的、发展的地位、发展的内容、发展的战略等方面作了深刻的阐述。

马克思主义中国化的四大理论成果是一脉相承的思想理论体系。毛泽东思想、邓小平理论、"三个代表"重要思想和科学发展观具有本质上的一致性。它们都以辩证唯物主义和历史唯物主义作为世界观和方法论，把解放和发展生产力作为历史进步的着眼点，把实现共产主义、解放全人类作为根本目标。同时，它们又都是开放的理论体系，坚持解放思想、实事求是、不断汲取时代精神的精华而丰富和发展自己，都具有与时俱进的特性。马列主义、毛泽东思想、邓小平理论、"三个代表"重要思想和科学发展观是被实践证明了的科学理论，是我们立党立国之本。在新的历史时期，高校思想政治教育必须加强马列主义、毛泽东思想，特别是中国特色社会主义理论（邓小平理论、"三个代表"重要思想和科学发展观）教育。高校思想政治教育必须同各种反马克思主义的思潮作坚决的斗争，要坚持用马克思主义占领高校的思想阵地，防止和反对指导思想多元化，增强大学生识别和抵御各种错误思潮的能力；必须大力弘扬理论联系实际的学风，坚持马克思主义的科学精神和基本理论，坚持解放思想、实事求是，努力对当前急需进行理论引导或说明的突出问题，做出科学的、有说服力的、符合实际的解释和说明，并在实践中不断丰富和发展马克思主义。

（二）树立中国特色社会主义共同理想

一个国家的可持续发展，一个国家的内部和谐，与该国现实的政治经济状况密切相关，与该国国民的共同理想也密切相关，这两种相关是同等重要的。强大而明确的共同理想，甚至能在很长的时期内克服政治经济结构的现实裂痕，这在历史上不乏其例。中国经过近现代的曲折徘徊与浴血奋争，经过近几十年来的探索发展，已经走出了一条适合自身国情、能有效发挥本国优势且取得了辉煌成就的道路，这就是中国特色社会主义。

如果说在共产主义启蒙时期形成理想信念需要思想上的睿智与敢为天下先的勇气的话，目前已经积累的辉煌的历史成就使新的一代人更容易形成更坚定的中国特色社会主义共同理想。但新的一代人又是没有苦难记忆的一代人，他们生活在一个思想多元化的开放社会，所以主旋律的高扬更显得必要。目前，中国改革开放社会已经进入转型期，也是一个矛盾凸显期，更深入的中国特色社会主义共同理想的教育，有助于包括大学生在内的社会成员正确认识改革过程中出现与积累的矛盾，树立人们解决矛盾的信心，构建和谐社会。中国特色社会主义共同理想教育是当代高校思想政治教育的"灵魂"和基础，它决定着高校思想政治教育的基本性质。可见，中国特色社会主义共同理想教育是当前高校思想政治教育的关键和核心所在。其功能和作用主要体现在以下几个方面：

第一，中国特色社会主义共同理想教育决定着高校思想政治教育的基本性质。大学阶段是大学生确立自我、实现人生目标的关键时期，引导大学生树立高远的志向是思想政治教育的核心内容。共同的理想信念是一定社会主体共同价值目标的集中体现，当代中国高校思想政治教育的实质就在于从思想政治理论的高度，使大学生充分认识到中国特色社会主义共同理想的科学性，使大学生不仅在情感上，而且能从世界观的高度，理性地接受和认同中国特色社会主义的价值目标。只有牢固地树立起中国特色社会主义共同理想，以社会主义核心价值体系凝聚广大青年学生，才能产生经久不衰的动力，使他们既看到中国特色社会主义事业面临的挑战和困难，又看到中国特色社会主义事业所具有的旺盛生命力，在构建社会主义和谐社会、加快社会主义现代化建设的历史进程中奋发有为，建功立业。

第二，中国特色社会主义共同理想教育是振奋大学生精神、鼓舞大学生进取的有效途径。中国特色社会主义充分反映了我国最广大人民的共同愿望、利益和要求，是全国各族人民不懈追求的共同理想。这个共同理想把国家、民族与个人紧紧地联系在一起，它有利于调动全体人民共同为之奋斗，能够在最大限度上统一社会意志、集中社会智慧、激发社会活力，为构建社会主义和谐社会提供有力的精神保证。大学生是十分宝贵的人才资源，是民族的希望，是祖国的未来。加强和改进高校思想政治教育，提高他们的思想政治素质，对于确保中国特色社会主义事业兴旺发达、后继有人，具有重大而深远的战略意义。

通过中国特色社会主义共同理想教育，可以使大学生懂得：要实现个人理想，就必须从现实出发，从自己做起，从身边的小事做起，脚踏实地，百折不挠；要实现中国特色社会主义理想和中华民族的伟大复兴，就必须多读书、读好书，努力学习科学文化知识，提高科学文化素质，掌握科学知识、科学方法和科学思想，提高自己辨别是非的能力。

第三，中国特色社会主义共同理想教育是衡量高校思想政治教育效果的重要标准。高校思想政治教育的目的是使大学生认同和接受社会主义的基本思想和价值目标。在我国现阶段，就是要使大学生接受我们党的政治主张和政治信仰，并且充分看到广大人民群众的利益与自身利益的一致性，使建设中国特色社会主义的理想成为他们的共同理想。所以，评价高校思想政治教育效果的一个重要标准，就是要看党的政治主张、政治信仰和现阶段我国各族人民的共同理想是否为广大青年学生所认同。能不能培养出一代又一代有觉悟的社会主义新人，既是衡量高校思想政治教育效果的重要标准，更是关系到社会主义和共产主义远大目标能否实现的关键。在教育大学生成为"四有"新人的目标体系中，中国特色社会主义共同理想始终摆在第一位。只有树立中国特色社会主义理想，学生才能自觉地运用社会主义的道德和纪律来约束自己，才能产生努力学习科学文化的强大内在动力。

（三）弘扬民族精神与时代精神

民族精神是一个民族在长期的历史发展过程中逐步形成和培育起来的一种独具民族特色的、自觉的群体意识，是民族文化、民族智慧、民族情感、民族心理、民族共同理想、民族共同价值取向和民族行为规范等民族个性的综合体现。

中国自古便是一个多民族的国家，几千年来，在以中原地区民族为中心与周边少数民族绵延不断的民族文化的碰撞与交融中形成了以汉族为中心的一体多元的民族结构，由此而逐渐萌生的民族意识最终整合为中华民族精神，成为推动中华民族发展壮大的精神力量。加强中华民族优秀传统和艰苦奋斗教育，是新时期高校思想政治教育的重要内容。中华民族在五千年的文明发展史中，为我们留下了丰富的文化遗产，蕴涵在其中的伟大的民族精神，是中华民族传统文化的积淀和升华。我国如何在更加开放的环境下不断发展壮大中华民族传统文化，增强广大群众特别是青少年对民族文化的认同和自信；如何在激烈的国际竞争中努力确立并发挥我们自己的民族文化优势，增强民族文化竞争力，维护国家文化安全等，成为高校思想政治教育面临的重大课题。必须坚持以人为本，挖掘中华民族的文化资源，把民族精神教育作为高校思想政治教育的重中之重，实现古今文明的优势互补。

时代精神是时代思想的结晶，是一个时代科学认识成果和进步潮流的凝聚，是对时代问题的能动反映和应答，是某一社会在特定时代代表主流文化的内在、稳定而又深刻的东西，是一个时代、一个民族大多数人所希望、所向往、所信奉、所为之激动不已、追求不止的观念和精神，具体体现在这个时代大多数人的精神风貌、民族特质、理想信念、生活态度、价值取向、人生追求、风俗习惯、行为规范及所有活动之中，是贯穿于其中的原则、灵魂和起统摄作用的东西。时代精神产生于时代之中并表现时代，与时代具有高度的一致性和同步性。因为它是时代变化的集中表现。时代精神反映了时代的特点、时代的内容并适应了时代的要求，它为特定时代提供精神支柱、动力和文化条件。当今时代精神主要体现在科学精神、人文精神、民主精神、开放精神和创新精神上，体现在"解放思想、实事求是，与时俱进、勇于创新，知难而进、一往无前，艰苦奋斗、务求实效，淡泊名利、无私奉献"上，其本质和灵魂在于创新。高校思想政治教育要善于从时代精神中汲取营养，在时代发展和社会进步中掘取资源，吸纳表达时代精神，把时代精神作为塑造一代新人的核心内容，贯穿于教育的全过程，渗透到教育的方方面面。无视时代的进步，社会的发展，与时代精神和时代发展相左，高校思想政治教育就很难被人们接受，很难体现时代感，很难取得实效。

（四）树立社会主义荣辱观

中国共产党在领导中国革命、建设和改革的过程中，对加强思想政治教育极其重视，并在实践中积极探索思想政治教育的基本规律。总结这些规律，其中的一条重要经验就是，要高度重视思想政治教育的育人功能，要特别强调人才思想道德素质的重要性，强调道德养成对于人才培育的重要意义。毛泽东在谈到青年思想政治教育时也提出，讲道德的青年才是真正的模范青年，具有坚定政治方向的道德才是真正的政治道德，"有一些人，他们嘴上道德、气节乱喊一阵，但在政治上是不坚定的，中途会变节的，这是无道无德"，这些都说明了思想道德素质在人才素质构成和思想政治教育中的极端重要性。当代大学生理应是思想道德素质和科学文化素质协调发展的一代。高校不但要注重大学生的文化素质教育，更要注重大学生的思想道德教育。正如大科学家爱因斯坦所说："用专业知识教育人是不够的。通过专业教育，他可以成为一种有用的机器，但是不能成为一个和谐发展的人。要使学生对价值有所理解并且产生热烈的感情，那是最基本的。他必须获得对美和道德上的善恶鲜明的辨别力。"

面对新世纪新阶段我国经济社会发展对人才培养的客观要求，胡锦涛同志在深入总结长期以来大学生成长成才的基本规律、深入总结中国共产党思想政治工作的历史经验的基础上提出，要引导包括大学生在内的青少年树立"以热爱祖国为荣、以危害祖国为耻，以服务人民为荣、以背离人民为耻，以崇尚科学为荣、以愚昧无知为耻，以辛勤劳动为荣、以好逸恶劳为耻，以团结互助为荣、以损人利己为耻，以诚实守信为荣、以见利忘义为耻，以遵纪守法为荣、以违法乱纪为耻，以艰苦奋斗为荣、以骄奢淫逸为耻"的社会主义荣辱观。荣辱观是马克思主义世界观、人生观、价值观的具体体现，是影响人一生的重要观念。以"八荣八耻"为具体内容的社会主义荣辱观是继马列主义、毛泽东思想、邓小平理论和"三个代表"重要思想的又一伟大思想，符合当代中国发展趋势，为当代高校思想政治教育提供了依据和标准，是新形式、新条件下对大学生思想教育的新要求。大学生代表着祖国的未来，肩负着中华民族伟大复兴的历史使命，对大学生加强社会主义荣辱观教育十分必要和迫切。"以热爱祖国为荣、以危害祖国为耻"有助于丰富大学生个体爱国主义的思想情感体验，增强大学生的民族精神；"以服务人民为荣、以背离人民为耻"有助于提高大学生的职业道德素养，培养为人民服务的情感；"以崇尚科学为荣、以愚昧无知为耻"有助于在大学生中弘扬科学精神、普及科学知识、树立科学观念、提倡科学方法，提高他们的科学文化素质；"以辛勤劳动为荣、以好逸恶劳为耻"有助于大学生树立正确的劳动意识，增强大学生热爱劳动的思想观念；"以团结互助为荣、以损人利己为耻"有助于培养大学生的协作精神和团队意识，形成团结和谐的人际关系；"以诚实守信为荣、以见利忘义为耻"有助于大学生正确处理义和利的关系，形成良好的道德风尚；"以遵纪守法为荣、以违法乱纪为耻"有助于提高大学生的法律意识和法制观念，形成良好的公共秩序；"以艰苦奋斗为荣、以骄奢淫逸为耻"有助于大学生养成勤俭节约朴素的生活习惯，投身于节约型社会的建设。

"八荣八耻"涵盖了爱国主义、集体主义、社会主义思想，体现了中华民族的传统美德和时代要求，反映了社会主义世界观、人生观、价值观，明确了当代中国最基本的价值取向和行为准则，是马克思主义道德观的精辟概括，是新时期社会主义道德的系统总结，也是当前高校思想政治教育的一项崭新内容，在本质上是与高校思想政治教育的目标、指导思想、内容相一致的。所以，要加强高校思想政治教育，就要在大学生中牢固树立社会主义荣辱观。

第2节　高校思想政治教育的个体发展内涵

高校思想政治教育除了具有社会内涵，还具有个体发展内涵。由于特定的历史原因，长期以来，在高校思想政治教育中，其社会内涵占主导地位，其个体发展内涵一度被忽视。新中国建立后，高校思想政治教育的个体发展内涵逐渐进入人们的视野。改革开放以来，尤其是近年来，随着人们对大学生主体地位的重视，高校思想政治教育的个体发展内涵日益显现出来。当前，高校思想政治教育的个体发展内涵主要体现在促进大学生人际和谐与心理和谐、培养大学生的竞争意识与合作精神、培育大学生的人文精神与科学精神、促进大学生全面协调发展、培养大学生的健康个性等几个方面。

一、促进大学生人际和谐与心理和谐

党的十六届四中全会提出了"构建社会主义和谐社会"的新命题，并且把和谐社会建设放在与经济建设、政治建设、文化建设并列的突出位置。这不但对树立和落实科学发展观、实现经济社会协调发展具有重要的意义，而且为加强和改进高校思想政治教育指明了新的方向。思想政治工作是社会主义和谐社会建设的重要组成部分，其基本精神亦与之相符合。《中共中央、国务院关于进一步加强和改进高校思想政治教育的意见》中提出了"六结合"的基本原则，即教书与育人相结合，教育与自我教育相结合，政治理论教育与社会实践教育相结合，解决思想问题与解决实际问题相结合，教育与管理相结合，继承优良传统与改进创新相结合。这实际上已经从原则的层面对当前高校思想政治教育中的和谐主题做了明确诠释。党的十七大报告在论及和谐文化时，又突出强调，"要加强和改进思想政治工作，注重人文关怀和心理疏导，用正确方式处理人际关系"。可见，高校思想政治教育的主要内容与和谐社会的本质要求是完全一致的。大学生人际和谐与心理和谐教育，既体现了高校思想政治教育的个体发展内涵，也体现了建设和谐社会的时代重任对高校思想政治教育的要求。

当前，如何实现个人与他人关系的和谐、如何实现团队的和谐发展，成了影响大学生成长的重要问题。随着社会分工的细化和科学领域的不断拓展，当今社会越来越强调团队协作的重要性。我国高等教育大众化、后勤社会化、学分制的深化，却严重地冲击了大学里班级、寝室等基本团队形式。这导致了学生的自我意识不断增强，团队协作意识相对淡薄。因此，加强团队教育，成为高校思想政治教育面临的重要任务。团队教育强调的是在以人为本、以学生为本的基础上的团队协作与配合，从而实现团队与个体的共赢。当前大学里的团队形式较为丰富，主要包括班级、寝室、学生会、社团、学生组建的各种工作室等等。大学应制定专门的团队评奖评优制度，设立优秀班集体、优秀寝室、优秀社团、优秀工作室等奖项，并将其纳入学生奖励体系，加大对团队的奖励力度，激发学生加入团队，扮演不同的团队角色，在其中得到相应的锻炼和成长，从而为学生实现与他人关系的和谐、实现团队的和谐发展奠定良好的基础。

人自身的和谐是整个社会和谐发展的根本前提。当前大学生在成长过程中面临的自身和谐问题主要表现在：理想追求与现实可能的不和谐；认知与行为的不和谐；身体成长与心理发育的不和谐；主观成长需要与现实拥有条件的不和谐等。为此，高校在思想政治教育过程中必须抓住这几个关键要素，认真做好学生的心理健康教育，通过系统的心理测试、有针对性的心理咨询、心理素质拓展训练和完备的心理危机干预体系，让学生的心理与身体实现成长同步。同时，对学生的学业给以激励和引导。学业是大学生活的根本，要以激励为目标重新构建学生的奖学金制度，同时要推行"三轨辅导制"（为每一个班级至少配备一名专业导师、一名专职辅导员和一名课外辅导员），加强对学生学习和学业的引导，从不同角度辅导学生的学习与成才。此外，还要要求大学生在导师和辅导员的指导下，定期填写成长规划书，帮助大学生设立学习目标，并为之努力。

二、培养大学生的竞争意识与合作精神

社会主义市场经济体制的发展与完善，已经成为推动中国社会发展的重要方式，并且不容置疑地成为现代中国人生存与发展的重要环境条件。创设和优化竞争环境是现代思想政治教育的重要功能之一，是思想政治教育的时代性、针对性、实效性和价值性的体现，加强高校思想政治教育，可以为大学生创设竞争环境提供思想和社会心理基础以及方向保证。高校思想政治教育必须依据马克思主义环境理论，在承认环境决定人的发展、决定人的思想道德面貌的同时，坚持人在环境面前具有主观能动性、人可以改变环境的基本观点，充分发挥意识的积极能动作用，通过不断地提高人们的思想道德意识，积极创设和优化现代竞争环境。

首先，高校要帮助大学生增强竞争意识，克服不正常的竞争心态。竞争的目的是破除平均主义的观念，以各种利益的差异形成积极进取的动力，使个体、集体、国家的利益得到最大满足，从而推动个人、社会的快速进步与发展。因此，竞争结果的差异是不可避免的。竞争的特质既然是机遇与风险并存，目标与结果不相吻合、竞争失败也就是不可避免的。如果对竞争的后果不具有心理平衡与协调的意识与能力，就容易使竞争造成消极的影响与后果，表现在对竞争目标和期望定位及实现过程中产生的不切实际的想法、急躁情绪和浮躁心理。由于目标和期望实现受阻或难以实现而产生的挫折感、悲观感和自暴自弃感，对竞争结果的差异性不能正确对待而产生的心理失衡感、对竞争的恐惧感，以及嫉妒心理、攀比心理和报复心理等，会导致大学生产生大量心理问题。这既容易引发人际关系的紧张与恶化，引发不道德行为和不正当的竞争，又无法形成健康的竞争心理。高校要在思想政治教育中通过心理咨询方法，帮助大学生进行心理调适，解决心理问题，提高心理素质和心理承受力；要通过帮助大学生加强心理平衡与协调意识的培养以及能力的训练，提高他们自我认识、自我学习、自我调节、自我平衡、自我评价的能力，从而为竞争环境的创设和扩展提供良好的心理保证。

其次，高校要加强主导性与目的性的引导，为大学生在竞争环境中的发展提供方向保证。目前，意识形态领域的"趋同"论、经济领域的"唯利"论、价值领域的唯"物"论、道德领域的"自私"论、文化领域的"西化"论、信息领域的"虚拟"论等是竞争环境中存在的一些不正确的思潮。既然自主性与主导性是竞争环境健康发展的必要保证，在这种多元价值取向和多元文化并存的环境中，高校思想政治教育必须积极发挥其正确的导向功能。高校必须引导大学生正确认识道德在竞争环境中的价值和必要性。世界经济发展的实

践表明，道德精神是促进经济增长、增强市场主体的竞争实力和经济效益的重要因素，经济领域的竞争，各种利益的协调，除了行政、法律的手段外，还必须借助于道德的力量。只有当人们具有竞争的道德意识，才会真正明确竞争的目的，正确处理竞争中出现的种种问题。高校还要加强公民道德教育，教育和引导大学生守法、守纪、守诚、守信、守德，做到公平竞争、以义求利，能够按照正确的伦理原则指导学习与研究。

最后，培养大学生的竞争意识与合作精神，高校应采用渗透性、潜在性、强化性和优化性的教育方式。所谓渗透性、潜在性，就是把思想政治教育所倡导的社会主义意识形态、正确的价值观和发展观潜移默化地渗透到竞争环境中去，由显性教育的方式转为隐性教育，寓教于环境，起"润物细无声"的作用。所谓强化性，就是在制定竞争原则和竞争规范时，明确公平正义的原则，强调守法、守纪、守诚、守信、守德的规范，制定竞争的基本道德要求，从而使思想政治教育在竞争环境中起引领作用。所谓优化性，就是对竞争环境中的不健康、不道德的行为和风气加以克服与净化，将优秀的精神文化、良好的道德风尚融合到竞争环境中，同时提高大学生的主体性，使之加强对竞争环境的鉴别力、选择力和改造力。只有这样，高校思想政治教育才能有效地在竞争环境中发挥其应有的教育功能，为培养大学生的竞争意识与合作精神提供正确的导向保证。

三、培育大学生的人文精神与科学精神

近代以来的高等教育是以近代科技为核心内容的，其专业教育指向的是自然世界，是对自然的操纵和利用。究其实质而言，近代高等教育是大工业生产和科学技术革命的产物。在高等教育中，新的学科和学习内容被引进，数、理、化、工逐渐占据高校讲堂的中心。高校作为大工业生产的劳动力培养基地，作为科学技术研究和开发的信息库和人才库，对近现代社会生产和科学技术的发展起到了极大的推动作用。科学教育的重要性越来越引起人们的关注。科学精神作为人类文明的崇高精神，它表达的是一种敢于坚持科学思想的勇气和不断探求真理的意识，它具有丰富的内涵和多方面特征，具体表现为求实精神、实证精神、探索精神、理性精神、创新精神、怀疑精神、独立精神和原理精神。这些精神正是当代大学生个体发展所必需的，因此也是高校思想政治教育所要倡导和弘扬的。

人文精神是指人类对人世的探求和对人世活动的理想、价值追求。人文精神是整个人类文化所体现的最根本的精神，是人类文化生活的内在灵魂。它以追求真善美等崇高的价值理想为核心，以人的自由和全面发展为终极目的。人文精神教育是现代教育的重要组成部分，是素质教育的根本。高校以培养人才为天职，关心人的解放、人的完善、人的发展是高校存在的意义。高校的人文精神是经过长期的历史积淀，在不断的发展演绎过程中形

成和发展起来的，有着稳定而丰富的内涵。它体现了对人的价值和生存意义的关怀，同时又以价值观念和行为规范的形式约束着大学生的行为，显示着高校不同于其他机构的气质特征。可以说，高校所弘扬的人文精神主要是指在处理人与自身、人与他人、人与社会和人与自然的关系中所持的正确价值观以及建立在这种价值观基础上的行为规范。这种人文精神教育在大学生的人格塑造、文明行为养成等方面起着重要作用。切实加强人文精神教育是大学生全面发展的需要，是高校思想政治教育的重要内容。需要注意的是，在一定意义上，科学精神本身就是思想政治教育所培养的一种人生信仰和理想追求，同时也是一种人文精神，是人文精神的一个不可分割的重要组成部分。老教育家杨叔子院士曾提出过"绿色教育"的概念。他说："教育应该充分发挥五百万年进化赋予人类的灵性，培养既有人性，又有灵性的学生。""育人和种树一样，也应该顺从学生的规律，不干扰他们，让他们自由成才。"高校思想政治教育只有把科学精神教育和人文精神教育结合起来，才是绿色教育，才能真正培养出全面发展的人才。思想政治素质是方向，科学精神是立事之基，人文精神是为人之本。因此，高校在弘扬人文精神时，要正确处理好人文与科技的关系，使人文与科技成为互补的双翼。要追求人文、科技的和谐发展，追求人文精神与科学精神的统一，让科技发展充满人文的关怀，让科技发展带来的一系列新问题，得到道德的、伦理的人文的解决。

四、促进大学生全面协调发展

人的自由而全面的发展，是马克思和恩格斯追求的理想目标。马克思和恩格斯所说的全面发展有两个层面的意义。其一是人的自由而全面的发展，是共产主义的本质特征。早在 1848 年，马克思和恩格斯在《共产党宣言》中就宣告："代替那存在着阶级和阶级对立的资产阶级旧社会的，将是这样一个联合体，在那里，每个人的自由发展是一切人自由发展的条件。"之后，他们又多次阐述了这一基本思想，把每个人自由而全面的发展看成比资本主义更高级的社会形式的"基本原则"。在恩格斯晚年时期，一位意大利出版商请恩格斯推荐马克思的一段必须充分体现马克思主义基本精神的话作为准备出版一部伟人名言录的卷首题词，恩格斯正是推荐了《共产党宣言》中上面的那段话。在马克思和恩格斯看来，人的自由而全面的发展是与生产力的发展成正比的，每个人自由而全面的发展，只有在物质财富极大丰富、人们的精神境界极大提高的共产主义社会，才能得到完全的实现。这是一个逐步提高、不断发展的过程。因此，在社会发展的每一阶段，也都存在着人的发展。这就是马克思和恩格斯在第二种意义上使用的"人的自由而全面的发展"：个人的能力和素质，以及社会关系的不断进步和提高。当前，我国正处于社会主义初级阶段，促进当代大学生全面、协调发展，正是高校思想政治教育个体发展内涵的重要体现。

《中共中央、国务院关于进一步加强和改进高校思想政治教育的意见》指出：加强和改进高校思想政治教育，要"以大学生全面发展为目标"。这既体现了科学发展观的基本要求，又体现了大学生个体发展的内在需求。大学生的全面发展，有物质的因素、技术的因素，也有精神的因素。在现阶段，影响和制约大学生自由而全面发展的因素也是多方面的，有物质的，有技术的，也有精神的。在生产力和物质文化有了长足发展，高校建设不断壮大和完善的条件下，大学生精神方面的制约因素显得越来越突出。归纳起来主要有两种表现：一是对社会发展认识不足，缺乏理想，只讲物质利益，只讲金钱，不讲理想，不讲道德。二是社会上还存在一些带有迷信、愚昧、颓废、庸俗等色彩的落后文化，甚至还存在一些腐蚀大学生精神世界、危害社会主义事业的腐朽文化。现实生活中，精神方面的制约因素远不止这些。这些现象已足以给大学生的发展造成重大危害，甚至使支撑大学生整个世界的精神支柱彻底坍塌。要抵制这些因素对大学生精神大厦的腐蚀，必须加强和改进高校思想政治教育，发挥思想政治教育促进大学生全面、协调发展的强大功能。高校思想政治教育可以为大学生的全面、协调发展提供精神支持。思想道德素质的提高是大学生全面发展的前提。尽管大学生的思想道德素质的提高，其途径和方法是多种多样的，但高校思想政治教育的作用是不可替代的。高校思想政治教育不断解决大学生发展中提出的新课题，也不断促进大学生的全面、协调发展。没有科学而有效的高校思想政治教育，就没有大学生的全面、协调发展。

五、培养大学生的健康个性

改革开放以来，大学生思想上的独立性、选择性、多变性与差异性都在增强。面对这些变化，一些高校观念滞后，在思想政治教育中，往往只强调主流思想，强调灌输和威压，强调整齐划一，把学生放在了对立的位置上。这种居高临下的"教育"，造成学生的逆反心理和对抗情绪，与教育初衷背道而驰。当前，高校思想政治教育应当转变观念，倡导健康的个性教育，把健康的个性教育作为高校思想政治教育的出发点和最终归宿。

教育学界普遍认为，个性是在一定的生理与心理素质基础上，在一定历史条件下，通过教育对象自身的认识与实践，形成和发展起来的个体独特的身心结构及其表现。如果大学生个性各系统发展均衡、协调，而且都达到了较高的层次水平，知、情、意统一，自我调控能力较强，内心冲突较少，就能够较好地适应社会，并表现出良好的创造性。这种个性就是一种健康的个性。高校思想政治教育应该是一种健康个性教育，它应当着眼于发展大学生的心理品质，形成完整和健全的心理结构，即形成一种健康的个性。

高校思想政治教育强调主导思想的一元化，弘扬社会主义的思想道德和文化。这主要作用于大学生个性核心层次的主导方面，即个性倾向性中的理想、信念、价值观、人生观、世界观等方面。与此同时，高校思想政治教育不应否定人的心理的多样性，而应鼓励大学生形成具有个人特色的能力、性格类型和自我调控方式。由于每个人的生物前提不同，形成个性的基础不同；由于家庭环境、所受教育、个人经历不同，人的个性会存在多种不同的组合方式和发展水平，表现出个性的差异性。这些差异性是客观存在的，是任何人为因素都难以抹杀的。高校思想政治教育的最终目标是实现大学生个性的优化，形成健康的个性。健康的个性存在多种形式，不同类型的个性，通过高校思想政治教育等手段，都可以达到结构优化，形成健康个性。培养大学生的个性，成为当代高校思想政治教育个体发展内涵的重要内容。

第3节 高校思想政治教育内涵的延伸

社会内涵与个体发展内涵是高校思想政治教育最基本的内涵。除此之外，在实践中，高校思想政治教育还向许多相关领域延伸。这些延伸了的内容，也是高校思想政治教育内涵的重要组成部分。例如，高校思想政治教育与历史教育、地理教育、国际政治教育相结合，延伸出认识基本国情与基本世情的问题；与法律教育相结合，延伸出培养民主意识与法制精神；与时事相结合，延伸出认识形势与政策的问题；与大学生的日常生活相结合，延伸出高校日常事务中的思想政治教育问题。下面我们将对这些延伸的内涵进行探讨。

一、引导大学生认识基本国情与基本世情

当前，人们受各种思想观念影响的渠道明显增多，程度明显加深，思想活动的独立性、选择性、多变性、差异性明显增强。当代大学生更是思想敏锐、勇于进取，思想观念趋于多元化，在各种社会思潮的影响下，往往表现出较强的事业心、责任感，但有时也会表现出良莠不分、社会责任感不强的弱点。针对这些复杂的现象，我们不能简单地肯定和否定，而应结合我国社会主义初级阶段的基本国情和当前国际形势，对大学生开展国情与世情教育，让他们认识到，只有社会主义才能使中国强大起来，激发学生树立为建设社会主义现代化强国，为人类作贡献的紧迫感、使命感和责任感。

在国情教育方面，除了加强国家历史与国家地理的教育，要着重结合改革开放的历史

进程，引导学生认识中国特色社会主义的强大生命力，以及前进中面临的一些突出的问题。改革开放 30 年，我国经济社会发生了天翻地覆的历史性巨变，取得的成绩世界瞩目。英国《金融时报》认为，以一个发展中国家的身份，中国成为近年来全球经济增长的主力，这在现代经济发展史上是少见的。在巨变面前，我们仍需保持清醒的头脑。必须看到，中国处在社会主义初级阶段的基本国情并未改变，人民日益增长的物质文化需求同落后的社会生产之间的矛盾并未改变。"一个巨变"、"两个未变"的国情告诉我们，实现现代化、赶上世界先进水平还有很长的路要走。我国人均国民生产总值（GDP）在世界上的排名还在 100 位以后。在中国广袤的大地上，还有 2300 万绝对贫困人口。我国仍处于社会主义初级阶段。

在世情教育方面，除了加强世界历史与世界地理的教育，要着重引导学生认识当今世界和平与发展的时代主题，以及我国国际环境的复杂性。在 21 世纪，世界多极化和经济全球化的趋势在曲折中发展，科技进步日新月异，综合国力竞争日趋激烈。世界经济失衡加剧，能源资源压力增大，生态环境问题突出，贸易保护主义趋势上升，国际安全面临新的挑战。国际大环境对我国发展既有许多有利条件，也有不少不利因素，要求我们党准确把握人类社会发展规律，进一步推动建设和谐世界，为中国实现可持续发展创造所需要的外部环境；要求我们党抓住机遇、加快发展，在未来的发展中赢得更多的主动，在复杂多变的国际格局中始终立于不败之地。这是我们党面临的国际局势变动的新考验。

二、培养大学生的民主意识与法制精神

民主与法制是现代国家的基本特征，也是中国特色社会主义的本质属性之一。培养大学生的民主意识与法制精神，是高校思想政治教育的主要任务之一。民主意识与法制精神教育，是当代高校思想政治教育的重要内涵。

首先，高校思想政治教育要致力于培养大学生健康的民主观念。民主观念是现代国家公民的基本素养。我国是社会主义国家，我们培养的人才更应当具有民主的素养。高校思想政治教育要致力于培养现代国家合格公民，培养当代大学生健康的民主观念。众所周知，大学生作为青年群体的一部分，思想活跃，爱国热情高，参与国家政治生活的愿望强烈，向往民主。这种热情和愿望，如果引导到社会主义法制的轨道上，就会成为推进民主政治建设的一种积极因素。相反，如果缺乏正确的民主意识和清晰而牢固的法制观念，不懂得参与民主政治必须依照法律的规定和法定的途径，分不清社会主义民主同极端民主化和无政府主义的界限，就容易给社会带来动乱和危害，而且也违背了大学生的良好愿望。通过法制教育，可以使大学生学习到法律基本知识，提高法律意识，形成正确的民主意识和牢

固的法制观念，从而通过正确的途径和方法表现自己的爱国热情，实现自己的政治愿望。

其次，高校思想政治教育要致力于培养大学生的法制精神。我国的社会主义法律是根据国家的经济、政治和社会各方面的需要，依据经济运行规律和社会历史发展规律制定的，是保证社会稳定和社会发展的重要武器。法律作为广大人民群众管理国家、建设国家的重要武器，为大学生投身社会实践，行使主人翁权利，提供了可靠的法律保障。它指导和规范着人们的社会行为及其方向，它明确地赋予人们所享有的权利和应当承担的义务，保护着青年大学生所享有的种种权利。它为青年大学生的成长开辟了广阔的天地，保护着他们健康成长。谁要是侵犯了青年大学生所应享有的权利和利益，大学生可以拿起法律武器，依靠法律的保护而重新获得这些权利和利益。另一方面，大学生也要遵守国家的法律与制度，做知法守法的公民。必须要让大学生清醒地认识到，只有维护国家法律的尊严，才能赢得自己的尊严，才能在社会上正常发展。大学生作为有知识的群体，是国家未来的栋梁，他们是否具有法制精神，很大程度上影响着中国特色社会主义的法制进程。加强对当代大学生的法制教育，是高校思想政治教育的重要任务。

最后，需要指出的是，社会主义民主政治并不是依靠行政命令就能推行的，最终还要取决于人们民主意识、法制意识和政治素质的提高。只有提高人们的民主意识、法制意识和政治素质，他们才能够有序、有效地参与社会主义政治生活。当前，高校思想政治教育对大学生的政治素质教育相对突出，对他们的民主法制教育相对不足，这与社会主义政治文明进一步发展的需要是不适应的。在今后几十年，社会主义政治文明将会取得更大的发展。在这一过程中，高校思想政治教育应发挥强大的政治引导功能，强化对大学生的民主与法制教育，提高大学生的民主意识和法制意识，使之无论是在校期间，还是毕业以后，都能够有序、有效地参与社会主义政治事务。

三、认识形势与政策

形势与政策教育是我国高校思想政治教育的重要内容和重要形式，无论是从帮助大学生正确认识国内外形势，掌握党和国家的路线、方针和政策，从培养学生正确运用马克思主义的思想观点分析问题、解决问题等方面，还是从开阔学生视野，拓宽学生知识面，弘扬科学精神等方面，形势与政策教育都显示了其独有的作用与地位。其受重视程度也随着时间的推移、形势的变化而不断得到提升：从提出形势与政策教育应当列入教学计划，到决定在高校思想政治教育课程中设置形势与政策课程；从把形势与政策课程的管理纳入思想品德课的课程管理体系、列入大学教育全过程、规定保证平均每周不少于一学时、实行学年考核制度、成绩列入学生成绩册，到对高等学校学生形势与政策教育的地位、作用、做法等提出了更加明确、更加系统、更加规范的意见，我们不难看出党和国家对加强高等学校学生形势与政策教育的重视程度。

高校开展形势与政策教育，应坚持以马克思列宁主义、毛泽东思想、邓小平理论、"三个代表"重要思想和科学发展观为指导，深入贯彻党的十七大精神，全面落实党的教育方针，紧密结合全面建设小康社会的实际，以理想信念教育为核心，以爱国主义教育为重点，以思想道德建设为基础，以大学生全面发展为目标，解放思想、实事求是、与时俱进，坚持以人为本，贴近实际、贴近生活、贴近学生。马克思列宁主义、毛泽东思想和邓小平理论教育是使大学生形成科学的政治意识的理论准备，也是开展形势政策教育的基础和前提条件。要把握好马克思主义在形势政策教育中的指导地位。当前，要特别重视用科学发展观推进形势政策教育。科学发展观是与时俱进的马克思主义发展观，同毛泽东、邓小平和江泽民同志关于发展的重要思想一脉相承。科学发展观是用来指导发展的，是紧紧围绕发展这个主题的。坚持以人为本，全面、协调、可持续的发展观，是中国共产党以邓小平理论和"三个代表"重要思想为指导，从新世纪新阶段党和国家事业发展全局出发提出的重大战略思想。把形势政策教育引进高校思想政治课堂，其本身就是科学发展观的体现，形势政策教育要在加强实效性的基础上发展，就必须重视科学发展观的推动作用。育要在加强实效性的基础上发展，就必须重视科学发展观的推动作用。

在形势与政策教育方面，高校要着重进行改革开放和现代化建设成就教育。改革开放以来，我们党带领全国各族人民，高举中国特色社会主义伟大旗帜，战胜各种困难和风险，开创了改革开放和现代化建设的新局面，深刻地改变了中国的面貌。我国经济实力显著增强、市场经济体制逐步完善、人民的生活水平大幅度提升、民主法制建设不断发展、文化更加繁荣、社会更加和谐、国防和军队更加强大、国际地位日益提高、党的自身建设稳步深入。中国的发展不仅使中国人民稳步地走上了富裕安康的广阔道路，而且为世界经济发展和人类文明进步做出了重大贡献。当代大学生出生成长在改革开放的年代，通过形势与政策教育，不仅要使他们充分认识我国发展的成就和大好形势，进一步树立民族自信心和自豪感；更要使他们深刻懂得，改革开放以来我们取得一切成绩和进步的根本原因，归结起来就是：开辟了中国特色社会主义道路，形成了中国特色社会主义理论体系，从而坚定在中国共产党领导下走中国特色社会主义道路的信心和决心。

毛泽东曾经指出，政策和策略是党的生命。我国的政治经济形势在主流上是健康向上的，但是我们从事的是前无古人的事业，没有现成的经验可供借鉴，我们在国内外还面临着这样或那样的困难，这注定了我们前进的道路不可能是平坦的。因此，必须对广大学生进行形势政策教育，使他们能够正确地看待当前的形势，看到形势的主流和健康的发展趋势。更为重要的是，我们党根据当前形势所采取的政策和措施，需要通过教育和学习的途径，为广大知识青年所掌握，以增强他们社会主义事业必胜的信心。因此，形势与政策教育作为高校学生思想政治教育的重要内容，作为高校思想政治理论课的重要组成部分，在高校思想政治教育中担负着重要使命，具有不可替代的重要作用。加强对大学生的形势与政策教育，是高校思想政治教育的重要内涵。

四、高校日常事务中的思想政治教育

高校的思想政治教育是一项长期的工作，不可有丝毫的松懈。为此，高校的思想政治教育必须做宽、做细、做深、做久，使之变成大学生日常生活的一部分；必须时刻关注大学生日常学习与生活中出现的每一个实际问题，力争将思想政治教育与大学生的学习与生活紧密结合起来，使思想政治教育无处不在，这就是高校思想政治教育的生活化。注重日常生活中的思想政治教育，是高校思想政治教育的重要内涵。

大学生的日常生活是丰富多彩的，高校的日常事务是纷繁复杂的。做好高校日常事务中的思想政治教育，需要从多个层面入手。

首先，课堂教学是高校基本的实践活动。要充分发挥思想政治理论课在思想政治教育中的主渠道作用，同时要充分发挥哲学社会科学课在培养大学生的人文精神中的作用，充分发挥各类自然科学课程在培养大学生的科学精神中的作用。其次，学生日常事务管理是高校正常运行的重要环节。要在学生日常事务管理中渗透思想政治教育，实现管理与教育相结合，需要加强制度建设。制度化是任何工作走向正规化、科学化的必经之路。高校日常思想政治教育制度化，既包括日常管理工作制度化，也包括专职队伍建设的制度化。第三，丰富多彩的校园文化是大学生日常生活的重要组成部分。加强校园文化建设，才能为大学生的成才创造良好环境。校园文化建设首要的是加强校风、教风和学风建设，重点在于培育民族精神和大学精神，形成有自己学校特色的教风和学风。高校要通过开展丰富多彩的活动，寓教于乐、寓学于乐，以喜闻乐见的方式把思想政治教育融入大学生的学习和生活之中。最后，网络已经融入大学生的生活，它以信息量大、快、杂等特点深刻地影响着大学生的生活方式和思维方式。为此，要切实加强校园网络建设，重点建设好集思想性、知识性、趣味性、服务性于一体的主网站，建立一支思想水平高、业务能力强、熟悉学生特点的网络思想政治教育工作队伍和网上评论员队伍。高校的网络工作者要密切关注校园网的动态，留意学生关心的话题，并注意加强正确的引导，牢牢掌握网上思想政治教育的主动权，使网络成为高校思想政治教育工作的重要领地。

第4节　高校思想政治教育创新的内涵

高校思想政治工作创新包括方方面面：观念要更新——随高校改革发展变化而变化，尊重人，理解人，关心人，爱护人；内容要拓展——适应形势和时代发展，入情入理，入耳入脑；方法要改进——紧跟时代发展步伐，提高科技含量、知识含量、文化含量。

一、观念的创新

在经济全球化趋势日益加快，我国正逐步走向知识经济的大背景下，教育尤其是高等教育成为知识经济生成和发展的根本。在高等教育的观念发生重大变革的同时，高校思想政治教育首先面临着观念创新。

观念的更新和解放是一切行动的先导。思想政治工作多年来带有神圣的面纱，离人们的生活既近又远，在现实的理论和实践中，人们对思想政治工作历史、现状遵循、思考的多，提出加强和改进的多；论及创新中对方式、方法方面探索的多。思想政治工作在新的时期要有新的作为，有大的突破，首先应该是观念的创新。

1. 灌输教育向辨析式教育的转变

追求新知识、重视知识的增量，是知识经济的一个显著特征。以"唯一正确的标准答案"为特点的灌输教育，不仅不能适应专业知识教育的要求，而且对于思想政治教育来说也具有明显的滞后性。以互联网为代表的媒体的迅猛发展，使教师学生所面对的信息急剧扩大，他们一方面不再满足课堂上思想政治教育的单纯说教；另一方面，面对眼花缭乱，大量混杂信息他们往往良莠不分，进而造成思想上的混乱。这就要求思想政治教育要从过去的灌输教育转变为辨析式教育，即帮助学生从正确的政治立场出发，掌握科学的认识方法和分析方法，对现实状况和思想问题进行辩证剖析，在信息处理过程中明辨是非，树立科学的世界观、人生观和价值观。

2. 一次性教育向终身教育的转变

随着知识更新周期的加快，高校对学生的专业知识教育正从一次性教育向终身教育转变。与此相对应，高校思想政治教育也必须随着时代的进步和思想政治理论的不断发展，面向学生建立起终身教育的机制，为人才的培养和成长服务。只有用不断发展的思想政治理论武装人们的头脑，才能为人们投身改革实践提供理论指导和精神动力，在引导和帮助各类专业人才走正确的政治道路的过程中，不断促进学生自我人格的完善。

3. 模本型教育向个性化教育的转变

传统的思想政治教育习惯将"老实听话"、"循规蹈矩"、"老成持重"等作为教育模本，这种教育往往给学生一种压抑感，不利于他们创新潜能的发挥。因而，高校思想政治教育要从模本型教育向个性化教育转变，注重学生的个性培养，鼓励他们自信、自强、自立，把创新意识和创新精神作为人才成长的重要因素。同时，思想政治教育要加强针对性，因材施教，因人而异，对症下药，把教育效果落到实处。

4. 校园教育向社会教育的拓展

随着高校教育改革的深入，办学主体日益多元化，学校与社会力量联合办学，教师到企业、公司兼职、担任技术顾问等越来越普遍；学生以各种方式走向社会，或勤工助学，或增加见识，大学早已不是孤立于社会大环境之外的"象牙塔"，与社会的联系越来越密切。后勤社会化机制和学生园区的逐步建立，学生享受着公寓化的管理，学校不再是由围墙围起的封闭环境，无论教师还是学生都处于一种与社会密切互动的开放环境之中。高校思想政治教育要随着时代、环境的变化而变化，教师学生思想政治教育工作就不能仅限于在校园环境中进行，必须由校园教育转向社会教育。要充分整合校内外的教育资源，建立新型教育覆盖机制，调动社会各界的教育力量，形成对教师学生思想政治教育的合力，使之在开放的学校环境中接受教育，经受锻炼，成长成才。

观念创新是行动的先导，它决定着方式、方法的改变。决定着对思想政治工作的准确定位。在观念创新中需要强化四种意识：一是时代意识。走在时代的前列是思想政治工作的生命力之所在。思想政治教育的方方面面要跟上以和平与发展为主题的时代，跟上改革开放不断深化的时代，跟上科技革命迅猛发展的时代，跟上人的自主性和创造性充分发挥的时代，这是创新的前提。二是创新意识。只有在继承中创新，在创新中提高，思想政治工作才能保持活力。高等学校的各级党组织、教育管理部门等应该积极研究新形势下人们的精神需求和价值取向，研究思想政治工作的新内容、新方法、新机制、新途径；在实践中要善于运用心理学、教育学、社会学等哲学社会科学的研究成果为思想政治工作服务，不断借鉴新知识、新方法，将之自觉运用于思想政治工作之中。三是科技意识。在科技发展突飞猛进的今天，思想政治工作只有不断运用各种现代科技手段，才能提高思想政治工作的威力；必须时刻关注世界科技革命浪潮和知识经济的发展，才能提高思想政治教育的效力。四是阵地意识。强化阵地意识，其核心是坚持和加强马克思主义在意识形态领域的指导地位，关键是管好用好思想文化阵地，牢固占领这些阵地。

二、内容创新

思想政治工作的内容是一个既相对稳定又不断发展的体系。随着社会发展信息化进程的加快，人们通过传媒所获取的知识和信息越来越多。对于处于心智发展高峰期的大学生和知识储量在社会上处于优势的广大教师来说，他们兴趣广泛，精力旺盛，充满了对知识和信息的渴求，往往能够较快地获得大量的知识和信息。一方面，他们不再满足于传统思想政治教育的理论教条，会因其知识陈旧和信息量小而失去兴致；另一方面，他们面对所获得的各种各样的知识和信息感到茫然，凭借他们自身的理论水平和分析能力无法对获得的知识和信息进行有效地梳理和整合，迫切需要帮助和指导，澄清观点，理出线索，形成思路，充实自己的精神世界。

高校教师学生处于社会转轨、教育改革的大形势下，也面临正确理想信念、价值、道德的确定和调整中。这就要求高校思想政治教育在内容上要有所突破，有所发展。在加快知识更新和加大信息量的过程中，注重教育内容的科学性与伦理性、政治性与历史性、民族性与世界性的有机结合。把面向世界的科学创造与面向人类的伦理关怀相结合，把社会发展的政治抉择与我国走过的历史道路相结合，把中华民族的伟大复兴与世界经济全球化进程相结合，使广大师生从中找到分析问题的出发点和落脚点，进而学会在复杂的社会现实中树立正确的世界观、人生观和价值观，坚定走中国特色社会主义道路的信心。

在高校进行的马列主义、毛泽东思想、邓小理论教育、"三个代表"重要思想，爱国主义、集体主义、社会主义教育，世界观、人生观、价值观教育是多年来形成的相对稳定的内容，是高校师生思想政治教育的核心内容，根据形势的发展，思想政治教育也要不断拓展领域范围，开展相应的教育活动在新的形势下，新的教育领域和范围应着重突出以下内容：

"四信"教育。解决广大师生的"信仰"、"信念"、"信任"、"信心"问题是新形势下思想政治工作所要解决的深层次思想问题。在开展"四信"教育中，思想信念教育尤为重要。

"四科"教育。高校尽管是知识密集、人才集中的地方，但知识的拥有量与科学精神并不一定成正比，法轮功在高校还存有市场就是证明。关于科学知识、科学思想、科学方法、科学精神的教育是非常必要的，现代科学精神教育和专业教育相辅相承，可以增强思想政治教育的时代感和与广大师生的贴近感。

社会主义道德教育。建设社会主义道德体系是一个系统工程，在社会主义市场经济条件下进行思想道德建设，需要加强教育、坚持引导、注重示范、重在实践、运用法制。社会主义道德教育体现在高校教师的师德、学术作风、学生的基础文明、社会公德意识、文明生活方式等方面。现代伦理教育是拓展社会主义道德教育内容的重要方面，环境伦理、生态伦理、科技伦理、网络伦理等教育，在科技高速、强调"以人为本"的当今显得更为重要，这也是不断推进社会主义道德体系形成和完善的有效手段。

以上这些教育可以成为新形势下加强思想政治工作的新尝试，是思想政治教育新的切入点。

三、方法的创新

方法创新，就是要在分析当前高校思想政治工作面临的新情况、新问题的基础上，实现思想政治工作方法由传统向现代的转变。方法创新要针对师生们新形势下的实际情况来探索、实施。

一是针对广大师生思维更加活跃、思想状况更加复杂的情况，变经验型的思想政治工作方法为科学型的思想政治工作方法，将心理学、伦理学、社会学、美学乃至系统论、控制论、信息论、现代管理科学等学科的知识引入思想政治工作领域，努力提高思想政治工作的知识含量。二是针对市场经济条件下广大师生对传统灌输方式容易产生逆反心理的特点，变单向灌输型为相互交流型，晓之以理，动之以情，激发受教育者参与和接受教育的积极性。三是针对当前影响人们思想形成、发展、变化的因素具有多样化、复杂性的特点，变孤立运用某种具体方法为综合运用多种方法，多角度、多侧面地开展工作；坚持精神鼓励与物质鼓励相结合、教育与管理相结合、解决思想问题与解决实际问题相结合，从而调动一切积极因素，真正把广大师生的积极性引导好、保护好、发挥好。

特别要强调的是，高校主要的教育对象是学生，学生是主体，个性化的教育时代要求在施教过程中注重教育对象的主体意识作用的发挥，特别是在对大学生进行思想政治教育的过程中，要创新教育方法，使广大学生对于正确的政治观点和道德规范形成"认同——赞赏——践行——追求"的自觉过程。

其一，说教法与体验法结合。改变过去思想政治教育单一说教的方法，增强学生在校园生活和社会生活中的体验，把思想认知与情感体验紧紧地结合起来，使学生在言说和践行正确的政治路线和道路要求时，有充分的愉悦的情感体验，达到知、情、意、行的内在统一。其二，研究法与人格法结合。对于具有一定的知识积累和分析能力的大学生而言，他们的学理思维活跃，对于问题喜欢从各种不同的角度进行逻辑分析，因而在思想政治教育中要大力提倡研究法。思想政治工作者既要善于带领学生分析理论问题和现实问题，使思想政治教育达到应有的深度；同时，又要以自身的言行和精神追求为学生树立榜样，使思想政治教育具有人格魅力，加大感召力度。其三，激励法与成就法结合。把正确的理想信念和道德情操内化为大学生自觉的精神追求，必须通过反复激励，并使他们有所成就，才能实现。一方面，对大学生的求知成长的过程中表现出的积极因素要及时给予外部激励，加以表扬、奖励，建立良好的校内激励机制；另一方面，帮助大学生在正确的成长道路上不断取得进步和成绩，使他们获得成就感，引导他们学会自我激励。

在方法创新中载体创新是一项重要的内容。教育载体是教育内容和教育方法的物质依托，是进行教育实践的具体过程。随着高教改革的深入，多媒体等现代化教学手段日益丰富，校园网络环境逐步形成，大学生思想政治教育的载体在过去较为单薄的课堂教学和课外活动的基础上加以创新已成为可能和必然，实现教育载体的多样化，增强思想政治教育的可接受性，使之对广大学生具有较强的亲和力是教育载体创新的追求。在本书的第七章我们还会进一步讨论。

四、机制创新

机制创新是新时期加强和改进思想政治工作的需要，也是增强思想政治工作生机和活力的需要，在现实的理论和实践中都受到了充分关注。围绕机制创新问题，应重点做好四个方面。

一是领导机制。健全思想政治工作的领导机制，制定一套行之有效的法规制度，依靠制度的规范性、稳定性和制约性，提高思想政治工作管理的可操作性。二是运作机制。建立健全运作机制应在思想政治工作的教育机制和渗透机制上下功夫。完善教育机制要求在内容上将政治导向、思想教育、道德示范、法纪约束及文化陶冶有机结合起来，推进师生自我教育、相互教育，构建"大教育"、"大德育"工作网络。完善渗透机制把思想政治工作渗透到学校工作和学习中去，把影响大局的、群众关心的问题作为工作的突破口。三是评估机制。建立评估机制要考虑到思想政治工作效益的特殊性，坚持精神成果与物质成果、近期效益与长期效益、个体效益与群体效益、静态效益与动态效益的统一，并在此基础上，建立和完善激励机制。四是保障机制。要建立规范的、有效的资金投入和保证制度，完善思想政治工作的投入机制。健全思想政治工作教学科研机构，搞好思想政治工作者的理论武装，充实思想政治工作者队伍。重视思想政治工作的硬件建设，购置必要设备，尽快实现思想政治工作手段的现代化。

思想政治工作的创新，是在继承基础上的创新，是在充实提高基础上的创新，是在加强和改进过程中的创新，而不是抛弃一切的创新。只有如此，才能增强高校思想政治工作的时代感、针对性、实效性、主动性。

第三章　我国社会转型期高校思想政治教育创新研究

由于经济关系、经济制度和经济生活的基础性地位,新的经济关系和经济制度的实践,必然带来政治生活、文化生活和社会生活的相应变化。这些新变化迫切要求思想政治教育必须作出积极地调整,修炼"内功",不断增强动力,在社会剧烈变动的转型时期,为保证社会成员的价值认同、实现社会整合、维护社会秩序等方面继续发挥重要而积极的影响。

第 1 节　社会转型期高校思想政治教育面临的新情况

当代中国的社会转型大致以改革开放为标志,整个过程也就是中国特色的社会主义现代化进程。这是一个建立在经济转型基础上的整个社会结构深刻变革的时代,物质层面的巨大变革,导致大学生思想观念发生了一系列深刻的变化。

一、价值观领域的新变化

价值观念是人的思想意识领域的重要组成部分。我国的改革是以社会主义市场经济为取向的改革,这是经济基础领域的重大变革。经济基础的变革是全部社会变革的基础,因而也是一切价值观变化的前提和基础。社会主义市场经济与资本主义市场经济虽然存在性质上的根本区别,但是,无论是作为一种经济形态还是一种经济体制,市场经济对人的价值观的影响都具有两重性。

第一,市场经济的改革在促进了人的独立人格形成的同时,又助长了拜金主义的价值取向。市场经济的自主性和平等性,是人与人之间进行经济联系和经济交往的基本原则,它使人摆脱了在自然经济、计划经济条件下对血缘、等级和特权等关系的依附,而逐步获得了人格的独立。随着市场经济的诞生而发育、成长起来的独立人格,催生了大学生的独立意识、自我意识和自主意识，使自主、自尊、自强成为大学生追求的价值信条。这些精神的发展，不仅激发了大学生改善其物质生活状况欲望，更为重要的是，它引导大学生明确其精神价值发展方向，从而使现代人的精神追求达到一种新的境界，为人自身又一次新的解放作了更加充分的准备。然而，在市场经济中，货币成为社会财富的一般代表，成为商品世界中至高无上的权威。甚至在人际交往中，货币也成了主要媒介，从而使货币（包括商品）成为凌驾于人之上的神秘物，支配着大学生的生活，导致拜金主义在社会生活的各个领域滋生蔓延。拜金主义的最大危害就在于把人变成了物的奴隶，变成丧失灵魂的纯粹自然人和经济人，并最终导致人的主体性的全面丧失。

第二，市场经济的改革在促进了人的创造力发挥的同时，又诱发了利己主义的价值取向。市场经济中的竞争机制和优胜劣汰机制强劲地冲击着传统的"不求有功，但求无过"和"枪打出头鸟"等中庸保守心态和价值取向，使大学生逐渐认识到了因循守旧、墨守成规的惰性所带来的危害，极大地激发了人的积极性、主动性和创造性。但是，市场经济利益驱动机制也诱发了一些人为了获取自身利益和攫取暴利而采取利己主义的行径。利己主义的最大危害在于严重破坏了集体主义的价值取向，使整个社会失序。

第三，市场经济的改革在促使大学生的道德由虚向实的同时，又助长了享乐主义的价值取向。改革开放所恢复和倡导的务实精神以及市场经济的重利原则使得个体的道德选择摆脱了过去"重义轻利"、"重精神轻物质"的思想束缚，极大地改变了大学生安贫乐道、鄙视物质利益的传统价值取向，大学生追求物质利益的合理性和正当性得到了肯定，大学生的劳动创造热情被彻底引爆。然而，市场经济的重利原则在特定的条件下又不可避免地引发大学生的世俗化和功利化倾向，导致了物质价值追求与精神价值追求之间的失衡。一些人只讲物质需要，贪图物质享受，不讲精神需要，漠视精神追求，或者仅仅满足低级趣味的精神追求，寻求感官刺激，最终只能导致精神产品的过度商业化和功利化，导致伦理道德的沉沦和滑坡，使人成为片面发展、畸形发展的人。

二、思想观念和思维方式的新变化

思想观念的创新是一切创新的基础和前提，因为思想观念是一切行动的先导，没有思想观念的创新就不会有经济领域和政治领域的创新。实现思想观念的创新就必须解放思想、转变观念。纵览人类思想发展史，思想解放运动是人类思想观念变化的巨大推动力量，当代中国社会的转型也是从思想解放运动拉开序幕的。在思想解放运动中，我们破除了"两个凡是"的僵化观念，"实践是检验真理的唯一标准"这一马克思主义的基本原理被大学生重新深刻认识和理解，再次获得了新的生命，与之俱来的是"语录标准"、"本本标准"、

"权力标准"开始被抛弃，"两个凡是"的精神束缚被破除，广大干部和群众摆脱了个人崇拜和教条主义精神枷锁的束缚，党内外呈现出思想活跃的生动景象。在思想解放运动中，我们认识到"商品经济是社会主义经济发展不可逾越的阶段"，"社会主义经济是公有制基础上的有计划商品经济"。这一论断破除了长期以来存在的把商品经济与社会主义对立起来的陈腐观念，开阔了大学生的视野，推动了商品经济大潮的涌现，社会主义市场经济体制逐步建立健全和完善，一切与发展市场经济相联系的思想观念，如平等观念、市场观念、竞争观念、效益观念、时间观念、科技观念、人才观念等一系列现代思想观念开始向社会生活的各个领域渗透，发生着日益广泛而深刻的影响。在思想解放运动中，我们真正认清自己的基本国情——社会主义初级阶段，进一步明确了建设社会主义一定要从我国生产力的实际状况，而不能从抽象的原则和良好的愿望出发，社会主义是"用脚立地"的，而不是"用头着地"的，社会主义初级阶段理论的创立，帮助全党和全国人民摒弃超越社会主义初级阶段的观念、政策和做法，把各项工作真正置于我国现实国情的实际之上。在思想解放运动中，我们终于弄明白社会主义有计划，也有市场，社会主义也可以发展市场经济的道理。邓小平在南方谈话中，对社会主义本质、计划与市场、"三个有利于"标准等重大问题的精辟论述，廓清了种种妨碍改革和建设深入发展的思想理论上的困惑和疑虑，成为加快改革和建设的新的动力源。思想解放促进大学生对传统社会主义观念的反思，对传统社会主义体制的反思，对改革和建设面临严峻挑战和机遇的反思，其影响是极其深刻而广泛的，无疑对中国现在和将来的发展产生积极影响。

解放思想，还促进了大学生思维方式的变革。大学生的思维方式是一定时代和社会发展的产物，是大学生在观察、认识和评价事物时表现出比较稳定的思维活动样式。某种思维方式一旦形成，改变起来相当困难。即使这样，与社会同步，大学生的思维方式也在变化着、发展着，不会停止在原先的水平上。直观性和经验性是中国人的传统思维方式，现在则大不同了，实践正在改变着大学生的思维方式，系统性思维、散发性思维、超前性思维、创新性思维等现代思维方式的形成和确立，极大地提高着大学生观察问题、认识问题、分析问题和解决问题的能力。

三、思想活动呈现新变化

在社会主义改革实践活动中，大学生的思想活动出现了一些新的特点和趋势，具体表现在：第一，独立性。大学生思想上的独立性往往是经济活动特点的反映。高度集中的计划经济体制，难免使大学生的思想产生较强的依赖性，而在市场经济体制下，创业要自筹资金，事业讲自我发展，经营讲自负盈亏，就业讲自主选择，工作讲自我表现，生活讲自我设计，交往讲自由平等，科学研究重自我表达，社会事务重自我参与，人生价值重自我实现，等等，这些观念势必打破大学生"等、靠、要"的传统依赖心理，大学生追求个人利益的愿望更为强烈，自主独立的意识不断增强，符合社会要求的自我设计、自我发展越来越多地进入了社会生活。第二，选择性。社会层面的"多样化"发展以及经济全球化、信息网络化趋势，使大学生的物质利益和文化需求的满足手段、途径更为丰富，选择的方式也越趋灵活多样，不仅有单向选择，也有双向选择和多向选择，不仅可以一次性选择，也可以反复进行选择。第三，多变性。随着改革的逐步深入，大学生内心深处的观念冲突和思想变动都更加频繁，经常处于一种不稳定的"躁动"状态，呈现出多样性、多变性的态势。具体说来，这种多变性的主要表现，一是快速的变化频率。由于国内外形势瞬息万变、科学技术迅猛发展、各种新思想新事物不断涌现和信息的快速传媒、快速更新，使大学生的思想不断受到冲击。二是复杂性的变化趋向。由于受到纷繁复杂的社会环境和多种因素的影响，大学生的思想处于多线条、多向度的变化之中，不确定性明显增强，可预测性明显减弱。三是变化的反复性。同一个思想问题，此时解决了，彼时又出现了；在某种条件下解决了，在另一种条件下又出现了。第四，差异性。由于大学生对经济和社会发展思想认识和价值期待不同，不同的利益群体、社会阶层和社会角色，观察世界、认识问题的起点、角度、目的和标准出现了许多不一致的地方，政治态度、利益要求、价值取向和道德观念等方面就出现了明显的差异，在许多问题上，不同的阶层会有不同的认识，即使处于同一阶层，因为角色不同，思想认识也会参差不齐。

大学生思想活动的新变化，一方面表明我国思想文化建设取得了积极成果，思想文化领域日益繁荣。随着大学生思想活动独立性、选择性、多变性、差异性的不断增强，与社会主义市场经济相适应的创新意识、自立意识、民主意识、平等意识、竞争意识、质量意识、效率意识、法治意识等正在深入人心；大学生的思想释放出前所未有的创造活力，精神状态和道德风貌发生着巨大的变化；大学生的精神生活变得更加充实和丰富多彩，意识形态领域呈现异彩纷呈的繁荣景象。所有这些，对于繁荣中国特色社会主义文化，满足人民群众日益增长的精神需要，都将产生积极的影响。另一方面，大学生思想活动的新变化并不意味着大学生思想的正确性和科学性，反而更加突出地表明了大学生思想活动的复杂性，这对思想政治教育如何准确地把握大学生的思想脉搏，正确引导大学生的思想提出了新的挑战。这是因为，大学生思想活动的新变化带来我国思想文化领域繁荣兴旺的同时，也必然引发各种各样不容忽视的矛盾。例如，革命进步思想与反动落后思想的矛盾，正确科学思想与偏颇谬误思想的矛盾，积极健康思想与消极腐朽思想的矛盾，高尚文明思想与低级庸俗思想的矛盾等。对于思想领域里这些纷繁复杂的矛盾，我们绝不能放任自流，而应当进行必要的和妥善的引导。思想政治教育就是要引导大学生接受和弘扬进步、科学、健康、高尚的思想，抵制落后、错误、消极、腐朽的思想，推动社会主义精神文明的发展和人类社会的进步。

第2节 社会转型期高校思想政治教育提出新要求

社会转型时期，由于新的制度体系、新的利益关系和新的社会秩序正在生成，新旧矛盾、内外矛盾、发展目标和机会矛盾、分化和整合矛盾等一系列矛盾使整个社会面临着失序和全面冲突的风险，现实生活的重大变化使大学生的精神世界陷入了不同程度的焦虑、困惑、迷茫和混乱的状态。面对大学生精神世界的混沌，一直以化解矛盾、统一思想、团结群众、凝聚力量为己任的思想政治教育理当继续发挥"清道夫"的作用，还大学生一个宁静的精神世界。

一、帮助大学生树立和谐发展的价值理念

社会共同价值目标也是指引大学生前进的航标。价值目标是理想信念和实践活动的中介，确立符合社会发展规律的价值目标，既有利于坚定大学生的理想信念，又能成为大学生的行动指南。党的十六届四中全会上提出构建社会主义和谐社会的价值目标，不仅反映了中国共产党执政几十年来的实践经验，而且体现出新世纪新阶段我国经济社会发展的新要求和我国社会出现的新趋势新特点。这个价值目标包含六个方面的内容，即：民主法治、公平正义、诚信友爱、充满活力、安定有序、人与自然和谐相处。这六个方面构成了一个相互联系、相互作用的有机的价值体系。在这一核心价值体系中，民主法治居于首位，属于政治文明的范畴，是构建社会主义和谐社会的理性基础。公平正义主要属于物质文明范畴，是构建社会主义和谐社会的物质基础。诚信友爱则属于精神文明范畴，是构建社会主义和谐社会的思想基础。只有"三大文明"协调发展，才能使整个社会安定有序，充满活力。也只有"三大文明"协调发展，才能实现人与自然的和谐相处。这一价值体系的丰富和完善意味着党的执政能力的提升、完善和进一步提高，意味着我们党对社会主义社会建设规律的进一步认识和把握。在社会转型过程中，一个重要的、亟待解决的问题是，必须尽快引导广大干部群众从思想上、心理上、感情上和行动上认同社会主义和谐社会，使全社会达成共识，这是构建社会主义和谐社会最坚实的基础。而构建和谐社会所需要的社会认同感，就应当充分发挥思想政治教育的导向功能。因为，当前，大学生正在适应改革开

放以来经济和社会快速发展带来的巨大变化，但也有不少人的思想观念、价值取向、和社会道德标准等与这种巨大变化不相适应，甚至存在一些模糊乃至错误的认识，因此，需要我们通过强有力的思想政治教育，运用启发、动员、教育、监督、批评、灌输等手段，引导大学生从转变观念入手，端正态度，解放思想，正确认识构建社会主义和谐社会的深刻内涵、主要特征、重大历史意义以及我们党为构建社会主义和谐社会所采取的各项措施，从而使广大干部群众自觉地把自己的思想统一到我们党所作出的构建社会主义和谐社会的伟大战略决策上来，只有这样，构建社会主义和谐社会才能从美好的愿望化成理智的现实行动。

二、引导大学生正确看待和妥善处理各种利益关系

邓小平指出："没有稳定的环境，什么都搞不成，已经取得的成果也会失掉。"在社会转型的过程中，社会分化的烈度、速度、深度和广度比以往任何时候都要深刻，以至于新的社会矛盾大量积聚，因此，这个时期也被称为"矛盾凸显期"。如何处理这些矛盾，直接关系到改革开放大业的成败，也直接关系到社会转型能否成功。从历史和现实的经验看，正确化解这些矛盾，需要在健全和完善相关工作机制，加强配套政策和措施的同时，充分发挥思想政治教育的和谐功能，做好人民群众的思想教育和沟通协调工作以及社会心理的调适工作，使思想政治教育成为化解各种矛盾的"清道夫"和调适社会心理的"润滑剂"，从而确保人民群众的合法权利得到尊重，合理的诉求得到满足，正常的社会秩序得以恢复。从根源上看，社会各种矛盾一方面是由必然性因素引起的。这是由于社会发展的不可逆规律引起的，如由于资源、地理环境、历史积淀等客观因素的差异造成的地区贫富分化矛盾。另一方面是由偶然性因素引起的。这是由于在社会发展过程中一些可控性因素发生变化而引起的。这正如江泽民所指出的，现在发生的一些严重的突发性事件和群体性事件，"一个重要原因，是由于工作不落实、不扎实、不切实。工作部署了，没有抓到底，口号提出来了，没有落实。结果流于形式，浮于表面，没有实效"。对于前者诱发的矛盾，思想政治教育务必既要从大局出发，从"大"处着眼，向当事人讲清楚党的路线、方针、政策和有关的法律、法规，讲清楚党和国家的事业同社会主义社会的前途命运的利害关系，讲明白社会稳定和国家繁荣同个人生活改善的关系，又要从"小"处着眼，具体问题具体分析，配合有关职能部门切实解决人民群众的切身利益问题，维护好他们的实际利益。对于后者诱发的矛盾，思想政治教育则应本着实事求是的原则，要求相关的领导干部和职能部门勇于承担责任，主动及时地改变工作作风和改正工作方法，坚持走群众路线，密切联系群众，为群众做好事、办实事，真正做到权为民所用，情为民所系，利为民所谋。唯有如此，误

会才能得以消除，积怨才会慢慢消解，人民群众才会甘心情愿地为党和国家的事业竭尽全力。

三、激发大学生的主动性、积极性和创造性

面对新世纪的战略机遇期，党的十六大提出了全面建设小康社会的宏伟目标，并进而在十六届四中全会上提出了构建社会主义和谐社会伟大战略构想。和谐社会应是一个充满朝气、充满活力的社会，充满活力就是要让一切有利于社会进步的创造愿望得到尊重，创造活动得到支持，创造才能得到发挥，创造成果得到肯定，破除各种障碍，让一切劳动、知识、技术、管理和资本的活力竞相迸发，让一切创造社会财富的源泉充分涌流。这个目标的实现将是中华民族发展史上又一个重要里程碑，也将把中国特色社会主义的伟大事业推向新的更高的阶段。实现这样的目标不仅是党的事，也是每一个群众的事，不仅需要全体人民群众的共同参与，更需要他们积极、主动和创造性地发挥聪明才智。人民群众的积极性、主动性和创造性是通过思想政治教育各种激励手段激发出来的。从本源上看，人的积极性、主动性和创造性来源于人的需要，"大学生奋斗所争取的一切，都同他们的利益有关"。需要越强烈，积极性就越高，主动性和创造性就越强。人的需要包括物质利益需要和精神利益需要，缺一不可，与此相对应，激励也就分为物质激励和精神激励。物质利益需要是大学生的第一需要，忽视或否定它的合理性，不去设法满足大学生的物质利益需要，将使构建社会主义和谐社会失去物质动力。但是，一味强调物质利益，仅仅依靠物质手段而忽视或否定精神动力作用，全社会将会呈现唯利是图的混乱局面，导致构建社会主义和谐社会的理想化为泡影。因此，在社会转型过程中，思想政治教育要充分发挥激励功能，激发大学生的积极性、主动性和创造性，坚持把物质激励手段和精神激励手段统一起来，一方面要运用坚持物质激励手段，密切联系群众，深入群众生活，了解群众的实际需要，配合有关部门想方设法地满足他们的合理需要，解决好他们的实际问题，让他们享受到真正的实惠；另一方面又要善于运用目标激励和情感激励等手段，深入细致地向群众宣传和解释构建社会主义和谐社会的历史背景、重大意义、具体措施等，适时地引领他们正确地看待社会发展中的问题，化解思想"扣子"，引导他们树立远大的理想和坚定社会主义的信念，激发对构建社会主义和谐社会向往的情感和情绪体验，激发热情和动力。唯有如此，广大人民群众才会紧紧地跟随我们党，以饱满的热情、百倍的信心、坚定的意志投入各项事业的建设中去，推动社会主义和谐社会的顺利实现。

四、提高大学生的法制意识和思想道德素质

一个社会是否和谐，一个国家能否长治久安，很大程度上取决于全体社会成员的思想道德素质和法律素质。没有良好的道德规范和法制意识，社会和谐便无从谈起。然而从实际情况来看，处于社会转型时期的中国已进入"多事之秋"：社会利益分配在城乡之间、地区之间和群体之间出现明显的分化趋势，人民内部矛盾突出、全社会诚信缺失状况严重、刑事犯罪率逐年上升等，不一而足。面对这种状况，如果没有明确的规范加以规约，就很难把大学生的思想行为统一到一个基本一致的方向，甚至可能会出现更多的越轨和失范的行为。所以在社会转型条件下必须发挥思想政治教育的作用，一方面要大力加强法制教育，加大普法工作的力度，从而增强大学生依法执政、依法行政、依法管理的自觉意识，摈弃"权大于法"和"情强于法"的错误观念，在全社会形成学法、用法、守法的良好风尚，切实把大学生的行为纳入法制化的轨道，努力做到有法必依、执法必严、违法必究。另一方面要大力加强以为人民服务为核心、以集体主义为原则的社会主义公民道德教育，积极倡导"爱国守法、明礼诚信、团结友善、勤俭自强、敬业奉献"的公民基本道德规范，着重加强"三德"教育，使大学生树立正确的社会主义荣辱观，克服拜金主义、享乐主义和个人主义等错误观念的影响，正确认识和处理国家、集体和个人三者之间的利益关系，努力形成社会主义的新型人际关系，构筑有利于实现社会主义公平正义和诚信友爱的道德基础，从而减少社会风险和动荡，保持社会的稳定与和谐。

五、增强全国各族人民的凝聚力

团结与和睦，是社会和谐的基本特征，也是社会顺利转型的前提条件。团结和睦局面的形成，一方面固然依赖于组织文化的制度设计，特别是成员与阶层的利益关系的正确处理，但也离不开主体之间的社会交往关系，也就是说团结必须以对主体间权利义务关系得到合理的处理为前提。这就要求我们的各级组织一方面要加强制度建设，以健全完善的制度确保社会公平和正义，同时又要加强思想政治教育，树立中国特色社会主义的共同理想，并把这一共同理想融化和渗透到人民群众中去，使之成为维系全国各族人民的精神纽带，促使全国各族人民围绕共同的价值准绳作"向心运动"，使他们在目标一致、利益一致的基础上，紧密地结合为一个有机的整体，自觉地调节局部利益与整体利益的关系、眼前利益与长远利益的关系、个人利益与集体利益的关系，保持思想言行的正确方向和社会机体运行发展的健康协调。在各个具体部门和单位，要注意从实际出发，按照共同理想的要求，

及时提出并大力宣传自己的具体目标,教育大学生自觉地把自己的日常工作与高层次的价值目标联系起来,使每个人在自己的业务岗位上建立个人与社会的认同关系,获得归属感和荣誉感,树立一种以组织和社会为中心的群体意识,从而对集体、对社会产生强大的向心力。具有强烈的集体观念的每一个成员会对本组织所承担的社会责任和发展目标有深刻的理解,这样,共同理想就成了一种强有力的"黏合剂",使大学生超脱低层次的狭隘眼界,获得精神动力,团结一致,为实现建设中国特色社会主义的共同理想而奋斗。

第四章 高等教育大众化下的高校思想教育创新研究

在我国高等教育大众化不断推进及整体实现的过程中,大学生思想政治教育工作正面临着前所未有的机遇和挑战,应引起高校学生思想政治教育工作者的足够重视,并采取积极的应对策略。

第1节 高等教育大众化对高校思想政治教育的影响

一、我国高等教育大众化的特点

美国学者马丁·特罗把高等教育发展划分为三个阶段:适龄人口高等教育入学率大约在15%以内为英才教育(即精英教育)阶段;在15%—50%为大众化教育阶段;在50%以上为普及教育阶段。我国高等教育规模不断扩大,从精英教育阶段迈入了大众化教育阶段。2002年我国高等教育毛入学率达到15%,,标志着我国进入了高等教育大众化的发展阶段,其后每年又以2%的憾度增长,到2005年已达到21%。高等教育大众化是社会发展到一定程度的标志,是实现人的现代化的一个最主要的途径。随着大众化教育的来临,我国的高等教育机制必然会受到挑战和冲击。因此,对当前我国高校学生的思想政治教育工作也必须重新认识和定位。

高等教育大众化首先表现为高等教育在数量上的大发展,同时还必然伴有一系列观念、体制、功能、管理等方面的变化,其一般特点主要表现在以下三个方面:一是高等教育投资主体和办学类型的多元化、多样化;二是高等教育培养人才的多层次化;三是高校毕业生就业的自主化。

另外,由于我国高等教育发展的历史及我国高等教育大众化具有的国情背景的特殊性,使我国的高等教育大众化还具有自身的一些特点:其一,我国的高等教育大众化不是一个完全自然的过程,而是更多地表现为国家的__种发展战略和政府行政行为。当然,在我国高等教育大众化的背后也隐含着人民群众对高等教育的强烈需求,但就其启动及实施的过程来说,基本上是在政府的指导之下进行的。

其二,西方的高等教育大众化是在"高等教育是一种公益事业"的理念下进行的,尤其是在一些西方高福利国家,而目前我国高等教育则属于非义务教育范畴,实行教育成本分担缴费上学。其三,由于我国的高等教育大众化不是自然发展成熟的结果,而是外力作用使然,所以虽然在数量指标上达到了要求,但在高等教育体制对高等教育大众化的适应、人民群众对高等教育的期待以及劳动力市场对大学生就业的影响等方面,还有许多艰辛的路要走。

高等教育大众化的发展,蕴藏着大学生思想政治工作发展创新的机遇,同时也使学生思想政治工作面临严峻的挑战。要想抓住机遇,迎接挑战,做好学生的思想政治工作,就应当结合当今高等教育大众化发展带来的条件和一些前所未有的新情况、新问题、新矛盾,认真分析它为大学生思想政治工作造成的有利因素和不利因素,在趋利避害中推动学生思想政治工作的创新。

二、高等教育大众化进程中创新大学生思想政治教育的有利因素

1. 高等教育大众化的发展为大学生思想政治教育工作创新提供了良好的物质件

高校学生思想政治教育工作的发展与创新必须有一定的物质条件做后盾,需要各项硬件设施做保障。大众化发展之前,学校吃的是国家的"大锅饭",相当部分高校的教育资金只够维持学校的日常运作,在这种情况下,思想政治工作的经费更是被压缩到少之又少,大学生思想政治工作常常陷入窘境。

随着高等教育大众化的发展,各高校建立教育资源投入的多渠道,形成教育资源成分的多元化,从而带来学校办学经费的充足和办学条件的改善。学生宿舍的扩建、改建,教学楼的修建和教学设施的升级换代已实现了跨越式的发展。学生之间、学生与学校之间的很多矛盾和冲突因此得以减少,学生思想政治工作有了专门的活动场地、活动设备,基本上可以有条件开展各种形式的学生思想教育活动。特别是对学生思想政治工作专项经费的投入明显增加,这就给学生思想政治工作提供了一个极大的发挥潜力的空间,为学生思想政治工作的顺利开展和进一步创新奠定了物质上的良好基础。

2．日益完善的多媒体教学手段为大学生思想政治教育工作增加了新的信息传播方式和手段

高等教育大众化带来学校物质环境的优化，伴随现代信息技术多媒体化、网络化的发展，高校的信息传播媒介也实现了大的飞跃。不仅有了高科技含量的多媒体教室，更为重要的是由闭路电视、电话、网络构建的信息通讯媒体将师生们置于一个信息交流便捷的平台上，不仅有利于实现教学手段的现代化，而且为全面创新学生思想政治工作提供了难得的有利条件。这些先进的信息传播方式和手段可以被广泛地应用到学生思想政治工作中去，提高与学生思想情感交流的速度、频率，提供丰富多样化的形式，给新形势下的学生思想政治工作带来生机与活力，适应了高等教育大众化进程中思想政治工作的要求。

3．高等教育犬众化进程中强力推进师资队伍建设，为大学生思想政治教育工作队伍素质的提高提供了保证

高等教育大众化的发展使师资队伍的建设提到了各高校发展的议事日程。学生思想政治工作队伍作为学校教育管理中不可或缺的部分，作为学生思想政治工作顺利开展的组织保障，也受到了相应重视。师资队伍的建设是高力度的。主要表现为：其一，面对大众化发展进程中学生思想政治教育和管理的繁重任务，学校对学生思想政治工作队伍的重视程度提高了，在经费划拨方面给予关照和支持，使得这支队伍的培训提高有了经费保障；在队伍数量建设方面也逐步做到编制到位；在思想政治教育工作者的待遇方面做到稳步提高，留住和吸引了一批优秀人才。其二，为了保证大众化发展中学生思想政治工作队伍质量的提高，教育部专门开办了大学生思想政治教育各类培训班，提高了思想政治工作者的学历层次，提高了他们的理论水平和工作水平。另外，各高校还通过组织外出考察交流、脱产学习、在职岗位培训、开展科学研究等措施和途径，来提高队伍的素质。

三、高等教育大众化对大学生思想政治教育工作的挑战

1．急剧增加的学生人数使思想政治工作队伍建设面临考验

长期以来，大学生思想政治工作存在人手少、任务重的问题。高等教育规模的扩大、在校生数量的增加使这一问题更加严重。根据教育部有关文件规定，高校从事学生思想政治工作的教师与学生之比应为 1：120～1：150，而有的高校目前一线学生思想政治工作教师与学生数之比平均为 1：300，有的院系甚至高达 1：400 以上，师生比例严重悬殊。近年来，随着高等教育规模的逐年扩大，思想政治工作队伍建设滞后这一问题更加凸显。诸如，思想政治工作人才的选拔、培养和管理机制并不完善；思想政治工作者评聘教师职称或行政职务问题尚无明晰的政策；思想政治工作者在职攻读学位和赴国内外业务进修渠

道并不畅通。力量单薄的思想政治教育工作者面对人数众多、充满青春活力、思维异常活跃的大学生，实在是力不从心。

2. 大学生思想政治教育工作面临学生类型多样化的挑战

高等教育大众化的发展使教育对象由整齐化向多样化转变。年龄类型的多样化、层次类型的多样化以及贫困生、特困生的出现，给学生思想政治工作带来许多新问题：一是学生的年龄类型多样化带来的问题。大众化发展进程使高校招生条件进一步放宽，取消了考生的年龄限制，高等学校所面对的教学群体不再仅仅是思想还未完全成熟，世界观、人生观、价值观还未完全确立的，缺乏一定社会经验的年轻人，而将会是一个具有不同年龄结构、知识背景和心理素质多层次人员的组合。如何针对不同的教育个体更加有效地开展学生思想政治工作，如何更好地协调解决不同教育个体所面临的学习问题、生活问题、心理问题乃至婚姻家庭问题，都将给高等教育大众化进程中的学生思想政治工作带来新问题。二是学生的层次类型多样化带来的挑战。高等教育大众化进程中，各个学校都招收了许多不同层次类型的学生。这些不同层次类型的学生，他们在学习基础、能力素质、思想行为习惯等各方面都有着显著的差距，在这样一种复杂的构成中，思想工作要有针对性，单纯依靠有限的学生思想政治工作干部已无法应对多层次学生类型所产生的诸如思想、学习、卫生、安全、环境、心理等各类问题。三是贫困生、特困生数量增多给学生思想政治工作带来新问题。随着"教育成本分担机制"的实行，高校出现了一定数量的贫困生、特困生群体。学习的竞争、生活的重荷、就业的压力给家庭经济困难的学生带来了精神上的压力，增添了思想上的包袱，也给学生思想政治工作带来了一系列新问题。如何针对不同年龄结构、知识背景、心理素质和生活条件的受教育群体，有效地开展学生思想政治工作，是摆在学生思想政治工作者面前的新课题。

3. 入世后，西方政治、文化思潮对学生影响加大，并出现教育主导权问题

我国加入人世贸组织后，我国大学生思想政治教育工作面临许多新的情况。一是进一步的扩大开放必然使西方各种政治、文化思潮对大学生的思想价值取向影响加大。由于大学生对各种思想文化的敏锐性和吸纳性较强，极易吸收一些不利思想，如极端利己思想、自由化思想等，进一步增加了高校学生思想政治工作的复杂性及难度。二是文化方面的服务承诺将使西方媒体得以用不同方式进入我国，可能对大学生施加更大、更全面、更有力的影响。三是如何在中外合作办学中维护我国教育主权，坚持社会主义方向，是我们目前所面临的重要课题。

4. 学分制、弹性学制的实行给大学生思想政治教育工作带来困难

高等教育大众化发展带来学校教学管理制度的重大转变，即由学年制转变为学分制、弹性学制，这也是适应未来社会对高层次复合型人才的需要。由于各学校实施学分制、弹

性学制处于探索和试行阶段，与之配套的管理体系尚未建立，致使学生思想政治工作面临许多前所未有的困难。一是学分制、弹性学制的实行造成班集体的淡化，导致思想政治教育工作载体的缺失，这给学生集中教育管理增加了难度，学校的教育管理由紧密型变成了松散型。二是学分制、弹性学制的实行引起学生生活方式的变革，造成思想政治工作目标一致性要求的错位。三是学分制、弹性学制的实行给部分自觉性较差的学生提供了懒散和混日子的机会，出现缺课、迷恋网吧现象。四是学分制、弹性学制的实行，学习期限不同程度地相应缩短或相应拉长，给学校的教育管理增加了难度。

5．公寓化的实行给大学生思想政治教育工作带来新问题

由于高校后勤社会化改革的推行及高校的合并，大学生的生活、学习模式发生了相应的变化。对思想政治工作冲击最大的是学生住宿公寓化的实行。如何将学生思想政治工作的主阵地由班级转移到学生公寓，是大众化进程中学生思想政治工作面临的一个新课题。这必然要求高校思想政治工作也要做出相应的调整，原有的以院、系、班级为管理链条、校园内部统一化的思想政治工作模式已经不再适用，高校学生思想政治工作进大学生公寓的新工作模式正在形成。

6．大众化环境下的就业压力对学生自觉接受思想政治教育带来冲击

一是大众化环境下就业的压力成为大学生成才意识的主要外部影响力，由此必然导致学生学习和实践的功利化，出现了淡化政治的现象，对接受思想政治教育的热情大减。一切为了就业，实用成为学习的目的。二是就业压力使大学生特别看重社会的用人标准。当前，我国市场经济尚处于不完善的状态，各用人单位讲究的是投资的经济回报，用人标准基本还停留在"重才轻德"的状态，这样一来，大学生对思想政治素质价值的认同度大大降低，对思想政治教育的认同程度自然不会高，对自觉接受思想政治教育更缺少了一种动力。三是与专业素质相比，思想道德素质效果的隐性和长期性也使学生接受它的积极性不高。特别是用人单位凭一两次见面也无法鉴别谁的思想品德好，因此单位更看重的是专业成绩好不好、能力强不强。这样的一种用人机制对学生自觉接受思想政治教育带来了极大的冲击。学生接受思想政治教育的动力和兴趣弱化，必然加大教育的难度，影响教育的效果。

7．大学生心理素质呈弱化态势

从有关调查看，目前高校的学生基本上是独生子女，从小到大都备受呵护，这使他们心理脆弱、受挫力差，面对进入高校后角色转变的压力、学习压力、社交压力、生活压力、情感困惑及就业压力，加之对一些社会问题的不解、困惑甚至厌恶，常常导致他们心理出现问题。北京高校大学生心理素质研究课题组2005年发布的研究报告显示，有60%的大学生存在中度以上的心理问题，并且这一数据还在继续上升。这表明，大学生的心理素质呈弱化趋势，有心理问题和心理疾病的大学生越来越多，这又是高校学生思想政治工作中的一个新问题。

综上所述，随着高等教育大众化的推进，大学生思想政治教育面临着许多新情况和新问题。要适应新情况，解决新问题，就必须大力推进大学生思想政治教育的创新。如何创新，以使大学生思想政治教育更具时代性、针对性和科学性，提高思想政治教育的实际效果，提升学生的综合素质，是一个复杂的研究课题。

第2节　高等教育大众化下高校思想政治教育创新的内在要求及原则

研究大学生思想政治教育面临的现实，不难发现 21 世纪的大学与社会、与世界的联系将更加广泛而紧密。当今世界，科学技术突飞猛进，知识经济初见端倪，国力竞争日趋激烈。我国正处在建设社会主义市场经济体制和实现现代化建设战略目标的关键时期。面对国际、国内的新形势，研究大学生思想政治教育的创新问题以及如何通过创新提高大学生综合素质，具有重要的理论意义和现实意义。

一、近年来大学生思想政治教育研究的简要回顾

关于大学生思想政治教育问题，近年来不同学者从不同的角度进行了研究。概括这些观点，主要有以下几种思路：

第一，从分析新形势下思想政治教育中主客体关系出现的新特点人手，指出传统思想政治教育中教育者和受教育者等级关系预置的不科学性，提出应将思想政治教育过程由差异预设下的"告诉你什么你就要信什么"转变为"帮你知道该在你所知道的信息中相信什么"，使受教育对象在平等、和谐的关系中，发挥能动性，高效度地完成相应信息的正确选择及内化与外化，分析思想政治教育"包打天下"的错误思想，提出充分认识思想政治教育可能和不可能发挥的作用，确立思想政治教育在整个素质教育中的地位和作用，为思想政治教育正确、有效地发挥功能提出若干对策和思路。

第二，从分析现有的思想政治教育模式出发，探寻多种模式的结合。西方教育家提出了"价值辨析模式"、"认知发展模式"、"体谅关心模式"、"社会行动模式"以及"完善人格模式"等。尽管种类繁多，但西方的道德教育、价值观教育主要还是通过两个途径，即

课程教育和实践教育进行。从国内来看，南京师范大学班华教授在多年研究的基础上提出目前国内思想政治教育模式主要有以下两种：一是德育模式，即指学校独立设置德育课程；二是生活模式，即通过课内外、校内外的结合，学校、家庭、社区形成的结合力来传播具体的道德规范，发展受教育者的品德能力。

第三，从入世后面临的环境变化来讨论大学生思想政治教育的发展。认为大学生思想政治教育面临的新挑战主要表现为三个方面：一是环境的开放性与教育的可控性矛盾突出，使大学生思想政治教育的难度增大；m--是教育内容的抽象空泛与现实和学生的需要脱节，导致大学生思想政治教育的接受度下降；三是教育方法的滞后性与教育对象的复杂性不适应，使大学生思想政治教育的效果不佳。提出了大学生思想政治教育与时俱进、应对入世新挑战的对策与措施，即构建服务型、立体开放型的思想政治教育新模式；创新大学生思想政治教育的方法；改革和完善大学生思想政治教育的内容；优化大学生思想政治教育的环境。

第四，以互联网对大学生思想政治教育的影响为研究和探讨的对象，在结合实际的基础上，对大学生思想政治教育应采取哪些对策以应对网络时代的挑战作了具体、详尽的分析和探讨。提出网络时代大学生思想政治教育应采取的对策，主要有三方面：一是建立以思想政治教育网站为主体的新型德育平台；二是建立大学生思想政治教育网络监控管理机制；三是加强网络时代大学生思想政治教育工作队伍自身的建设。

第五，从适应国内外形势不断发展变化的角度，提出大学生思想政治教育应着力于观念、内容、方法、机制的创新。在观念创新方面，提出了要确立思想政治教育战略观、质量观、素质观、实践观、系统观、表率观；在内容创新方面，提出了内容定位创新、内容安排创新、反映时代精神、体现民族特色、形成科学体系的观点；在方法创新方面，阐述了方法创新的基本要求是教育方法要科学化、现代化、系统化，并应努力变单向灌输为双向互动，注意发挥现代传媒尤其是计算机网络的作用，精心构建大学生喜闻乐见、生动活泼的思想政治教育载体；在机制创新方而，提出了应着重在德育首位的认知机制、党政统一的决策机制、齐抓共管的操作机制、义利结合的动力机制、裔效准确的约束机制上下工夫。

以上是几种具有代表性的研究观点。这些研究观点无不昭示着大学生思想政治教育创新的必然性，无论是从着力点、发展模式、功能定位还是实践的视角来看，大学生思想政治教育都必须与时俱进、不断改进、不断创新。大学生思想政治教育创新是指在新的历史条件和时代背景中，针对大学生思想政治教育主体和客体所发生的相应变化，从大学生思想政治工作自身特点和性质出发，从观念、内容、体系、方法、环境等方面所进行的改进完善与发展。大学生思想政治教育的创新关系着青年学生的未来，关系着社会主义现代化建设的成败。

二、大学生思想政治教育创新的内在要求

大学生思想政治教育的创新不能止于教育手段和方法的革新,关键是要正确理解时代的特质和要求,洞悉其规律性、体现时代性。突出时代性、遵从规律性是大学生思想政治教育创新的内在要求,两者相辅相成:立足时代性,可以推动思想政治教育工作与时俱进;把握规律性,可以提升思想政治教育工作的针对性和实效性。

1. 大学生思想政治教育应立足时代性,倾注利于个体和谐发展的人文关怀立足时代性,就是要掌握新时代的新特点,使思想政治教育适应时代变革的需求,具有时代气息。随着时代的发展和改革的深化,许多深层次的矛盾不断显露。社会经济成分、组织形式、就业方式、利益关系和价值取向等日益多元化。社会的发展和人的发展面临着许多理论问题和实际问题。大学生思想活动的独立性、选择性、多样性和差异性日益增强。在新的形势下,结合时代的特点,创造性地开展思想政治教育,就必须反映时代发展的最新要求、反映大学生的迫切需求,坚持以解决实际问题为中心,切实帮助学生释疑解惑,使思想政治教育的理念、内容、方法和手段与时代同步。

中共中央、国务院《关于进一步加强和改进大学生思想政治教育的意见》中明确提出,加强和改进大学生思想政治教育应坚持以人为本。其中"以人为本"是一个重要的新理念、新认识,是高校育人工作贯彻落实科学发展观的具体体现,是思想政治教育时代性的精神实质。大学生思想政治教育的创新要立足时代性,关键是在价值取向上应由社会本位理念回归到人本理念,在教育过程中倾注更多有利于个性和谐发展的人文关怀。

(1)注重个性,促使思想政治教育分类多样。过去,社会本位理念支配下的思想政治教育工作重社会价值、轻个体价值,追求"整齐划一?'的德育效果,无视大学生千差万别的个性特点和内心深处丰富多彩的个体需要,缺乏应有的人文关怀。学生面对纷繁复杂的社会现实,不可避免地会在不同时间、不同场合、面临不同情况而产生思想、道德、心理等方面的问题,如情感困惑、人际纠纷、就业选择、心理冲突和障碍等。这就要求思想政治工作者在坚持必要的集中统一教育方式的同时,必须从个体人手,实行"分层式"思想政治教育。要理解学生的合理需求和个体差异,认可和帮助学生实现各种合理的需要,根据教育对象不同的知识结构、个体特征,选择适当的教育内容,突出重点和个性,灵活机动地采用各种教育方法。坚持因人而异、因材施教、区分层次,使思想政治教育的布局由集中、大型、统一向灵活、小型、多样的方向转化,尊重和凸显学生个性。

(2)倡导民主,推进思想政治教育走向教、学互动。过去,我们对大学生思想政治

教育的认识，主要是立足于思想政治教育工作者，着眼点是管理学生，视界在学生、在手段，缺乏民主意识，抹杀了学生的能动性。从"以人为本"这一新理念出发，有助于发挥大学生的自我教育、自我管理、自主服务的作用，有助于启发人的自觉性、调动人的积极性、挖掘人的创造性，形成教育和自我教育的合力。在具体实践中，我们需要变"强制性的灌输"为"民主化的交流"，尊重教育对象，贯彻疏导方针，重视双向交流。为此要做到：① 培养学生的参与意识与参与能力，没有被教育者的参与，交流难以维系，而交流的效果又取决于双方的能力。② 要注意平等意识的宣扬和培养。对话交流为教育双方的参与和发表意见提供了一个平台，它要求双方的话语权是平等的，都有表达自己思想和观点的权利与机会，教师要展现平等、包容和激励的内涵。③ 尊重学生的创造性和批判精神。允许学生对现实和教师的质疑、反思和超越，尊重和发挥大学生在品德建构与道德实践中的主体性、创造性和批判精神，推动大学生不断完善自身的品德，丰富和发展社会的道德规范。④ 构建开放、包容的大学精神。对话交流是人们之间相互展开的一个理解、宽容与接纳的过程。环境的开放是对话得以进行的前提，只有在开放和宽松的环境中，个体的差异才能得到真正的尊重。

（3）推崇隐性化，增强思想政治教育的"亲和力"。传统的思想政治教育方法过于直接，是一种生硬的说教和纯学科化的德育，而现实中的复杂社会现象，严重冲击了正面说教的影响力，降低了思想政治教育的权威性，甚至引起学生的逆反心理。因此，思想政治教育要实现人的思想转化，不能一味进行显性教育，而要根据人的心理特点，搞好隐性教育，将思想政治教育融入管理、活动、文化、环境之中。在教育过程中，要给予学生更多的人文关怀，尊重大学生的人格和个性特点，保护其隐私和尊严，利用情感的力量，寓情于理，使大学生对教育的内容保持亲和的、积极的、开放的接受状态，在受到感染的同时，能够自然地、潜移默化地接受教育者的思想观念和行为规范。

2. 大学生思想政治教育应把握规律性，提升大学生道德思维能力和道德践行能力

大学生思想政治教育的创新还需要认识和把握社会发展规律、高等教育规律及思想政治教育自身的规律。因为思想政治教育的过程不同于其他学科知识的认知过程，更不能将德育内容的掌握与认同简单地划上等号。现实生活中存在的"知而不信"、"言而不行"等现象易使学生不能将掌握的道德规范、准则体系内化为道德信念并指导道德实践。所以，大学生思想政治教育创新应把握规律性，贴近实际、贴近生活、贴近学生，通过模式创新来提升受教育者的道德践行能力和道德思维能力。

（1）认识社会发展规律，构建贴近实际的思想政治教育平台。经济全球化的现实，令当今社会的政治、经济、科技、文化和生活等方面都发生了巨大的变化。在新的社会背景和形势下，为了使思想政治教育入耳、人脑、人心，需要构建新的实践平台，坚持做到

思想政治教育与社会生活相结合，以增强思想政治教育的吸引力和感染力，使大学生的思想在实践中得到历练。为此，首先，要打造先进的育人文化平台，建设体现时代特征和大学精神的校园文化。应充分发挥先进文化的感召同化功能。通过学校的学术阵地和宣传、舆论阵地，广泛开展各类评优创建活动，营造健康向上的教育氛围，用真实的、可触摸的正面典型加强主题教育。让校园生活的各个层面都蕴涵着丰富的育人文化，从而使青年学生得到心灵的呼唤和情感的激荡，培育民族自豪感、时代感、使命感、集体意识、公德意识，增强教育的吸引力、愉悦感，并延伸教育的时间和空间。其次，要把思想政治教育渗透到学生的学习生活中去，通过社会调查、参观访问、帮困助学、青年志愿者、"三下乡"等寓教于学、寓教于乐、寓教于行活动的开展，吸引大学生广泛参与、自我教育。这些虚功实做的形式，克服了简单说教的弊端，通过实践的说服力量、事实的征服力量、大学生喜闻乐见的吸引力量，促使大学生自我激励、自我提高，从而达到教育人、塑造人、提高人的目的。

（2）把握高等教育发展规律，开创贴近学生的思想政治教育模式。随着高等教育由精英教育转为大众化教育，一个开放、多元共存、贴近学生的思想政治教育模式亟待形成。高等教育发展呈现的新特点使得以班级为载体的思想政治教育模式越来越难以为继，而以年级、公寓、社团为模块的思想政治教育模式能够适应目标管理、动态管理和以人为本的人才培养要求。具体而言，一是以年级为模块，推进"辅导员—导师制"模式。即由辅导员与专业教师携手做好思想政治教育工作，避免思想教育与专业学习"两张皮"的现象，辅导员主要负责学生群体的日常管理和思想政治教育工作，体现普遍教育引导、整体培养提高的原则；导师主要是依托自身的专业知识对学生从思想上疏导、学术上指导、生活上引导，体现因人而异的原则。二是以学生公寓为模块。学生公寓在学生的思想政治教育工作中的地位和作用日益突出，逐渐成为后勤社会化改革后学生思想政治教育工作的主战场和载体。为了防止学生公寓成为校园文化辐射和思想教育的盲区，必须以公寓的党建和团建为抓手，确保思想政治教育人员到位、制度到位、活动到位、网络到位。三是以社团为模块。学生社团作为校园文化建设的一个重要的有机组成部分，活动内容丰富、形式多样，又是学生自发性的群众团体，能够最大限度地满足各种不同类型学生的需求和爱好，符合青年学生重个性张扬、求个人发展的价值取向。建立以社团为模块的思想政治教育模式，应以社团自身建设和社团、党团组织建设为依托。开展特色活动，构建社团管理网络体系，提高社团干部的素质，使社团的凝聚功能和阵地功能进一步凸显。

（3）遵从思想政治教育规律，创造知行合一的思想政治教育新方法。思想政治教育方法必须遵循人的思想品德形成与发展的规律。教育过程不能只注重道德知识的传授，更应着力于道德情感、道德信念、道德意志、道德行为的培育和养成。为此，创新思想政治教育方法就必须实现由"认知式"教育向"体验式"教育的转变，确立以"体验式活动"和受教育学生为中心的理念，并做到三个结合：一是外在教育和自我教育的结合，注重发挥个体在道德建构中的能动性；二是理论教育和实践教育的结合。注重主体的自我实践体验，充分调动教育对象的道德理性，在实践中自我感悟、自我体验、自我提高；三是思想道德教育与实际生活相结合。思想、道德的力量往往存在于人的整个生活中，要将解决思想问题与解决实际问题结合起来，让思想政治教育回归生活，让学生接受比课堂更为感性的现实案例，从而切实提升学生的道德思维能力和道德践行能力。一大学生思想政治教育的创新还需要把握社会发展的规律、高等教育的规律和人的思想认识规律，通过创新教育的模式和载体，提升受教育者的道德践行能力和道德思维能力。

三、大学生思想政治教育创新的原则

1. 实事求是原则

坚持实事求是原则，就是要从大学生的思想实际出发，根据他们的思想变化规律和特点，确定教育的内容、形式和方法。创新的大学生思想政治教育只有对大学生的具体思想进行具体分析，才能防止用僵化的模式把复杂多变的思想简单化和公式化，使思想政治教育达到预期的目的。所以要对学生进行全面、系统的分析考察，弄清其思想的实际状态，把握其思想的脉络，根据学生思想的层次，因人施教，因材施教，有针对性地开展工作。

2. 系统原则

系统观点强调整体效应，是一个组织得以生存和发展的根本条件，也是思想政治工作追求的目标。运用系统观点，我们在思想政治教育中必须做到着眼于整体，在实际工作中树立思想政治教育服务于其他教育教学工作的思想，把思想政治工作作为整体工作的有机组成部分，发挥合力，注重整体效益。

3. 环境原则

要求人们在认识和改造系统对象时，注意系统整体和环境的相互联系及相互作用。大学生思想政治教育必须重视环境的影响和作用，利用环境影响有利的一面，克服其消极的一面，在校内营造良好的环境氛围，使学生得以健康成长。

4. 前瞻性原则

大学生思想政治教育不能在受教育者发生问题后才去进行，而是主动地开展正确的立场、观点和方法教育，开展正确的思想、品德和行为教育，使受教育者能够时时处处以正确的思想指导自己的行动。坚持前瞻性原则，可以对受教育者未来的思想发展变化、有可能发生的情况以及教育者应采取的措施，做出科学的估计与判断，牢牢掌握思想政治教育的主动权。

5．独创性原则

大学生思想政治教育应不断加强和改进，以新的理念和谋略为培养创新型合格人才作出更大的贡献。大学生思想政治教育工作者要善于独立分析和思考，找出新的动向、新的趋势、新的突破，提出新的见解和主张，在求异中有所创造。

6．效益性原则

大学生思想政治教育创新必须讲究效益，着眼于工作的针对性和有效性，这是基本的出发点和落脚点。在传统的思想政治教育中，衡量教育效果往往会出现几个方面的理解上的错位：一是把"投入"当"产出"。一谈到教育效果，就是谈花了多少时间，参加了多少人，举办了几次报告会，出了多少期黑板报。二是把"产出"当成是教育自身的成果。检查教育是否有成效，就是看教育是否保证了各项任务的完成，教育的效益是通过服务保证的对象体现出来的。三是只重"投入"，不问"产出"。有的把思想政治教育作为一项单纯的任务，只讲投入，不管产出；只图形式，不求效果；只讲数量，不讲质量；只重过程，不看结果。这样，给思想政治教育带来不良后果。因此，一定要把追求效益的最大化作为思想政治教育的出发点和落脚点，力求做到"投入少，产出多"。衡量大学生思想政治教育创新的效益，既要看教育活动的数量，又要看教育活动的质量；既要看受教育者的思想认识水平，又要看他们的现实行为表现；既要看他们在校期间的表现状况，又要看他们毕业后的社会表现。

第3节　科学发展观视角下的高校思想政治教育创新

以胡锦涛为总书记的新一代中央领导集体把马克思主义普遍真理同中国实际相结合，总结历史教训，正视当代现实，立足中国本土，提出了"以人为本，全面、协调、可持续发展"的科学发展观，它充分反映了中国特色社会主义现代化建设的客观规律，为社会主义社会物质文明、政治文明、精神文明以及生态文明的建设提供了理论指导，也为新时期的思想政治教育创新提供了新的坐标和理论参照。

一、以科学发展观指导大学生思想政治教育理念创新

思想政治教育作为一种以培养社会发展需要的高级专门人才为目的，有指向的社会文

化活动，突出地受到教育者思想观念的制约。在高等教育大众化态势下，大学生思想政治教育要取得实效，首先必须更新教育观念，凸显思想政治教育的时代感。以科学发展观为指导，创新思想政治教育理念，体现在以下几个方面：

1. 树立以学生为本的理念

我党提出的科学发展观，其内涵极其丰富，其中"以人为本"是科学发展观的核心。坚持以人为本，在大学生思想政治教育中就是要确立以学生为本的核心理念，唤醒学生的主体意识，激发学生的创造性，提高学生的综合素质，促进学生的全面发展。

（1）树立"以学生为本"的理念是高等教育大众化阶段学生思想政治教育现实的必然要求。高校扩招以后，由于生源结构、素质状况以及成才需求的多样化，使得大众化高等教育阶段的学生群体构成与精英教育阶段相比更加复杂。同时，近年来，面对国际国内形势的深刻变化以及改革开放的进一步深入推进，大学生在思想观念、价值取向、思维方式、学习方式以及生活方式等诸多方面表现出更多的差异性和个性特点。此外，由于高等教育大众化带来的办学模式的多样性和办学水平的层次性，使得不同类别、不同层次的学校教育对象的实际情况又存在着差异性。在这种背景下，思想政治教育就必然要充分考虑教育对象的个性特点、心理状况、兴趣爱好、行为习惯以及认知水平、家庭环境等多方面特点，以便有的放矢。因此，树立"以人为本"的理念是提高大众化高等教育阶段思想政治教育针对性、有效性和科学性的首要观念。

（2）树立"以学生为本".的理念也是对我国精英教育阶段传统思想政治教育实践反思的结果。传统的思想政治教育往往采用统一标准的人才培养模式，过分强调学生的社会性、政治性和方向性，缺乏教育的层次性和基础性。表现在思想政治教育的目标上，即为过于脱离实际，偏于理想化，未能充分考虑学生原有的思想道德水平，期望把每一个学生都培养成为"毫不利己，专门利人"的人；表现在思想政治教育的内容方面，就是陈旧老化、缺乏时代感和亲和力；表现在思想政治教育的方法上则是单一封闭与刻板。其结果是思想政治教育千篇一律，难以走近学生、理解学生，无法满足学生成长成才的需要，收效也就不大。杨叔子院士曾形象地指出，大学的主旋律应是"育人"，而非"制器"，是培养高级人才，而非制造高档器材。大学生思想政治教育要坚持把"育人"作为主旋律，就必须树立"以学生为本"的理念，做到一切为了学生，为了一切学生。

（3）树立"以学生为本"的理念是和谐校园建设的基本前提。大学作为社会的重要组成部分，其和谐与否直接影响着社会的和谐。当代大学生思维活跃、求知欲强烈、可塑性强，但由于年龄、阅历的原因，他们的辨别力往往又比较弱且容易冲动。面对纷繁复杂的国际形势，以及互联网上真伪难辨的海量信息，大学生们往往感到无所适从，容易片面地看待某些社会问题，常常会发表一些过激的言论。同时，大学生面临的学业压力、就业压力越来越大,一些贫困学生面临的经济压力就更大。在这种情况下,有些学生出现了心理问题,在特定环境的刺激下往往还会发生偏激行为。这迫切要求高校的思想政治教育坚持以学生为本,尊重学生,理解学生,关注大学生的正当利益诉求,力求贴近实际、贴近生活、贴近学生,努力提高思想政治教育的针对性、实效性和吸引力、感染力。通过加强和改进大学生恩想政治教育,帮助大学生树立正确的世界观、人生观、价值观,全面辩证地分析社会热点问题,正确对待个人学习、生活、发展中遇到的各种问题与矛盾,自觉地在思想上、行动上与中央保持高度一致,不说有违安定团结大好局面的话,不做影响校园安全稳定的事,热爱生活,珍惜生命,关爱同学,和谐相处,使大学校园成为构建社会主义和谐社会的先锋。

大学生思想政治教育要坚持和贯彻"以学生为本"的教育理念,应在以下几方面采取措施:

第一,调整教育目标。思想政治教育的目标既体现思想政治教育的目的性,又规定思想政治教育的内容和方法,是思想政治教育工作的出发点和归宿。高等教育大众化阶段,思想政治教育目标需要调整,即始终以促进大学生的全面发展为目标。一方面,要改变传统思想政治教育目标的泛政治化倾向,积极拓展思想政治教育宏观目标,从注重大学生政治觉悟的提高转向促进大学生思想道德素质的全面发展,尤其是思想道德能力的提高。另一方面,要重视思想政治教育微观目标的设计,即思想政治教育某一阶段、某一过程的具体目标的设计。微观目标要求思想政治教育的每一项环节必须从大学生的实际情况出发,遵循大学生的年龄特征和身心发展规律,尊重大学生的个性与成才需求,以使思想政治教育目标得以实现。

第二,整合教育内容。"以学生为本"的理念要求思想政治教育内容必须紧紧围绕促进学生全面发展这一目标来组织和建构。根据大众化高等教育的新要求、新形势,思想政治教育的内容应实事求是、与时俱进、及时整合,始终坚持贴近实际、贴近生活、贴近学生的指导思想,把社会对大学生的要求以及学生自身发展的需求辩证统一起来,引导大学生树立建设中国特色社会主义的理想,确立马克思主义的坚定信念,增强民族自尊心、自信心和自豪感,培养自己良好的道德品质和文明行为,增强遵纪守法观念,勤于学习,善于创造,甘于奉献,成为社会主义建设事业的合格建设者和接班人。

第三,变革教育模式。"以学生为本"的理念要求变革思想政治教育的模式。首先,应充分发挥大学生在思想政治教育中的主体作用,通过师生之间民主平等的交流,教学相长,促进学生自我教育、自主判断、自我选择,实现思想品德的自我发展和人格的形成。其次,应加强道德实践,即克服传统思想政治教育的那种空洞理论说教的弊端,转而为学生提供实践机会、交往环境和展示的平台,以交流合作、考察体验、躬行践履方式形成自身的道德规范。再次，思想政治教育应同解决学生实际问题相结合，也就是要求教育工作者在思想政治教育过程中及时地同解决学生在学习、生活、成才、就业，心理等诸方面的问题和困惑有机结合，以增强工作的实效性。

第四，思想政治教育同学生管理相结合是贯彻"以学生为本"理念的必要手段。贯彻"以学生为本"理念的同时，要积极推动思想教育与学生管理相结合，在通过规章制度等约束人的行为的同时，把思想政治工作的柔性导向融入其中，把自律与他律结合起来。没有思想教育的学生管理是简单粗暴的，没有学生管理的思想教育是软弱无力的。过去我们的思想政治工作没有很好地把握和处理教育与管理的关系，使思想政治教育失去了管理的依托，使学生管理失去了其教育人的内涵，忽视了对大学生的主体性价值的尊重，从而削弱了思想政治工作的有效性。在新形势下，高校要坚持"立足于教育、辅之以管理、寓教育于管理"的思想政治工作原则，通过将教育落实到管理中，把管理上升为教育，使两者相得益彰、互补互促，以达到塑造人、引导人、规范人的目的。

2. 树立"全员育人、全面育人、全程育人"理念

人的素质的提高，是多种因素综合作用的结果。坚持"全员育人、全面育人、全程育人"的教育理念，创造并综合利用各种积极因素促进大学生的全面发展，是大学生成长、成才的内在需求和新时期大学生思想政治教育的客观要求。中共中央、国务院《关于进一步加强和改善大学生思想政治教育的意见》强调：所有教师都负有育人职责，要坚持教书育人、服务育人、管理育人、齐抓共管、形成合力，倡扬思想政治教育的整体观；强调高等学校各门课程都具有育人功能，要深入发掘各类课程的思想政治教育资源，并坚持实践育人、文化育人、环境育人，倡扬整体的思想政治教育资源观；强调教育与自我教育结合、政治理论教育与社会实践结合、解决思想问题与解决实际问题结合、教育与管理结合，倡扬全面的思想政治教育方法论。这些理念，为我们在实践中更好地建设队伍、整合资源、综合运用各种手段，提升大学生思想政治教育的实效，提供了科学的方法论指导。

"全员育人"是指学校、家庭和社会以促进大学生的全面发展为目标，相互协调、配合，形成合力，共同担负起大学生思想政治教育的任务。"全员育人"的主要阵地是高校，育入主体是高校党政干部、教师、专职辅导员、班主任乃至普通员工。但是，家庭成员、社会成员对大学生思想道德品质的形成、基础文阴行为的养成等，同样起着十分重要的作用。高校教师在大学生思想政治教育中具有天然的优势和无可替代的作用，建立健全并科学创新"教书育人"机制，对形成"全员育人"的局面无疑具有十分重要的意义。

当前，重智育轻德育、重身体轻心理的现象仍然在相当多的高校存在。在智育教育方面，高校普遍给予足够的重视，长期以来形成了成熟的管理体制、管理规范、工作机制及考核办法和奖惩措施等。但德育教育和心理健康教育的状况与智育教育相比，则存在巨大

的反差，除了在舆论宣传上享受与智育教育同等待遇外，在物力、财力、人力的支持上则有天壤之别。因此，"全面育人"的科学创新，领导重视是关键，全员参与是基础，制度健全是保障，有效激励是动力。

"全程育人"是指把大学生思想政治教育贯穿和渗透到教学、管理、服务的各个环节。近年来，大学生思想政治教育与业务工作的"两张皮"现象，虽然在一定程度上得到了改善，但与"全程育人"的要求尚存在很大的差距。大学生思想政治教育不是游离于教学、管理、服务之外孤立的实践活动，而是必须以教学、管理、服务为载体，在教学、管理、服务中，联系大学生的生活和思想实际有效开展。

3. 确立服务学生的理念

确立服务学生的理念，就是指大学生思想政治教育要坚持服务学生为理念，从学生根本利益出发，为学生的成长成才提供帮助和指导，创造学生全面发展的有利情境和条件。高等教育大众化背景下服务学生的教育理念，着眼于促进学生的发展，体现了以学生为本的精神，突出了学生的主体性，有助于增强高校学生思想教育的有效性和促进学生的成才发展。增强思想政治教育服务观，需要高校教育者充分了解服务对象，牢固树立服务意识，科学构建服务体系，全面提高服务水平。主要体现在以下四个方面：

（1）牢固树立服务意识，明确服务育人的内涵。服务育人是服务观的根本体现，其出发点和归宿点都是为了学生成长成才。树立服务意识，不仅要求服务学生当前的需求，还要着眼于服务学生的长远发展；不仅关心学生的共同需求，还要重视学生的个体发展；不仅关注学生的本^需求，还要服务于社会对学生的素质要求。以尊重学生、理解学生、关心学生为落脚点，以平易近人、和蔼可亲的服务态度，为学生提供发展性服务、管理性服务以及保护性服务，并构建起新型、平等的师生关系。总之，通过服务育人，可以充分发挥学生的思想政治教育的自主性、能动性和创造性，帮助学生实现从他律向自律的转变，提升育人的效率，达到育人的目的。

（2）充分了解服务对象，尽力满足学生多样化的需求。一方面，因高等教育大众化的教育质量观的要求，不同层次、不同类型的高校其培养目标与规格是不同的，因此，服务内容、要求及体系也会因校而异。另一方面，要充分了解学生的共性和个性。处于同一年龄段的大学生，其身心发展会表现出某些相同或相似的属性，即共性；但每一学生又因家庭背景、成长经历、教育环境、经济条件以及素质状况的差异而千差万别，表现在性格、爱好、能力等方面就会不同，即有其独特的个性。教育过程应尽量能兼顾学生的共性和个性。同时，高等教育大众化时代的学生不同予精英教育阶段的学生，他们都是交费上学，其消费意识和权益意识迅速增强。因此，教育者应经常深入课堂、宿舍等场所，了解学生需要什么、关心什么、喜欢什么，及时掌握学生的动态，通过相关工作为不同的学生合隋、合理、合法的需求提供服务工作。

（3）科学构建服务体系，提供全方位的服务。服务内容包括五个方面：一是新生入学，帮学生正确定位，尽快完成角色转变，适应大学的学习生活环境。二是学生要学习，要增强学生的学习兴趣，提高学习的效率。三是学生勤工助学，要开辟多种渠道为经济困难的学生提供勤工助学的服务。四是学生心理健康发展，要加强心理健康教育指导和心理咨询工作。五是学生择业创业，要帮助学生树立正确的择业观，提高择业技巧，为学生创业提供便利及相关的支持等。在服务载体方面，除传统的班级、支部以外，还要加大学生社团的指导力度，实现思想政治教育进社团，发挥社团育人的功能；完善学生公寓建设，实现思想政治教育进公寓，发挥学生公寓育人的功能；加强网络建设，实现思想政治教育进网络；健全校园科技文化活动机制，为提高学生思想道德素质和科学文化素质提供平台；深化社会实践环节，使学生在实践中受教育、长才干、作贡献，增强历史使命感和社会责任感。

（4）全面提高服务水平，增强服务效果和满意度。"当学生或家长感知到满意的服务时，也就是他们对所有服务特征的期望都得到满足或超额满足时，他们把整体服务感知为优质，并因此对学校和教师保持忠诚，从而对学校产生归宿感。"用满意度来衡量高等教育大众化时代思想政治教育服务观，能够促使教育者不断强化自身的服务意识，拓展服务领域，丰富服务内容，并提高自身的服务能力和水平。同时，全面提高服务水平还要求思想政治教育工作者不断提高自身的思想政治、心理健康、组织协调Ⅰ扶及法律维权等方面的素质，以适应高等教育大众化态势下思想政治教育服务育人的新形势。

二、以科学发展观指导大学生思想政治教育内容体系构建

1. 实现思想政治教育内容的科学化，不断注入新的教育元素

思想政治教育内容的科学化，是指在马列主义、毛泽东思想、邓小平理论和"三个代表"重要思想指导下，思想政治教育要从实际出发，对现实生活中的实际问题尤其是改革开放中出现的新情况、新问题进行分析研究，作出合乎逻辑的科学解答，帮助人们澄清认识、端正思想、坚定信念，实现思想政治教育的理想目标。为此，必须完善思想政治教育的内容体系，不断注入新的教育元素。

（1）完善思想政治教育的内容体系。思想政治教育是一个包括思想教育、政治教育、道德教育和心理教育诸多内容要索的系统，在这个系统中政治教育始终处于主导地位，决定和支配思想政治教育的其他内容，也决定思想政治教育体系的性质和方向。因此，要旗帜鲜明地宣传党的路线、方针、政策，要坚持不懈地把马克思主义作为理论宣传的重点，

以团结凝聚全国各族人民万众一心建设中国特色的社会主义。同时，思想教育、道德教育和心理教育也是思想政治教育不可或缺的重要内容。思想教育帮助人们树立科学的世界观和方法论；道德教育帮助人们提高道德认识、陶冶道德情感、培养优良品质、规范日常行为、营造良好的社会风气；心理教育帮助人们形成良好的个性、健全的人格、健康的情感、乐观的心态和坚强的意志。完善思想政治教育内容体系就是要把这四个方面组合成一个完整的思想政治教育内容体系，涵盖思想政治教育的全部内容领域，形成思想政治教育诸内容有机结合、相互协调的合理结构，提高思想政治教育的整体效应。思想政治教育的内容是一个既相对稳定又不断发展的体系。在新的历史时期，思想政治教育的内容必须紧紧围绕改革发展稳定的大局，在突出抓好以理想信念为核心的思想政治教育的同时，从实际出发，不断丰富和深化思想政治教育的内容。一是要注重在弘扬主旋律教育的基础上9加强党的基本路线、基本国情和形势政策教育。思想政治教育工作者应结合政治和社会热点问题，及时对重大历史事件进行剖析，分析时事背景，揭示事物本质，对人们进行正确引导和教育。二是要以弘扬民族精神为支撑，加强爱国主义教育。民族精神，是一个民族赖以生存和发展的精神支持。弘扬民族精神，关键在于增强国家观念。采取有效措施，加强国家观念、国情意识、国家安全和国家富强的教育。三是以加强诚信教育为逻辑起点，加强公民道德教育。在公民道德体系中，诚信对个人是道德的基础，对社会是基本道德要求和交往规则，以诚信教育作为道德教育的逻辑起点，符合诚实守信是社会主义道德体系的核心内容和社会主义道德文明的具体体现的实际。

（2）根据时代的变化不断注入新的教育元素。时代在发展，社会在进步，人的素质在提高，反映社会发展和人的需要的思想政治教育内容也应当不断地更新和完善。要适应社会发展与时代的要求，从当今社会生活的实际状况和人们的实际需求出发，不断摒弃那些与时代需要和人们的需求相冲突的陈旧内容，勇于超越现实，不断补充时代所需的新鲜血液。当前，我国正处于社会急剧转变的时期，大学生思想政治教育也面临着许多崭新的课题。如面对经济全球化和世界范围内各种不同文化的相互激荡，大学生思想政治教育如何正确处理民族性与世界性的关系?在社会现实生活日益多样化、社会价值观多元化的条件下，大学生思想政治教育如何正确处理好弘扬主旋律与满足学生多层次、多样性需求的关系?特别是面对当今社会的急速变化和物质财富的快速增长，人的精神需求日益突出，迫切需要思想政治教育为人们构筑精神家园，传播信仰、理想，提供精神支柱，从而获得精神生活的满足。这就给大学生思想政治教育提出了新要求。在这种情况下，如何指导大学生在观念、知识、能力、心理素质方面尽快适应新时期的要求，使之成为能满足社会需要的合格人才，这是大学生思想政治教育所需要研究和解决的新问题。对此大学生思想政治教育必须在马克思主义、毛泽东思想、邓小平理论和"三个代表"重要思想指导下，从大学生的实际出发，对他们在现实生活中可能存在的实际问题，进行深入的研究分析，给予有力的理论回应和深刻的理论阐述，从而引导学生把握时代的方向，树立正确的理想和信念，使学生真正成为"有理想、有文化、有道德、有纪律的社会主义事业接班人"。

2．坚持先进性与广泛性的统一

注重思想政治教育内容的先进性，就是通过对大学生的马列主义、毛泽东思想、邓小平理论以及"三个代表"重要思想的系统教育，使大学生的政治素质、思想品格、道德人格不断升华，思想情操和道德理想发生整体性的提高，真正树立共产主义远大理想，坚定马克思主义信念，认真践履"三个代表"重要思想，成为大学生中的先进分子。而思想政治教育内容的广泛性，要求教育工作者充分考虑高等教育大众化教育环境、教育对象等实际特点，以全体学生为对象，广泛地进行最基本的社会主义道德规范教育、爱国主义教育、文明修养教育，通过这些教育，使他们成为合格的公民、合格的大学生。

坚持先进性与广泛性的统一，这是高等教育大众化的必然要求。首先，在高等教育大众化态势下，办学模式日益多样化，表现在：一是办学主体多样化，如国立大学、民办大学、中外合作办学等；二是办学形式多样化，有全日制、非全日制，有普通高校、成人高校、大专自考等；三是培养目标多样化，如培养理论型、应用型、管理型等多种类型人才。其次，教育对象的基本素质和思想觉悟具有差异性。"现阶段，由于教育对象的家庭环境、经济状况、文化程度以及主观努力的程度不同，其思想觉悟、基本素质也就不一样，对生活理想、社会理想、人生的追求也就不一样，因此，教育对象群体总体上可以分为先进、中间、落后三种类型。"再次，大学生的政治面貌具有差异性。大学生群体中，既有共产党员，也有共青团员，还有一般群众。面对教育对象个体差异明显化、价值观念多元化、生活方式以及成才需求的多样化的现实，显然，如果不加分析地仍然沿袭过去那种"标准化"的教育内容和模式，那么，思想政治教育就会无的放矢，达不到预期效果。因此，在大众化高等教育阶段，要提高思想政治教育的效果，就必须根据高等教育大众化时代多样化的办学格局以及人才质量评价标准，认真分析各级各类学校人才培养目标，针对不同类别、不同层次教育对象的思想实际和不同需要，在政治观、人生观、道德观、法纪观等内容方面有所侧重，在广度和深度以及要求上有所区别，充分体现出教育内容的层次性和差异性，实现先进性与广泛性的统一。

把思想政治教育内容的先进性和广泛性有机统一，应主要把握好两个方面：一方面，先进性必须以广泛性为基础。在高等教育大众化阶段，我国高校学生思想政治教育的先进性与广泛性两者是辩证统一的。广泛性要求是先进性要求的具体化，是先进性要求的基础。思想政治教育内容的广泛性是面向各级各类高校学生的社会主义基本道德观、政治观、人生观、法纪观的教育，通过教育，使大学生能够自觉树立为人民服务的观念，倡导"我为人人，人人为我"的新观念，正确处理国家、集体、个人的利益关系，自觉地把个人的理想和奋斗融入到广大人民的共同理想和奋斗之中，自觉发扬爱国主义精神，提高民族自尊心、自信心和自豪感；正确处理好人与人、人与社会、人与自然的关系，形成"文明礼貌、助人为乐、爱护公物、保护环境、遵纪守法"的社会公德，"爱岗敬业、诚实守信、服务群众、奉献社会"的职业道德，"尊老爱幼、男女平等、夫妻和睦、勤俭持家、邻里团结"的家庭美德，使全体大学生都能成为有理想、有道德、有文化、有纪律的社会主义公民。另一方面，广泛性必须以先进性为提升和发展目标。重视思想政治教育的广泛性要求，并不是放弃和忽视其先进性要求。事实上，思想政治教育的先进性是思想政治教育广泛性的提升和发展，代表了思想政治教育的方向和水平，对思想政治教育的广泛性起着导向作用。因此，在广泛开展思想政治教育的同时，还必须对高层次学校的学生或者各类高校的积极分子、优秀学生，大力开展以理想信念教育为核心，以马列主义、毛泽东思想、邓小平理论以及"三个代表"重要思想为重点内容的思想政治教育，把优秀学子培养成为始终代表中国先进生产力的发展要求，代表中国先进文化的前进方向，代表中国最广大人民的根本利益，坚定共产主义信念的青年马克思主义者。同时，通过树立先进典型，宣传大学生中身边的榜样，以点带面，影响群众，进而逐渐地用先进的内容教育一般群众，从整体上提高教育对象的思想政治素质和道德观念。

三、以科学发展观为指导拓展大学生思想政治教育途径

与精英教育阶段相比，高等教育大众化态势下，大学生思想政治教育的传统渠道和载体，如思想政治理论课教学、校园文化、社会实践、行政班级等仍发挥作用以外，教学班级、社团活动、学生公寓、互联网络等愈来愈成为扩大思想政治教育覆盖面，提高思想政治教育有效性的重要载体和途径。

1. 课程班级是大学生思想政治教育的新型渠道

近年来，随着我国高等教育的大众化趋势，高校对教学管理制度加大了改革力度，实行了由传统的固定学年制向弹性学制的转变。弹性学制是一种以完全学分制为基础，集选课制、导师制、学分绩点为一体的新型教学管理制度。实行弹性学制后，在传统的行政班级以外，由选课制而形成了一种新的教学群体，称为"教学班级"或"课程班级"。

（1）加强课程班级成员的思想政治教育的必要性。作为一种思想政治教育的新型渠道，加强课程班级成员的思想政治教育有其必要性。

第一，这是对行政班级思想政治教育功能的有效补充。在精英教育阶段，行政班级是高校学生思想政治教育的重要渠道和载体，学生正确的思想观念、高尚的道德情操、强烈

的集体主义荣誉感等都是依赖行政班级形成和弘扬的。到了大众化高等教育阶段，随着弹性学制的实施，传统的固定不变的行政班级功能淡化，作为教学组织的单元，课程班级替代了原有传统行政班级教学活动的组织功能。尽管课程班级由于其本身的不确定性、成员的差异性等，作为相对松散的集体，在现阶段不可能完全承担原有行政班级在思想政治教育方面的职责和功能，但课程班级却可以成为一种高等教育大众化态势下思想政治教育的一种新型途径和载体，有助于拓宽思想政治教育的渠道，扩大思想政治教育覆盖面，是传统行政班级思想政治教育功能的有效补充。

第二，这有助于强化学生在思想政治教育中的主体地位和个性化发展。传统的思想政治教育强调整齐划一，重视共性教育，不太注重学生的个性发展和自我价值的实现。加强弹性学制下课程班级的思想政治教育，有助于强化学生在学习中的主体地位，使其个性化能得到充分合理的发展，从而增强思想政治教育的效果。

第三，这是思想政治教育创新的需要。高等教育大众化的到来，使得高校学生思想政治教育面临许多新问题和新挑战。如何适应高等教育大众化的特点，革新思想政治教育工作的理念、方法、模式、内容、途径等等，是我们教育工作者面临的紧迫课题。在情况复杂、工作难度较大的课程班级开展学生思想政治教育无论在理论上还是实践中都是一项创新的工作。通过这项工作的开展，不仅能探索思想政治教育有效性的新路子，而且还能直接提高思想政治教育工作者的工作水平。

（2）强化课程班级的思想政治教育的措施：

第一，构建课程班级科学合理的组织机构和工作机制。为确保思想政治教育在课程班级中有效开展，必须要构建科学合理的组织机构和工作机制。在组织机构上，参照传统行政班级组织建设的情况，建立课程班级班委会和支委会。班委会和支委会由各专业推荐的优秀学生担任，党员应成为班委会或支委会的核心和骨干。在工作模式上，每个课程班级的联系老师一般由院系辅导员、分团委干部兼任，联系教师的工作主要是指导班委、支委按照学校的部署和要求，通过课程班级适时开展相应的思想政治教育活动，并统筹安排每学期或每学年课程班级的班委会、支委会的干部选拔、考核。相对于传统行政班级，课程班级的班团干部更应充分发挥自我教育、自我管理功能，通过这些骨干的积极行动来推进和落实课程班级的思想政治教育工作。

第二，寓思想政治教育于日常的教学管理和服务中。通过课程班级开展思想政治教育工作，除常规的思想教育活动、校园文化活动、主题团日活动等项目以外，更重要的是要把课程班级的思想政治教育活动与课程班级的日常教学管理工作有机统一起来。联系老师应将思想政治教育通过班委会、支委会组织检查日常的学生上课情况、出勤情况、完成作业情况、课程考试情况、师生沟通情况等体现出来，发挥思想政治教育的渗透功能和潜移默化作用。

第三，增强任课教师思想政治教育意识，提高育人水平和能力。'多年来，高校都强调任课教师的育人功能，但遗憾的是，大多数专业任课教师认为自己的任务是给学生传授专业知识和学科技能，培养学生的业务素质，很少通过专业课的讲授给学生渗透思想政治教育，降低了高校全员育人的实效。高等教育大众化背景下，课程班级规模将越来越大，成员也越来越多，"强化每位教师尤其是那些德高望重，在青年学生中享有较高声誉的任课教师的教书育人功能显得尤为重要"。实践也证明，增强任课教师对学生思想政治教育的力度有助于减少高校学生思想政治教育工作中的盲点，提高学生思想政治教育的覆盖率。

2. 社团活动是大学生思想政治教育的有效阵地

随着高校扩招以及高等教育改革的不断深入，在校大学生不仅人数剧增，而且在学习、生活、就业、成才等诸方面发生了许多新变化，学生社团正日益成为高校中具有广泛参与性，较强凝聚力和重大影响力的群体。因此，社团的育人作用不容忽视，它既是学校联系学生的桥梁和纽带，更是大学生思想政治教育的一个重要渠道。《关于进一步加强和改进大学生思想政治教育的意见》明确指出："要加强对大学生社团的领导和管理，帮助大学生社团选聘指导教师，支持和引导大学生社团自主开展活动。"在高等教育大众化条件下，要努力探索思想政治教育进社团的新途径。

（1）着眼制度建设，强化思想政治教育进社团的组织保障。有序、规范、系统的社团规章制度是思想政治教育进社团的组织保障。从社团宏观管理来看，要建立健全有关社团组织方式和活动方式的各项规章管理制度，使社团成立和工作开展有章可循，有据可依。从社团微观管理来看，就是要求和指导各类社团按照学校的社团管理条例或者章程、制定本社团独立的章程，并依据自身的章程开展活动。健全完善的社团管理制度既为社团正常运行起到了规范作用，又为思想政治教育进社团打下了良好的基础。

（2）抓好骨干队伍，发挥社团骨干在思想政治教育进社团中的核心作用。学生社团作为高校内非正式的学生组织，社团骨干是社团的核心和堡垒。实践证明，社团骨干素质好，社团生命力就强，活动就具有号召力和影响力，思想政治教育就能顺利开展和持久推进。抓好骨干队伍，一是要把好入口，做好社团骨干的选拔工作；--是要重视培训，做好社团骨干的培养工作；三是要加强考核，做好社团骨干的考评工作。通过系列工作，提高社团骨干的思想觉悟、工作水平，激励他们积极组织实施社团的思想政治教育活动。

（3）优化指导力量，促进思想政治教育进社团的活动效果。要把好社团发展方向，提高活动质量，提高社团思想政治教育活动效果，就必须建立一支高素质的教师指导队伍。一方面可以为社团聘请业务指导教师，另一方面，还有必要为社团聘请兼职政治辅导员，并有针对性地对两支队伍进行培训，提出工作要求，提高他们的素质和水平，以带动社团思想政治教育活动水平的整体提高。

（4）加强社团建团，创建思想政治教育进社团的新型载体。高等教育大众化阶段，传统意义上的行政班级概念正逐步淡化，这在一定程度上削弱了思想政治教育工作和共青团工作的组织基础。加强社团建团，在一些团员集中、活动正常、有影响、社团骨干素质好的学生社团中建立团组织，将团的基层组织分层次地建到社团，并通过团组织的建立拓宽思想政治教育的新领域，实现对团员青年思想政治教育的有效覆盖。

（5）推进信息化建设，构筑思想政治教育进社团的网络阵地。一是注重导向性，发挥网络多媒体的优势，及时将校园内学生社团组织的有影响的各类活动以现场直播或视频点播的形式输送到学生的电脑桌上，这种融思想性、教育性、娱乐性于一体的网络教育方式能相应地增强学生对网上思想政治教育活动的吸引力。二是层次性，即根据学生的不同需求，以及社团的基本类型和特点，设置网络服务内容。三是突出时效性，鼓励一些条件成熟的学生社团通过网络社区的形式有效地组织"电子社区"，出版电子出版物，召开思想政治教育方面的讨论会等。

（6）完善评价体系，健全思想政治教育进社团的激励机制。完善社团、社团干部以及社团成员的评价体系，健全思想政治教育进社团的综合激励机制是保证社团思想政治教育活动健康持久开展的关键。包括通过对社团的评优奖励，完善对社团层面的奖惩制度；增强社团骨干的积极性，完善社团骨干层面的评优奖惩机制，以及调动学生参加社团活动与学校实施的大学生素质拓展联系起来，唤起学生的内部需要，从而完善社团成员各个层面参加社团思想政治教育活动的激励机制。

3．学生公寓：大学生思想政治教育的必然延伸

（1）思想政治教育进学生公寓的重要性。自我国高校扩招，逐步推进高等教育大众化进程以来，高校普遍加快了以学生宿舍公寓化为龙头的后勤社会化改革的步伐。学生宿舍公寓化，在为广大学子提供适应现代化基本要求和居住条件的同时，也给大学生思想政治教育带来了许多新问题，其作为思想政治教育途径的重要地位更加突显。

第一，学生公寓是大学生养成良好习惯的场所。不同个性、不同条件、思想素质差异明显的学生进入大学以后，需要在大学校园进一步学会做事、学会做人，养成良好的习惯。而这些素质和能力需要在实际的学习、生活和工作中锻炼提高。学生公寓作为大学生校园生活的主要场所，其对大学生良好习惯的养成教育具有其他载体无可替代的作用。

第二，学生公寓是大学生人际交往的舞台。现代社会呼唤团队合作、相融共处。学生公寓作为集体生活的场所，有助于大学生在朝夕相处中学会交往，学会沟通，学会合作，学会以诚待人，学会助人为乐，是大学生相互取长补短，提高自身素质的舞台。

第三，学生公寓是大学生发展个性的摇篮。在学生公寓，大学生能够比较自由地展示自我、发展自我，并通过其他同学的反馈正确认识自我、评价自我。加强学生公寓的思想政治教育工作，创建学生良好的学习生活环境，能够帮助大学生形成全面和谐、健康发展的个性。

第四，学生公寓还是学生走向社会的窗口。高等教育大众化态势下，高校学生公寓大多实行后勤社会化管理，学生公寓逐步社会化，学生的课余生活、宿舍生活也走向社区化。在此情形下，学生公寓将成为大学生从校园走向社会的窗口，扮演加速学生社会化的角色。因此，加强学生公寓的思想政治教育工作可以规范和引导学生的社区生活，帮助其社会化成长。

（2）强化思想政治教育进学生公寓的措施。推进思想政治教育进学生公寓可以采取以下措施：

第一，树立阵地意识，以主流意识形态和先进文化占领学生公寓的阵地。学生公寓不仅是学生学习、生活、休息、娱乐的重要场所，而且也是其道德素养、组织纪律、法纪观念、集体主义精神等思想政治教育的重要阵地。学生公寓实行后勤社会化后，公寓内学生的教育和管理不可能完全交给后勤、社区负责，还必须从现实出发，从学生成长成才的需要出发，强化阵地意识，主动以马列主义、毛泽东思想、邓小平理论等先进思想，以社会主义主流意识形态和先进文化占领学生公寓，使学生公寓成为高等教育大众化态势下学生思想政治教育的自然延伸。

第二，坚持教育、管理与服务三位一体的格局，以解决学生在公寓生活中的实际问题，带活学生公寓的恩想政治教育活动。如果单纯以传统的灌输方式在学生公寓中开展思想政治教育活动，显然不能达到预期目的。实践证明，要在学生公寓开展切实有效的思想政治教育工作，必须构建教育、管理、服务三位一体的立体格局，并且把解决学生在公寓生活中的实际问题，做好优质服务作为思想政治教育活动的突破口和落脚点。同时，解决了学生的实际问题，也能增强学生对教育者、教育活动、管理活动的认同度，从而强化思想政治教育的内化效果。当然，坚持教育、管理与服务的立体格局也意味着提高学生公寓管理人员的服务水平和服务质量。而完善的公寓管理体系，不仅能强化学生的社会责任心、公德意识、法制意识，还能引导学生以规章制度促进自身的自律意识和行为，确保思想政治教育深入有序进行。

第三，加强学生公寓组织建设，推进学生党团组织和辅导员工作进公寓。加强学生公寓的组织建设，推进学生党团组织和辅导员工作进公寓，是思想政治教育在学生公寓有效开展的保障。在组织建设上，可以以宿舍为单位建立党团小组，以楼层为基础成立党、团支部，以公寓楼为单位为成立党团总支。以党员示范宿舍、流动红旗宿舍的榜样等推动宿舍文化建设。动态调节、形态多样、多重覆盖的党组织网络，容易形成自上而下以点带面、点面结合的思想政治教育的新格局。同时，将辅导员的工作重心逐渐向学生公寓转移，安排辅导员进驻公寓，有利于及时沟通学生与学校信息交流的渠道，发现问题及时解决，增进学生与辅导员老师的交流，扩大思想政治教育的效果。

第四，以营造高品位的校园精神为核心，积极活跃学生公寓的校园文化。以学生公寓党团组织为依托，以营造高品位的校园精神为核心，积极活跃学生公寓的校园文化是思想政治教育进公寓的重要内容和形式。通过在学生公寓开展丰富多彩、格调高雅、积极向上的校园文化活动，能够使学生公寓真正成为青年学生丰富生活、陶冶情操的乐园，凝聚人心、融洽情感的驿站，有效减少不健康思想文化对大学生的侵袭。

第五，健全学生自我管理系统，努力加强大学生的自我教育。充分发挥大学生在学生公寓思想政治教育活动中的主观能动性，健全学生公寓大学生自我管理组织系统是思想政治教育进公寓的关键。目前，大部分高校在公寓的每个宿舍设立室长的基础上，还在每层设层长，每幢楼设楼长，而且层长、楼长还同学生勤工助学相结合。他们在锻炼自己的能力，协助学校做好相关工作的同时，又加强了自我教育。

第五章 网络时代的高校思想
政治教育创新研究

网络作为当代主流大众化传播媒体，早已进入大学生学习、生活的各个方面，成为学生获取知识、沟通信息的重要方式。网络对大学生的价值取向、思想道德观念、生活方式、心理发展等方面都产生深远的影响，它既给新形势下的思想政治教育带来了机遇，也带来了挑战。为此，高校思想政治教育应做出积极反应，努力创新，切实提高使命感和紧迫性，采取必要措施，加强网络思想政治建没，这是摆在我们面前亟待解决的新课题。

第1节 网络环境下高校思想政治教育的思路创新

青年的思维引领着时代的思维，并推动着时代的发展。大学生作为社会群体中具有较高文化层次和敏捷思维的特殊群体，是青年中最为活跃的一个群体，他们一直都走在时代的最前沿，他们的性格彰显着时代的性格，他们获取信息的方式无疑也紧随着时代的发展而发展从最早的从老师、同学、书籍那时获取知识，到现在的从电视、广播、网络、手机和其他数字媒体中获取信息，大学生获取信息的方式正在悄然发生着质的变化。互联网逐渐取代了报纸、广播、电视成为了大学获取信息的首要渠道。许多学生在遇到压力、困惑时往往通过网络表达心情、舒缓压力，或者通过网络寻求他人的帮助和支持。在一些重大的活动和事件发生时，也会到网上发表评论，进行特定群体内部的发言和辩论，并在此过程中形成群体的文化认同。在相关人员进行的大学生获取信息渠道的调查问卷报告中显示，大学生通过互联网、手机获取信息的比例占列了90%以上，在遇到问题时，有一半以上的大学生首先选择了利用互联网、手机获取相关答案。可见，建立在数字技术和网络技术基础之上的互联网和手机媒体等新兴媒体，正逐渐成为思想活跃、思维敏捷、易于接受新事物的大学生获取信息的主要方式、常用方式和首要方式、网络对大学生的影响力远远超过了传统媒体对他们的影响。

一、网络环境为大学生带来的有利影响

首先，网络有利于大学生多元观念、全球意识、效率观念的形成。网络使大学生打破时空条件的限制，接触大量的国内外信息不同的文化、各异的思想、多元的生活方式，在拓宽大学生视野的同时，也打破了封闭、传统的思维方式，有利于多元文化观念的形成网络冲破地域的限制，将世界连成一个整体，我们通常将之称为地球村这使大学生的全球意识逐渐形成，为其全球化、整体化、全面化的思维提供了基础。有利于大学生全面、发展、联系地看问题。

其次，网络的时代性变革着大学生的思想观念和行为方式。网络为思想政治教育提供了各种可供比较、对照、选择的生活方式、价值取向和科学观念。这必将推动人们的思想解放，大学生作为新事物最敏锐的观察者和接受者必将首当其冲的接受创新、求实、竞争、文明、合作和发展等观念通过登录一些网站，浏览世界各地的博物馆、艺术馆、图书馆和旅游胜地，大学生们在潜移默化中不断改造着自己的文化价值观念和思想观念，这不仅有利于他们的个性发展和自我意识的完善，更有利于形成时代价值导向的世界观、人生观、价值观。

再次，网络的丰富性、时代性使大学生综合素质得到提升，网络的特征之一，即为大学生提供了包罗万象的知识源泉。无论是科学技术的获得、社会伦理道德的吸收、个人品质的升华，都同知识文化水平密切相关。这有利于大学生形成健全的知识结构和完事的人格。此外，由于网络具备的独具感染力的特征，激发了大学生的求知欲和创新精神，会最大限度地调动大学生的积极性与参与性，强化他们以奋发向上、开拓进取的精神探索未知领域。

二、网络为大学生的发展带来的不利影响

首先，网络的虚拟性使大学生脱离实际。网络为人们创造了一个虚拟的生存环境。它的最大特点是人们不必以真实的面孔出现，通过对现实世界的模仿，人们可以通过网络弥补现实世界的不足，寻求和找到慰藉。这种虚拟性在使人们逃脱现实的压抑，满足心灵的需求的同时，也使人们逃避现实、脱离实际、回避困难。大学生长期在网络中扮演着不同的角色，会造成角色的自我迷失和多重性格，长此以往，他们会更加消极地对待现实世界。有些性格孤僻的大学生在网上找到知己就沉溺其中，远离周围的同学朋友，情况严重时会引发网络幽闭症和人际信任危机，使其变得行为冷漠、产生孤独、恐惧、焦虑、压抑等心

理问题。

其次，网络的匿名性引发大学生道德观念和行为的错位。网络中长期存在着许多不健康的违背公民道德规范的行为，即垃圾文化。由于网络的匿名性，网络信息几乎成为一种免检产品，在信息发布上畅通无阻，这给一些道德颓废者和不轨分子大开方便之门。事实上，网络上的大量信息夹杂着色情、暴力等不健康内容，大学生如果没有健康的思想情操和坚强的控制毅力，一旦陷入其中，精神和意志将会受到损害，少数道德败坏者在网上大肆渲染拜金、炫富、色情言论，这不仅损害了大学生的身心健康，还影响了大学生学习与进步，更浪费了大好的青春时光。

最后，网络的不可控性使高校思想政治教育工作复杂化。过去，学生通过广播、电视、报纸等宣传媒体或通过教育者的灌输获取知识和信息，老师们可以有意识地选择合适的材料向大学生集中、持续地传播，引导他们健康成长。而如今，网络环境使大学生获取信息的手段多元化、广泛化，各种社会思潮、意识形态、不同的思想文化在网上交锋，一些不良的信息对学生进行思想渗透，信息的传播脱离了国家、政府、学校、老师、家长的权威控制，信息的内容可能与教育者宣传灌输的思想不同，甚至截然相反。面对这些不可控的信息，大学生在思想上容易产生疑惑，造成是非观念的模糊，影响他们形成正确的世界观、人生观和价值观，也给高校的思想政治工作带来困难。

三、探索网络环境下高校思想政治工作的新思路

网络思想政治教育是思想政治教育的创新与发展，是人类实践活动由现实领域到虚拟领域的一种延伸。正是因为它是实践活动的产物，所以它的教育理念、教育内容以及教育方法，都需要从实际出发，不断地进行创新与发展。

1. 加强校园网络建设，创造有利于师生发展的网络环境

作为新媒体发展的主要代表，网络有其自身的管理特点。因此，对于教师与学生来说，要加强对网络思想政治教育的学习，学会正确使用网络技术。"要全面加强校园网的建设，使网络成为弘扬主旋律、开展思想政治教育的重要手段。要利用校园网为大学生学习、生活提供服务，对大学生进行教育和引导，不断拓展大学生思想政治教育的渠道和空间。要建设好融思想性、知识性、趣味性、服务性于一体的主题教育网站和网页，积极开展生动活泼的网络思想政治教育活动，形成网上网下思想政治教育的合力。"这是党中央对全国各大高校的政策性要求，同时也体现了当今的时代要求。将思想政治教育理论，通过网络生动形象地传播出去，使学生们在乐中学，由乐中思，不但可以提高教学水平，也有利于教师与学生共同学习、共同进步。

2．加强红色网站的建设，提高网站传播的实效性

近年来，思想政治教育类网站受到了越来越多的重视，它们有时候被称为"红色网站"，是一种现代的思想政治教育手段。红色网站能够激发广大学生理论学习的积极性和主动性。因此，对于红色网站的建设和发展，高校应该给予高度的重视，并且积极推动思想政治教育类网站的不断完善。

（1）以大学生全面成才的需要为本，充分发挥红色网站的媒介优势，扩大理论教育的覆盖面

高校红色网站要充分发挥网站的媒介优势，借助网络这个平台，将其建成强大的思想政治教育理论库。高校红色网站是一个关心学生情感诉求，帮助学生思想成长的重要平台。在红色网站上，大学生可以阅读和查询到丰富的马克思主义理论著作，也可以通过影音视听材料进行理论知识的学习，直观的讲解、精辟的分析可以提高大学生学习的效率。此外，网站能够实现信息内容在组织上的超文本链接功能。与纸质著作相比，网络中的理论著作突显了其电子化的特点，且规模大、涉猎广，只要将需要查找的任何一本书籍的名称，或作者，或出版社输入进去，一定会找到想要阅读的那本书籍，在满足学生们查阅资料的同时，还增强了理论学习的全面性和综合性，极大地提高了学生的学习效率。红色网站在坚持主旋律的前提下，必须要充分发挥网络育人的特点，努力适应大学生的思维方式、心理特点和行为习惯。在网络技术和网络文化的兼容并包、自由平等、开放互动等特点下，处理好"红色"内容与大学生学习、生活、思想与情感等各项诉求的关系。

（2）注重发挥大学生的主动性，增强理论宣传教育的成效

大学生在接受信息的过程中，通过网络的信息传播，大大地增强了其主动性和选择性，自身的兴趣爱好成为他们主动从网上获取思想理论类信息内容的主要动因之一。网络的理论教育要把重点培养对象放在学生党员、入党积极分子的身上，不断激发他们学习理论知识的主动性，引导他们擅于利用校园网络开展理论学习与交流活动，在网络上形成良好的理论学习氛围。在此基础上，通过这些理论学习对骨干群体的影响和带动作用，激发更多学生对于理论问题的兴趣，吸引更多学生参与到红色网站或者 BBS 专题性讨论区的理论学习与交流活动中来，使理论内容在交流互动和相互讨论的过程中实现有效传播。

（3）红色网站要适应三网融合时代的要求，及时开发和推出大学生喜爱的网络新产品

所谓三网融合，一般指的就是现有的电信网络、互联网以及广播电视网络相互融合，形成一个信息通信网络系统，以支持包括数据、语音和视像在内的所有业务的信息传播。高校红色网站是一个技术和内容不断创新的平台，当三网融合所向披靡之时，它也对高校红色网站的发展有了更高、更新的要求。因此，要提高红色网站传播的时效性，就一定要

利用好三网融合的技术优势，使大学生思想政治教育者通过它来及时、便捷地了解学生们的思想动态，以全新的互动体验增进师生之间的联系，缩短师生之间的距离。

高校红色网站要顺应时代发展的特点，既开放自由、又相互融合。在网站建设中，要突出先进性，将其打造成为青年人不断确立目标、不断为之奋斗并且可以终生学习的网上红色圣地。不要简单地追求访问量，而是要鲜明地举起马克思主义的旗帜，不断提升网站的知识内涵。利用网络上理论学习的交互性，吸引对于马克思主义有着浓厚兴趣和信仰追求的学生们的关注和参与。三网融合的背景之下，网络媒体的许多资源需要重新整合，并且时刻跟随新媒体的发展步伐，使红色网站的传播时效性得到切实的提高与加强。

3. 不断完善校园网络，加强监控和管理

在发展校园网的同时，高校思想政治教育也要保证网络空间的清澈透明，可以在必要的情况下采取必要的行政、法律等手段，来控制信息的来源，保证信息的无害性。

（1）加强信息法规建设，使校园网的信息管理有章可循

缺乏管理互联网的有力措施，就会导致大量有害信息的出现。因此，国务院专门出台了《互联网信息服务管理办法》对网络进行监管。对于互联网领域来说，这是一份权威性的法律规定。之后又相继出台了《互联网电子邮件服务管理办法》《互联网视听节目服务管理规定》等一系列的相关法律。只有制定全国统一的信息法规，才能对诸如信息机构的设置、生产传播、经营服务和责任等敏感问题，做出明确而具体的规定。所以，要加强和完善校园网的管理，理应制定相关的校园网信息管理条例，使信息服务有法可依、有章可循。

（2）强化"把关人"环节，使校园网的信息得到有力监督

"把关人"是传播学的一个理论，由库尔特-卢因在1947年发表的《群体生活的渠道》一书中首先提出。他认为在群体传播过程中存在着一些把关人，只有符合群体规范或符合相关价值标准的信息内容才能进入传播渠道。从最直观的意义上说，就是对传播的信息进行筛选与过滤。如今的网络传播，各种谣言、有害信息肆意传播，就是缺少"把关人"、把关作用弱化的表现。所以，在校园网建设的过程中，要重视"把关人"环节，有效做好校园网的信息监督工作。例如，思想政治教育者本身可以作为"把关人"的角色，或者安排专业素质强、理论水平高的大学生思想政治工作者来管理网络信息的传播，根据国家对大学生思想政治教育的要求，做出对传播信息的审查与判断，使校园网络能够健康有序地发展。

（3）加强大学生网络道德教育，建立校园网络道德规范

网络技术的创新发展，使网络环境更加复杂无序。面对此种情况，要不断探索合理、适用、现代的网络伦理标准，提高大学生的网络道德水平。科学技术虽然在飞速前进，但

是中华民族的传统美德却亘古长青，许多基本的伦理准则依然适用于现代信息社会中。网络世界产生了一个新的道德领域，在这里出现的道德问题尤其值得注意。加强网络道德教育，使大学生认识到，网络世界虽然"虚拟"，但"现实至上"，虚拟性最终离不开现实性，网络世界依然需要道德与责任的约束。所以要加强大学生网络道德的教育，在长期耳濡目染之下，使之内化为大学生的个人信念，以此来教育、约束自己，这样才能真正形成优秀的网络道德品质，并积淀为内外统一的网络道德人格。

（4）增强大学生的政治敏锐性和鉴别力，提高其综合素质

生活在社会主义社会中，社会主义市场经济的深入发展，使我们今天的生活方式发生了很大的变化，社会主义经济也有了多元化的发展。在社会组织多样化、媒介技术发展快捷化的影响下，大学生获取信息的方式也越来越多，他们的思想观念、价值观念也随之呈现多元化的发展趋势。但是，思想领域存在的热点、难点等问题也随之增多。面对信息时代的挑战，大学生要不断充实新的理论体系，对其进行深入探索，使之成为树立世界观、人生观、价值观的衡量标准，同时也增强了大学生对于政治的敏锐性和鉴别力，提高了他们的综合素质。

第2节　网络时代高校思想政治教育面临的机遇与挑战

一、网络给思想政治教育工作带来的机遇

（一）网络脱战了思想政治教育工作的空间

1. 由于网络没有地域上的现实，使交互式远程教育为思想政治教育提供了广泛的传播途径，不同地点的高校学生，可通过网络共享思想教育资源。

2. 网络使家庭与学校对学生的思想教育连为一体。通过网络，家长可以随时查询子女在学校的思想政治、学习生活等状况，学校也可随时与学生家长保持联系，做到家校结合，共同做好学生的思想政治工作。这样就使狭隘的教育空间，变成了全社会的、开放性的教育空间。

3. 网络是传统思想政治工作领域的重要补充。各高校纷纷建立校园网、局域网站，利用网站发布学校的重大举措，学生利用网络来了解国内外、校内外发生的事件，网络为人们创造的虚拟世界，日益成为大学生们信息传输、情感交流的领地，网络作为新兴媒体，

已经成为思想文化交流的一个新领域。

（二）网络搭建了自主学习的平台，扩大了思想政治教育工作的开放性。

思想政治教育网络集成了各门学科、各种媒体。各位专家的知识，受教育者能依据自身实际情况有选择地向网上的网点进行咨询，获取所需的知识，并及时自愿反馈意见。在互联网上，处处是教育之所，时时是教育之时，受教育者不受时间、地点限制；网络思想政治教育主体不具有特定神风甚至不被称为"教育者"，他们不是进行"说服"和"教育"，而是提供"选择"和"引导"，网络使教育者与受教育者可以进行平等的双向交流，这种教育模式使受教育者主体受到了尊重，有益于学生进行自我教育，有利于发挥学生学习的积极性、主动性和创造性。因而网络思想教育更具有人情味，更具有亲和力，也更具有取得教育效果的魅力。

（三）网络大大拓展了高校思想政治教育的信息量

1. 互联网作为全球最大的图书馆和信息数据库，不仅有丰富的资料可以查询，还可以大量收集和发散信息。大学生在网络上耕耘和思索，如同沐浴在知识和信息的海洋，享受着灵魂和精神的大餐，这也为他们更好地接受最新的人类精神财产，形成良好的世界观、价值观，提供广阔的空间和极大的可能性。

2. 思想教育信息共享，有利于及时收集和迅速传播健康的价值取向。由于网络信息具有可复制性、共享性、实时传输性等特点，使社会上思想政治教育成功的典范、有关专家的辅导和言论、同龄人的积极的声音、以及健康的音像制品等都可共同进入课堂，进入学生的视野，并且"多媒体教学"的感官刺激功能，可使受教育者的感知信息更为深刻、全面，也有利于长久保存。

3. 各领域思想政治教育互相联系与沟通，有利于进行信息整合，形成教育合力。思想政治工作网络能对其他媒体的信息进行整合，并通过数字化处理后移植到本网络上，实现了思想政治教育与大众传媒的结合与互补，从而拓宽了教育者与受教育者双方的信息来源和信息覆盖面，并通过对大众传媒的理性分析，提高受教育者对各种纷繁复杂而又变幻莫测的信息的分析能力，大大增强了思想政治教育的辐射力、吸引力和感染力。

二、网络给思想政治教育工作带来的挑战

网络信息良莠互现、正反交错、泥沙俱下、真假难辨，不良信息侵蚀大学生的身心健康。由于互联网的开放性及难以监管性，各种包情暴力、腐朽思想等网络垃圾也在侵蚀着

大学生的身心健康。

近年来，中央领导多次强调：要重视和充分运用信息网络技术，使思想政治工作提高实效性，扩大覆盖面，增强影响力。要使广大师生在享受网络信息便利、快捷的同时，增强政治敏锐性和政治鉴别力，提高抵御错误思潮和腐朽生活方式影响的能力。

1. 网络文化的多元化使高校思想政治教育的内容受到冲击，导致大学生价值观冲突，互联网的开放性使其所容信息庞杂多样，既有大量进步、健康、有益的信息。如正面新闻，最新科技成果等，也有不少低俗、迷信、甚至黄色、反动的内容毫无疑问，这些垃圾信息形成的负面影响极不利于青年学生的健康成长特别是西方国家存网络技术上拥有优势，造成了网络信息交流的不平等性，使得西方国家的声音多，发展中国家的声音少，他们还利用网络信息传递的隐匿性，全天候地推销资本主义的价值标准，进行意识形态渗透，这将在很大程度上影响当代大学生的政治立场、价值观念和生活方式，消解高校思想政治教育的功能和努力　　网络的全球性特点使得各种文化理念共存，大学生容易受到网络信息所隐含的一些譬如霸权主义、拜金主义等文化理念的影响，从而在价值观上产生倾斜，特别是东西方价值观念在学生头脑中的碰撞、冲突更加直接、更加激烈，如不加以正确和有力的引导，必将出现思想上的混乱，影响他们形成正确的世界观、人生观和价值观。

2. 网络的开放性使得"垃圾信息"弱化了大学生的道德法律意识，各种不健康的信息混杂其中，这对于自制力较弱的大学生来说，往往会出于好奇或冲动，心理刻意去寻找一些色情、暴力信息，毒害大学生的心灵。网络的隐蔽性，使得大学生日常生活中被压抑的人性的恶的一面，会在这种无约束或低约束的状况下得到宣泄，弱化了大学生的道德法律意识，严重影响了学生现实生活中的道德行为。

3. 网络世界的虚拟性使得大学生有远离现实世界的倾向。由于部分大学生缺乏自制力，沉溺于网络，只愿意在网络上寻求虚拟完美的人生，而消极地对待甚至逃避有缺陷的现实世界，荒疏学业、远离集体，甚至患上"网络综合征"、"网络成瘾"。学生时代是人际交往能力和人际关系形成的重要时期，这样的消极影响则显得更为严重。

4. 网络化的发展使高校思想政治教育的工作方式亟待更新。伴随网络化发展，传统高校教育方式将面临着新的情况。其一，受到校内外网络的影响，师生接触的时间不仅减少而且失去相对规律性，使面对面的教育方式受到时间、地点、环境的限制。师生交往、个别谈心等并非任何时间、任何地点都可以进行，所选时间、场合是否合适直接影响到教育的效果，这种选择往往让教育者煞费苦心。其二，网络化、信息化越发展，学生接受思想观念的影响越复杂，群体中所形成的思想问题也会越来越多伴化教育者精心准备的教育内容，一次只能对特定的对象发挥作用一，在许多情况下，它持续发挥效果的时间相对较短，且容易产生"剧场效应"：听众在现场受到周围气氛的感染，当场教育的效果较好，但听众一旦脱离该特定的环境气氛，教育的感染作用便迅速下降。如果要保持教育效果，必然进行多次重复教育，这样组织教育的成本会大大提高。其三，网络化、信息化开阔了学生眼界，提高了学生欣赏和认知的层次和品位，这样一来，传统的、相对呆板的、说教式的教育方式会大大降低教育效果，必然要求教育工作者跟上时代的发展，更新工作方式。

第3节　网络时代高校思想政治教育创新路径

在经济全球化、政治多极化、信息网络化、文化多元化的时代条件下，传统的说教式、灌输式的教学模式已远远不适应时代的发展。借助信息网络新媒体技术实现思想政治教育手段的创新就成为一大趋势。

现代网络新媒体高超的技术特性，是传统思想政治教育的技术和手段无法比拟的。它能随时随地地将文本、声音、图像、电视信息传递给设有终端设备的任何地方、任何人，网络中的每个人既是信息的接受者，又是信息源的提供者，这为新时期高校思想政治教育提供了一片崭新的天地，也带来了难得的创新契机。可以说，在信息全球化的今天，过去那种"嘴喊、腿跑、手抄"的体能型模式，"以时间换空间"的思想政治教育模式，已远远落后于时代所需。充分利用网络等新媒体技术，实现高校思想政治教育方法的现代化，就成为时代发展的必由之路。

一、运用各种现代网络媒体阵地，有效开展思想政治教育

运用各种现代网络媒体阵地，有效开展思想政治教育，关键在于思想政治教育工作者需要及时转变教育观念，紧跟时代发展的脚步，善于掌握新技术，适应信息时代发展的需求。网络的出现和发展，是信息时代发展的必然结果。网络所形成的是一个具有开放性技术架构的生存空间，正如互联网的创建者们所言，互联网的关键概念在于，它不是为某一种需求设计的，而是一种可以接受任何新的需求的总的基础结构。正是由于网络基础架构的开放性和人的需求的无限性，激发着人们不断创造出新的网络应用技术。而每一种网络技术的广泛应用，都会形成一个由网络技术媒介与相应的用户群体以及信息内容组成的微观信息系统，这些微观信息系统实际上就是一个新的思想政治教育场域。随着网络技术的不断创新和发展。这些新的场域也是在动态的发展变化之中。因此，在这个新的技术革新浪潮时代，思想政治教育工作者必须具有前瞻意识，把握科技创新的时代脉搏，主动地发

挥每一种新的技术力量的进步因素和教育价值,实现对技术应用的积极引导和网络教育场域的主动营造,这是当前高校思想政治教育工作发展的正确策略选择。

开放的信息传播环境在推动人们开阔视野、拓展素质的同时,也造成西方意识形态以及社会多元化思想的大量涌入,冲击大学生的理想信念的健康成长。这就要求学校教育者在推进校园网络硬件建设的同时更要大力建设网络"软环境",用积极向上、丰富多彩的教育内容来吸引大学生,把大学生凝聚在互联网上的马克思主义阵地周围。其一,教育工作者要真正进入现代网络媒体境地,努力适应网络这一种全新的教育环境。教育者必须努力学习网络知识,掌握网络的使用技术和操作技巧;并且在日常的学习、工作和生活中多接触网络,使用网络;最重要的是要培养起自己参与大学网络文化生活的意识,加强与大学生进行网上交往活动的主动性,真正地融入网络生活,真切地去感受网络文化,体验大学生们在网络空间的交往、学习、娱乐方式以及他们思想、心理以及行为的发展变化,真正做到与大学生在同一个环境下进行交流。其二,教育工作者要不断进行话语体系的创新,要熟悉和掌握网络文化,学会网络语言,采用大学生喜闻乐见的话语体系,做到在网络环境下能够与大学生实现有效沟通,以增强思想政治教育的吸引力和渗透力。其三,教育工作者要转变教育观念. 在与大学生平等对话的过程中引导他们思想和行为的发展。网络社会的崛起对于当代教育提出了新的文化境遇。传统教育从文化意义上看是典型的"前喻文化"模式。教育者以权威的身份向教育对象灌输教育内容,两者之间缺乏平等的交流。而网络时代带有显著的文化反哺的特征,由于大学生走在互联网使用的前列,是网络社区的主体力量和文化创造者,因而在网络信息传播的条件下,大学生在某些方面反过来变成了其前辈的知识传授者和信息传播者。这形成了具有典型意义的"后喻文化"色彩的文化场域。思想政治教育工作者要充分认识和把握教育文化的时代特征. 在教育活动中转变教育观念,创新教育方式,充分重视与大学生在网络实践中的平等交流和沟通,积极引导他们发挥自主性和创造性,在教育和自我教育的结合中发展进步。

现代网络不仅改善了思想政治教育工作者的工作条件,增加了开展工作的工具和载体,更重要的是带来了新的工作方式、思维方式和价值观念。网络文明极大地促进了人的主体意识的成长,当代大学生在平等意识、自主意识、参与意识、选择意识等方面有了较大的发展和提升,民主参与的行为更为活跃;在思维方式方面,网络的便捷性、开放性、自由性、平等性、共享性使得主体自身的自由个性和创造性思维能力和思维水平得以前所未有的充分发挥,反映出信息时代条件下人的实践发展水平和科学文化水平的提升,并进而在精神状态上呈现出自主、自立的精神状态和更加活跃、理性的独立思考的精神状态。正是网络时代所带来的教育环境和青年大学生思想意识的显著变化,这就向思想政治教育者提出了新的要求:

其一，注重把价值观念的教育渗透在知识性教育之中。网络思想政治教育最为重要的工作就是使得受教育者能够在纷繁复杂的网络信息海洋中明辨是非、正确选择自己的立场并形成观点，从而引导和帮助大学生树立起正确的价值观体系。在这个工作中，要运用"价值认识的形成依赖于相关真理"这一基本规律，把价值观念的教育渗透在知识、信息的传播过程中。在学校新闻宣传工作中，要积极通过丰富多样的知识性信息发布、客观真实的新闻报道等实现对大学生思想发展的积极影响，努力让知识性信息或知识性认识的发布和传播服务于促进青年正确价值观的形成。

其二，注重把教育理念和价值观念渗透在校园网络文化的建设之中。大学生群体是一个同质性很强的特殊社会群体，他们在年龄、心理特点、兴趣爱好、行为方式等方面都比较接近，有着较为一致的文化需求，校园文化正是大学生文化生活需求的反映。作为应对社会大众文化冲击、在网络空间保持和发展校园文化的一种"防卫性反应"，大学生们有着建设校园网络文化、在校园网上营造自己的精神文化空间的积极性和创造性。在许多高校，大学生们正是在校园网络上建构出了属于自己的学习生活和交往场所，创造和发展着属于自己的网上精神文化空间。因此，高校教育工作者要主动参与和引导校园网络文化的建设和发展，把主流价值观渗透在这块承载着大学生归属感和文化认同感的网络空间中。

其三，注重把价值观念渗透在技术创新和应用之中。技术是蕴涵价值的，技术的价值性包含在其知识、方法、程序及其结果之中，蕴涵着丰富的内容。互联网的出现本身就是开放、创新、共享、平等的体现，如开放的技术架构、公开的软件代码以及自由创新和获取信息等。具体到每一种网络技术．都有其教育价值可以挖掘和应用。如 P2P 技术（又称"点对点传输技术"）推动了以信息的即时交互为载体的社会交往网络的发展。用户在交换信息资源的同时，主动地进行交流和互动，进而衍生出配套的管理规则和交互礼仪。针对此类技术应用的内在价值，思想政治教育工作者可以通过引导和支持大学生开发出用于学生集体学习和信息资源共享的公共软件，在大学生网络实践中弘扬利他主义精神，这是加强集体建设、加强集体主体教育的有效途径。

二、占领网络教育制高点，使思想政治教育进网络

现代网络的发展为高校思想政治教育工作提供了新的工作载体和手段，开辟了新的空间和新的渠道，是我们大力弘扬主旋律的主要阵地。所以，作为高校的思想政治教育必须积极占领网络教育的制高点。中国互联网信息中心发布的报告显示，在数以千万计的网民中，大学生是最活跃的群体。互联网带给校园文化的是丰富、庞杂的信息．这些信息良莠互现、正反交错、泥沙俱下。是一柄"双刃剑"，给高校思想政治教育工作增加了极大难

度。不少大学生把网络作为在校园中发表言论、交流感情的主要场所，这对他们的学习、工作、生活和思想观念产生着深刻的影响。

网络使得学生的社会化程度得到很大的提高，但许多学生对网络的负面影响缺乏足够的认识。因此，要加大高校思想政治教育进网络的力度。一方面，要加强大学生网络道德教育，加强国家有关互联网管理的法律法规的宣传教育。制定大学生互联网道德规范，开展大学生健康上网自律承诺活动．自觉遵守网络道德，告别不健康网吧。另一方面，要建立思想政治教育网站。积极推进社会主义核心价值观进网络活动，组织专门力量，制作一些思想性强、趣味性好、适应性广的优秀信息移植到校园网中，并针对一些社会热点问题提出正确的观点。同时，还可在校同网上开设网络互动栏目。开展互联网知识竞赛、网页设计竞赛等活动，用正确、积极、健康的思想文化充实和占领网络阵地，不断提高思想政治教育网站的点击率和影响力。让思想政治教育内容在"进教材、进课堂"的基础上"进网络"，以拓展思想政治教育的渠道。目前清华大学、北京大学、浙江大学等分别设置的"红色网站""红旗在线""求是潮"等无疑是思想政治教育平台的一种拓展。利用网络这个平台，给学生提供一些与国家、民族或学生自身利益息息相关的热点问题供学生讨论，增强思想政治教育的针对性和实效性。

三、利用现代通信传媒技术，提高思想政治教育的实效性

手机短信和微信已成为人们交往的一种便捷方式。它可以作为日常沟通交流的工具，弥补语言通话的不足。还可以传递新闻、服务信息，与广播、电视、互联网等其他媒体实现互动等。手机短信对于乐于追求时尚和潮流的大学生群体来说，已成为他们生活的重要组成部分。这对于高校思想政治教育工作者来说，运用手机短信的独特优势开展思想政治教育工作也是如虎添翼。可以说，手机短信、手机报、手机飞信、手机微博的兴起，极大地丰富了大学生的业余生活，促进了人际交流沟通，但一些不良短信包括色情、欺诈、诅咒等短信的传播也严重影响着心智还不完全成熟的大学生的健康成长。对此．思想政治教育工作者就需要有效利用手机短信及网络平台，趋利避害，及时帮助青年学生在使用现代信息工具时自觉屏蔽其不良影响，净化校园手机媒体环境。

其一，充分利用手机短信与大学生进行点对点深入交流。短信交流的非现场性，可以通过短信形式，可以使交流双方避免面对面的尴尬。短信交流形式使一些不便直说且可能产生分歧的意见尽情地表达出来，使交流双方比较轻松随意。这种交流方式可以使高校思想政治教育者与大学生在交流时具有充分的思考时间，使教育者有一定的时间根据学生的问题慎重提出解决的方法，学生也有一定时间进行反省、思考，认真地考虑教育者提出的

意见，进而在教育者的引导下努力向着积极的方向转化。通过短信交流，有利于高校思想政治教育者更加深刻地把握学生的思想动态，了解学生的内心世界．发现大学生隐性的思想问题，进而有的放矢地开展具体的心理辅导，增强思想政治教育的实效性，保证大学生能以积极健康的心态工作、学习和生活。同时，大学生还可以根据自身的情况主动地与高校思想政治教育者进行交流，将面对面的不好意思说出的心理困扰通过短信及时与高校思想政治教育者进行沟通，以获得科学指导，避免在成长的道路上走不必要的弯路。

其二，积极开展校园微信文化活动，提升学生微信文化品位。校园微信文化活动以创建文明健康的微信为宗旨。活动方式可以根据各高校自身条件自主选择，如校园微信宣传活动、校园微信征文活动、校园微信创作比赛等。在校园微信文化活动的开展过程中。大学生可更加深入地参与到微信创作过程中，更加深刻地理解校园微信的内涵，更加自觉地接受校园微信文化的熏陶，从而有效地净化校冈微信文化环境，提升大学生的微信文化品位，使大学生从根源上抵御不良微信的侵蚀，使不良微信失去生存土壤。

其三，创建高校微信平台，弘扬红色微信文化。红色微信意指积极、健康、向上的微信，包括马克思主义、理想信念、社会主义核心价值观，以及古今中外的名人名言、格言警句、中华传统美德和社会公德的励志箴言等内容。利用高校手机微信平台传播校园红色信息的具体方法包括：一是需要组建红色微信创作队伍，选拨科学文化素质高、思想政治素质过硬的教师、政工干部、辅导员、学生党员等组成红色微信创作小组，编写、搜集科学健康、积极向上的红色微信并在恰当的时间发送给学生。二是建立多位一体的工作机制，建立以校级、院级、年级、班级为单位的手机微信平台。层层联动，保证红色短信覆盖高校每一位学生，取得红色微信的教育效果。三是建立高校双向交流工作机制，即除高校红色微信创作队伍专门创作红色微信之外，鼓励所有大学生参与到校园红色微信的创作中来，使大学生不仅对校园红色微信文化提出自己的意见和建议，还可以自己动手编写红色微信。四是建立校园手机号码和红色微信数据库，高校红色微信创作小组可以根据微信内容进行筛选，挑选优秀的短信输入红色微信数据库，并及时更新，确保所有大学生在特定的时机都能够收到高校手机短信平台发布的红色微信。

其四，科学把握微信发布时机，取得良好教育效果。在恰当的时机发布具有教育意义的微信，才能取得良好教育效果。恰当的时机一般指重大节日、重大社会事件发生以及特定大学生群体活动等。在重大节日，发布节日祝福微信，并将思想政治教育内容融入其中，可以使大学生在接受节日祝福的喜悦中积极地将思想政治教育的内容内化。例如：国庆节到来之际，高校思想政治教育者向大学生发送节日短信，在表达祝福的同时将革命先烈们的浴血奋战才得以建立中华人民共和国的历史信息融入其中。让学生们深感建国的艰难，倍加珍惜现在的幸福生活。同时国内外重大事件（包括党的代表大会的召开、国际热点问题的爆发等）的发生也会引起大学生的广泛关注，高校思想政治教育者应及时把握时机，因势利导，提高大学生的思想认识。此外，在一些特殊时期，包括新生入学之际、每学期期末考试之时、大四考研期间、毕业生择业之季，这些时间大学生都面临程度不同的压力或困惑，高校思想政治教育者可通过手机微信对学生进行即时疏导，给予鼓励和宽慰，做大学生前进道路上的知心人和引路人。

四、综合运用现代科学研究成果，丰富高校思想政治教育工作方法体系

现代世界各国争相运用现代化信息技术加强和改进对外传播手段。我们必须适应这一趋势，加强信息传播手段的更新和改造，在高校思想政治教育中必须积极掌握和运用现代传播手段。高校学生思想政治教育工作人员必须对新技术的发展变化具有一定的敏感性，尤其是新事物、新技术、新工具引发的大学生思想状况的变化，以及相应工作内容、规律、方法的变化。这既是大学生思想政治教育工作人员对自身的要求，也是高校应当尽力实现的工作要求。大学生思想政治教育工作人员只有提高自身的敏锐性，及时把握这些技术对大学生思想政治教育带来的影响，加强自身相关技术业务培训力度，掌握大学生使用现代传媒，包括手机播报、手机微博等的基本情况，并注重微博对大学生影响情况的主动了解和分析，才能早日占领和建设思想政治教育工作的新领地，把握这方面工作的主动性。同时，高校对大学生思想政治教育工作人员运用微博等方式开展工作应该提出明确的任务与要求，有针对性、有力度地开展这方面的学习、培训和交流，并利用新技术建设好思想政治教育阵地，积极吸引大学生的眼球和目光，凝聚他们的行动，让大学生朝着党和国家的总体育人目标方向成长。

应该说，新媒体作为一种教育载体，具有不可替代的形式或工具意义，但是绝不能让形式遮蔽或掩盖思想政治教育的目的或内涵。我们必须明确，一方面，思想政治教育的一以贯之的价值理念是新媒体条件下开展思想政治教育的前提和基础。如果缺乏这些思想政治教育的价值内涵支撑，新媒体条件下的思想政治教育只会流于形式，不仅会走向现实思想政治教育的反面，而且还不利于青年学生群体道德水平的提高。另一方面，新媒体化思想政治教育是传统思想政治教育在新媒体上的延伸和发展。传统思想政治教育作为基础性工程，必须占据主导和支配地位，对高校学生思想政治教育起着决定性作用。新媒体在虚拟的实践条件和环境中形成的判断和观念，必须经过现实社会实践的考察和检验才能最终被认可、接受和推广。正是因为新媒体在思想政治教育领域的介入，促进了教育手段的现

代化，更促进了教育观念的现代化。在新媒体环境下，创新思想政治教育应以传统思想政治教育为基础，以新媒体化思想政治教育为拓展，建立新媒体化思想政治教育与传统思想政治教育相结合的有效模式，实现两者的互通与融合。

第六章　高校思想政治教育
目标创新研究

第1节　高校思想政治教育的目标

思想政治教育目标是指教育者根据社会的要求与人的发展要求,通过思想政治教育活动使受教育者的思想政治品德在一定时期内所达到的预期结果。它规定了思想政治教育的内容及其发展方向,是思想政治教育的出发点和归宿,制约着整个思想政治教育活动。目标科学与否,直接关系到思想政治教育的成效。只有目标正确,才可能为选择和实施思想政治教育内容确立正确的方向,使之沿着正确的轨道发展,取得更大的成效。大学生思想政治教育的目标反映了社会对受教育者在政治、思想、道德、法纪、心理、审美、能力等方面素质的全面要求,是对教育活动预期结果的一种价值限定和观念化设定,蕴含着理想中的思想政治教育价值追求,体现出鲜明的阶级性、民族性、现实性、时代性和前瞻性等特征。

《中共中央、国务院关于进一步加强和改进大学生思想政治教育的意见》对高校学生思想政治教育的主要任务作了这样的表述:"以理想信念教育为核心,深入进行树立正确的世界观、人生观和价值观教育。以爱国主义教育为重点,深入进行弘扬和培育民族精神教育。以基本道德规范为基础,深入进行公民道德教育。以大学生全面发展为目标,深入进行素质教育。"

培养什么人、如何培养人,是我国社会主义教育事业发展中必须解决好的根本问题。大学生是国家宝贵的人才资源,是民族的希望、祖国的未来。切实加强和改进大学生思想政治教育工作,培养造就千千万万具有高尚思想品质和良好道德修养、掌握现代化建设所需要的丰富知识和扎实本领的优秀人才,使大学生们能够与时代同步伐、与祖国共命运、与人民齐奋斗,这对于确保实现全面建设小康社会、进而实现现代化的宏伟目标,确保实现中华民族的伟大复兴，具有重大而深远的战略意义。

思想政治教育的对象是人，人是随着社会的变化而不断发展的。随着社会的不断发展，需要不断调整人的发展目标，使人能够更好地适应社会不断变化发展的需要，因此，加强思想政治教育目标的创新，也是新时期大学生思想政治教育的重要任务。把大学生的全面发展作为新时期大学生思想政治教育的目标，就要围绕大学生的全面发展而制定具体的发展目标。

培养四有新人是当前学校思想政治教育的总目标，四有新人的目标是社会主义精神文明建设的目标。邓小平同志从社会主义精神文明建设的角度提出了四有新人的目标，江泽民同志在新形势下也多次重申和强调了精神文明建设的这一根本目标，他明确提出："培养有理想、有道德、有文化、有纪律的新人，是建设社会主义精神文明建设的根本目标。我们一定要按照邓小平同志的指示，以有理想、有道德、有文化、有纪律为目标，努力提高全民族的思想道德素质和科学文化素质，不断发展以马克思主义为指导的，立足本国而又面向世界的，继续优良传统而又体现时代要求的社会主义精神文明。

培养"四有新人"是社会主义教育事业的目标，教育事业是社会主义精神文明建设和文化建设的重要领域，也是思想政治教育的母体。学校要坚持正确的政治方向，培养四有新人，努力把学生培养成为有理想、有道德、有文化、有纪律的社会主义事业建设者和接班人。培养"四有新人"的实质就是思想政治教育的目标，因为"四有"毕竟主要是思想政治品德方面的素质，它的培养离不开思想政治教育，而思想政治教育是渗透于这些领域之中的，并且是这些领域中思想政治方面工作的主要内容，这是我们在社会主义精神文明建设中要锲而不舍地长期坚持的一项重要工作，目标是培养有理想、有道德、有文化、有纪律的新人。

学校思想政治教育目标的创新，应该定位在四有总体目标的基础上，培养高素质的创新人才。这种人才能够适应社会主义市场经济体制和知识经济时代对人才规格的要求，正如江泽民同志在纪念清华大学建校九十周年大会上所指出的："他们应该是理想远人、热爱祖国的人；追求真理、善于创新的人；德才兼备、全面发展的人；视野开阔、胸怀宽广的人；言行统一、脚踏实地的人。培养这样的人才，在目标方向上，应坚持改造客观世界和改造主观世界的统一；坚持思想道德教育和科学文化教育的统一；坚持社会发展和个人发展的统一；坚持实现自我价值和服务祖国人民的统一；坚持现实目标和长远目标的统一；把实现建设有中国特色社会主义的共同理想和实现共产主义的远大理想结合起来的社会主义的新人。"

总之，四有体现了社会主义经济、政治、文化对社会成员的思想意识、政治觉悟、道德品质和文化修养的全面要求，是我们思想政治教育工作的总目标，培养四有新人是思想政治教育的出发点和归宿。

第 2 节　当前高校思想政治教育目标的不足

以我国高校思想政治教育的主体—德育为例，根据《中国普通高等学校德育大纲》的规定，我国高校的德育目标是："使学生热爱社会主义祖国，拥护党的领导和党的基本路线，确立献身于有中国特色社会主义事业的政治方向；努力学习马克思主义，逐步树立科学世界观、方法论，走与实践相结合的道路；努力为人民服务，具有艰苦奋斗的精神和强烈的使命感、责任感；自觉地遵纪守法，具有良好的道德品质和健康的心理素质；勤奋学习，勇于探索，努力掌握现代科学文化知识，从中培养一批具有共产主义觉悟的先进分子。"这一目标基本上符合我国社会发展的需要，满足了我国社会对人才素质的要求。但由于全球化进程的加快，现行的德育目标也呈现出了某些方面的欠缺和不足。

一、片面强调主观能动性而忽视客观规律和科学素养

在世界观的教育上，德育目标仅从人类眼前利益出发，重视功利性，急功近利，片面强调人的主观能动性的发挥和人类的眼前利益，缺乏对人类利益的长远考虑，缺少尊重科学、尊重自然、尊重规律的内容。认为认识自然规律就是为了驾驭自然，改造自然，教育人们不做自然的奴隶，也不要妄想自然界的恩赐，而要向自然界索取。这一方面有利于教育大学生破除迷信、钻研科学，但另一方面由于夸大了主观能动性，过分强调"人定胜天"，忽视了人类与物质世界的互相依存的关系，对学生缺少了保护环境、保护生态资源的教育目标，因而我们培养出来的人才，往往只重经济利益和眼前利益，不尊重规律，成了生态资源的毁坏者，这种不惜以牺牲人类生存的环境来换取眼前利益的做法，导致了环境对人类生存的严重威胁。因此今天的德育目标理所当然的应当将科学素质纳入其中，才能使环境为人类服务，才能适应全球化发展的需要。

二、过分强调共性而忽视人才个性

在培养目标的共性与个性上，德育目标强调共性，忽视个性，忽视学生的个性培养和发展，对大学生的身心特点及发展水平考虑不够，缺乏针对性，忽视学生的个性差异。反

映到实践上，就是德育目标难以落实，德育效果不甚理想。随着全球化的深入，利益的多元化与决策的多元化，利益分配方式上的多样化，使得人们在很大程度上具有自由选择和自由决策的权利，在社会分工朝着综合与分化两极发展的过程中，人才既需要有共性，更需要有个性。因此德育目标必须将共性要求与个性要求有机结合，才能适应社会的发展。

三、片面强调政治目标而忽视其他目标

在主导目标与基础目标方面，目前我们强调主导目标，即政治目标，忽视基础目标。应当承认，政治性是德育的目标，主导目标即政治目标是德育的灵魂，但德育是一个综合的、全面的有机体系，除了主导目标外，还有许多其他目标，如作为公民的基本道德素质、科学精神等。片面强调或过分拔高某一方面的内容都是不科学、不可取的，同时也是不能满足人才多样化需要的。

四、片面强调知识培养而忽视心理素质和德育培养

在认知目标与能力目标上，目前普遍存在重知识轻能力的现象，在一定程度上忽视了学生心理素质和德育能力的培养。在这一德育目标的指导下，学校强调的是对学生进行德育知识的传授与灌输，以学生是否接受德育知识为德育是否成功、学生品德是否形成的重要标准，在这样的德育目标指导下培养出来的人才，很有可能会是被动顺从的"工具式"庸才。

第3节　高校思想政治教育目标创新的基本思路

面对当代青年成长环境与思想变化的基本趋向，要解决当代青年思想政治教育遇到的现实挑战，必须在思想政治教育的任务目标、内容体系与方法途径等诸方面进行全面的创新。在继承中创新当代青年思想政治教育的任务目标。

一、促进高校学生全面发展

人的全面发展是一个逐步提高、永无止境的历史过程。时代的发展对大学生全面发展

既提出了严格要求，也提供了良好的机遇。当今时代，世界形势发生了较大变化，经济全球化，知识经济突飞猛进，现代科学技术迅速发展，综合国力竞争日趋激烈，而最根本的竞争是人才的竞争，是人才素质的竞争。今天的大学生是未来社会知识与文化的最为主要的传承者和创造者，他们的综合素质状况，关系到国家的国力兴衰和生死存亡。因此，世界各国都产生了这样一个共识：只有加强大学生综合素质的培养，造就高质量的专门人才，才能在未来的政治、经济、文化的竞争中取得主动。与此同时，经济全球化，知识经济突飞猛进，现代科学技术迅速发展，为人才的发展提供了更大的发展空间。

在我国，社会主义制度的建立开辟了人的全面发展的广阔前景。社会改革开放的深入进行，极大地刺激了生产力的迅猛发展，明显地丰富了人们的社会关系，为人的全面发展奠定了新的基础。我国进入全面建设小康社会，加快推进现代化新的发展阶段，为人的全面发展提供了现实可能性。人的全面发展作为社会主义社会的重要目标，一直是党的教育方针的主要内容。要坚持教育为社会主义现代化建设服务，为人民服务，与生产劳动和社会实践相结合，培养德、智、体、美全面发展的社会主义建设者和接班人。"德"、"智"、"体"、"美"是"全面发展"的主要内容。在当今时代，对于大学生的全面发展来说，就是要促进大学生的政治素质、思想道德素质、科学文化素质、身心素质和能力素质的全面提高和进步。

认清时代特征，更新教育观念，对大学生实施素质教育是当务之急。大学生素质教育理论与实践的探索，是一场深刻、持续发展的高等教育改革。我们只有把教育放在优先发展的战略地位，努力推进高等教育的现代化，提高大学生的全面素质，才能加速我国社会主义现代化建设，增强我国的综合国力。

马克思主义关于人的全面发展理论和社会主义建设的历史经验均表明，必须坚持以人为本，把推进人的全面发展作为社会主义发展的根本目的。以人为本，就是以人为根本，以人为核心，以人为基础，以促进人的全面发展为最终目的，满足人的生存、安全、健康等自然需要，满足人的民主权利、公平公正要求、素质全面提高、价值实现、精神文化等社会需要，关心人、尊重人、爱护人、解放人、发展人，把满足人民的物质文化需要、有利于人的全面发展作为推动经济社会发展的根本出发点和最终归宿。

第一，坚持以人为本，促进大学生的全面发展，必须为大学生的全方位发展提供必要的条件。人的全面发展包括人的德智体美等各个方面的发展，这就要求教育活动必须能够为大学生的德智体美等各个方面的发展创造条件，使得大学生能够在德智体美等各个方面都有不断发展的可能性，在教育思想中必须重视学生的德智体美等各个方面的发展。马克思主义关于人的全面发展的理论要求我们在大学生的思想政治教育中必须解决好德智体美等各个方面的全面发展问题，以及自然科学知识和人文精神培养的关系。必须通过思想政治教育来转变观念，为大学生的德智体美等方面的全面发展创造条件。第二，坚持以人为本，必须充分肯定每个人的每一方面的进步。全面评价人的全面发展是德智体美等各个方面的发展，但不是各个方面的均衡发展，也不是每个人各个方面的同等发展。因为每个人的具体情况是不同的，个人的精力是有限的。这就要求我们在对大学生的思想政治教育中必须确立一种理念，即要充分肯定每个人在任何一个方面的进步，尊重人的全面发展的差异性。

第三，坚持以人为本，必须全面塑造人。在大学生的思想政治教育中，我们必须为大学生的自由发展创造各种有利条件，营造大学生认识和掌握规律的环境。在影响人自由发展的各种规律中，就不仅仅指自然规律，同样包括社会规律。这其中的方法论意义就要求我们在大学生的思想政治教育中，一方面要不断努力使大学生养成人文知识和自然知识并重，德智体美等各方面并重的意识，另一方面，在实际的教育中也必须克服重视自然科学知识而忽视人文知识，重视"智"而忽视其他方面的错误做法。

第四，坚持以人为本，必须平等对待所有的人。人的全面发展是每个人的全面自由的发展，对于大学生思想政治教育来说，就要求我们必须为每一个学生自由全面的发展创造条件，要求本着"为了一切学生"的理念，为他们的发展创造有利的条件和机会。

总之，马克思主义关于人的全面发展理论作为大学生思想政治教育的理论基础之一，对于大学生思想政治教育工作具有重要的方法论意义。我们应该深刻领会和掌握其理论精髓，并不断探索大学生思想政治教育的方法和手段，使大学生思想政治教育工作能够真正取得理想的效果，从而能够培养出更多合格的人才。

二、强化高校学生的政治素质

在任何国家、任何社会，思想政治教育都是以一定社会的经济、政治、文化、社会生活条件为基础的，总是为一定政治集团、阶级的利益服务的。在我们国家，思想政治教育必须充分体现社会主义的性质与发展方向，为实现党的基本路线、纲领和政策服务，因而，思想政治教育目标应具有鲜明的社会主义方向性。强化大学生的政治素质，是思想政治教育的重要目标。

在大学生各种素质中，政治素质是灵魂，居于各种素质的首要位置。良好的政治素质是大学生形成科学的世界观、树立正确的人生观和价值观的根本保证，是大学生成长的内在因素和成才的动力，它对造就 21 世纪高素质人才起着方向和保证作用。政治素质的高低，标志着青年大学生在政治上的觉悟程度和认识、参与政治能力的强弱。因此，大学生政治素质教育既是高等学校一项极其重要的任务，也是一项神圣的历史使命。

（一）政治素质的概念及基本内容

政治素质是对一个人的政治态度、政治观点、政治理论、思想观念和思想方法等方面的基本品质的总称。

政治素质是人的社会文化素质的一部分。政治素质涉及一个人的政治认识、政治理想、人生理念、价值标准、道德观念等一系列重大问题。对教育而言，就是"为谁培养人、培养什么样的人"的问题，使得政治素质在人的素质结构中处于内核地位，对人的其他素质的形成发展起导向、支柱、动力和催化力作用。

政治素质中不同的要素有不同的地位和作用。政治信念是支柱。在新的历史条件下，对于当代大学生来讲，理想和信念依然十分重要。当代大学生，只有对中国特色社会主义有坚定的信念和执著的追求，才能努力学习、克服困难、百折不挠地去为实现社会主义共同理想和共产主义理想的远大目标而奋斗。政治观点是灵魂。正确的政治观点，就是用马克思主义的世界观、人生观和价值观去认识、改造客观世界和主观世界，用科学的理论武装头脑，牢固树立全心全意为人民服务的思想，为党和人民的事业贡献一切。政治方向是导向。当今社会纷繁复杂，青年大学生应保持清醒的头脑，坚持正确的政治方向。在当今时代，坚定正确的政治方向，最重要的就是要坚持走中国特色社会主义道路。政治立场是基点。政治立场是想问题、办事情的政治基点。在新的历史条件下，不管是改革开放，还是经济建设，或是社会发展，都会遇到许多错综复杂的新情况、新矛盾，只有善于从政治上提出问题、观察问题、分析问题和解决问题，才能总揽全局，在实际工作中争取主动，不断从胜利走向胜利。

政治素质的统帅地位在大学生素质结构中表现得尤为突出。当代大学生是祖国的未来和希望，肩负着社会主义现代化建设和实现中华民族伟大复兴的重任。大学生具备了丰富的科学文化知识、健全的体魄、优良的审美情操和娴熟的劳动技能，只是具备了成才的基本条件。是成为对社会有价值的人，还是沦为"危险品"，则取决于"德"，取决于他们的政治方向和政治素质。对于培养大学生来说，固然要培养他们的知识、素质和能力，但最根本的还是要使他们具有坚定正确的政治方向，具有正确的理想信念和为人民服务的精神。因此，提高大学生的政治素质具有重大的历史和现实意义。

（二）当前大学生政治素质基本状况

当代大学生政治素质状况的主流是积极、健康、向上的。他们对祖国的前途十分关心，认识到个人的命运与国家的发展是紧密相连的。他们热爱党，热爱社会主义，坚决拥护党的路线、方针和政策，对坚持走中国特色社会主义道路、实现全面建设小康社会的宏伟目标充满信心。

但是，我们也应该清醒地认识到，伴随着经济全球化进程的日益深入，我国经济社会发展的深刻变化，互联网信息技术的迅速发展，各种文化思潮和价值观念冲击着大学生的思想，某些腐朽落后的生活方式也侵蚀着大学生的心灵。一些大学生不同程度地存在政治信仰迷茫、理想信念模糊、价值取向扭曲、诚信意识淡薄、社会责任感缺乏、艰苦奋斗精神淡化、团结协作观念较差、心理素质欠佳等问题。对于大学生政治素质方面出现的这些问题，我们既不能忽视，也不能回避。因为，要实现中华民族伟大复兴的共同理想，大学生群体的政治素质是一个非常重要的要素。对于全面建设小康社会的中国来说，大学生是十分宝贵的人才资源，大学生的政治素质是确保我国在激烈的国际竞争中始终立于不败之地的关键。

（三）提高大学生政治素质的意义

第一，政治素质是党和国家对大学生素质要求的重要内容。我们党历来重视大学生的政治素质，毛泽东同志于 1957 年在最高国务会议上提出了一个比较完整的"三育两有"的人才培养目标："使受教育者在德育、智育、体育几方面都得到发展，成为有社会主义觉悟的有文化的劳动者。"他特别强调德育的统帅地位和灵魂作用，强调要把政治意识的培养放在首位。

邓小平同志根据中国改革开放和社会主义建设历史现实情况，提出了"四有"新人目标模式："我们在建设具有中国特色的社会主义社会时，一定要坚持发展物质文明和精神文明，坚持五讲四美三热爱，教育全国人民做到有理想、有道德、有文化、有纪律。"邓小平认为，在"四有"中最重要的是有理想。他指出"学校应该永远把坚定正确的政治方向放在第一位"，他强调："学生把坚定正确的政治方向放在第一位，这不仅不排斥学习科学文化，相反，政治觉悟越是高，为革命学习科学文化就应该越加自觉，越加刻苦。"

江泽民同志在第三次全国教育工作会议上的讲话中指出："要说素质，思想政治素质是最重要的素质。不断增强学生和群众的爱国主义、集体主义、社会主义思想，是素质教育的灵魂。"江泽民同志在北大百年校庆时对青年提出了"四个统一"的要求：坚持学习科学文化与加强思想修养的统一；坚持学习书本知识与投身社会实践的统一；坚持实现自身价值与服务祖国人民的统一；坚持树立远大理想与进行艰苦奋斗的统一。在清华大学建校 90 周年校庆时对全国大学生提出了五点殷切希望：希望大学生们成为理想远大、热爱祖国的人，成为追求真理、勇于创新的人，成为德才兼备、全面发展的人，成为视野开阔、胸怀宽广的人，成为知行统一、脚踏实地的人。

在全国加强和改进大学生思想政治教育工作会议上，胡锦涛同志强调指出：要使大学生成长为中国特色社会主义事业合格建设者和可靠接班人，不仅要大力提高他们的科学文化素质，更要大力提高他们的思想政治素质，只有真正把这项工作做好了，才能确保党和人民的事业代代相传，确保国家长治久安。

第二，良好的政治素质是大学生形成科学的世界观、树立正确的人生观和价值观的根本保证。青年大学生正处在世界观、人生观和价值观形成和发展的重要时期。在这个时期，大学生的思想政治素质已有一定的发展，但总的来说，社会生活经验还不够丰富，思想还不够成熟。当今的大学生成长于改革开放年代，亲眼目睹和感受到祖国的巨大变化，风华正茂，朝气蓬勃，热情奔放，聪慧敏感，富有正义感和人生追求，充满了强烈的时代气息，接触了大量的来自各个方面的思潮和文化现象，包括西方发达国家的各种思潮和文化，眼界更为开阔，思路更加活跃。但是，复杂的社会现实也给他们带来许多苦恼和困惑。有些大学生政治淡漠，思想片面，心理脆弱，不能对事物作出全面、客观的判断。更有甚者，极少数大学生由于受到外界的不良影响而误入歧途。因此，大学生要不断学习政治理论知识，用科学的理论指导自己的实践，做到理论与实际相结合，努力去改造自己的主观世界，提高自身的认识和鉴别能力，确保科学世界观的形成和正确人生观、价值观的确立。

第三，良好的政治素质是大学生成为社会主义建设人才的保证。在高等学校，教师知识水平较高，教学设备先进完备，环境优美，这些都为青年大学生成才提供了良好的条件。然而这些只是外部条件，究竟能否成才，首先取决于大学生自身是否具有良好的政治素质。高等学校培养的是社会主义事业的建设者和接班人，这些决定了青年大学生成才必须坚持社会主义方向。建设中国特色社会主义是中国共产党领导全国人民创造美好未来的伟大实践，这也是青年大学生成才的方向。只有朝着这个方向前进，大学生才能成为对国家、对人民有用的真正人才。坚持社会主义方向，不是自发实现的，而是通过学习和实践逐渐领悟到的，没有良好的政治素质，就不可能成长为社会主义事业的建设人才。

第四，良好的政治素质是大学生成长的内在因素。存在决定意识，当代大学生成长的过程正处在我国社会急剧转型时期，这一客观现实决定了大学生的思想意识复杂异常，变化多端。在这个时期，只有具备了良好的思想政治素质，我们的青年大学生才能正确地应对复杂多变的社会现实而健康成长，顺利成才。要广泛开展社会主义核心价值体系教育，使大学生清楚地认识到为什么必须坚持马克思主义在意识形态领域的指导地位，而不能搞指导思想的多元化；为什么要坚持中国特色社会主义，而不能搞资本主义；为什么必须坚持人民代表大会制度，而不能搞"三权分立"；为什么必须坚持中国共产党领导下的多党合作和政治协商制度，而不能搞西方的多党制；为什么必须坚持以公有制为主体、多种所有制经济共同发展的基本经济制度，而不能搞私有化或"纯而又纯"的公有制；为什么必须坚持改革开放不动摇，而不能走回头路。通过社会主义核心价值体系教育，促使大学生政治素质的不断提高，增强建设中国特色社会主义的信念和信心，树立报效祖国的决心。

第五，良好的政治素质是大学生成才的动力。心理学原理告诉我们，动机是行为的直接原因，是人进行活动的原动力。动机对人的活动有启动或抑制、加强或减弱的功能。正确的动机驱使人们去追求、从事对人类有益的活动。青年大学生健康成长、顺利成才的动力是多方面的。良好的思想政治素质是不可忽视的动力，它可激励青年大学生们在成才的道路上"胜不骄，败不馁"。不可设想，一个缺乏思想政治修养的人能成为社会主义事业建设的人才，一个思想政治素质发展不好的人会对社会主义建设事业有什么贡献。

（四）大学生政治素质的基本要求

1. 坚定的理想信念

崇高的理想、坚定的信念，是一个人的力量源泉和精神风貌，也是一个国家、民族的灵魂所在。社会主义的理想信念是科学的世界观、人生观、价值观的集中表现，是与社会主义市场经济相适应的思想道德体系的核心。远大的理想和坚定的信念，是大学生实现人生价值的崇高目标和前进的动力。对青年学生中的先进分子和骨干力量，要加强马克思主义理论教育，用马克思主义人生观构筑大学生的精神支柱，使大学生正确认识人类社会发展的必然规律，树立起远大的共产主义理想。

2. 坚定的政治方向

青年大学生要深入学习党的基本理论、基本路线、基本纲领和基本经验，了解中国革命、建设和改革开放的历史，了解中国的基本国情和党的路线方针和政策，牢固树立科学发展观，认识国家的前途命运，认识自己的社会责任，确立在中国共产党领导下走中国特色社会主义道路、实现中华民族伟大复兴的共同理想，把实现个人理想与服务祖国人民统一起来，脚踏实地地为实现党在现阶段的基本纲领而奋斗。

3. 扎实的科学理论基础

马克思主义、毛泽东思想、中国特色社会主义理论体系，虽然创立于不同的历史时期，形成于不同的时代，所要解决的问题不同，但从本质上来看，是一脉相承的统一的科学体系，都是科学的世界观和方法论。只有运用马克思主义、毛泽东思想和中国特色社会主义理论体系的基本原理和科学方法，才能透过纷繁复杂的社会现象，看清现实生活中各种问题的实质，才能辨别真善美和假恶丑。大学生要认真学习马克思主义、毛泽东思想，现阶段的中心内容就是要认真学习中国特色社会主义理论，这是我们党在新时期各项工作的根本指针和中华民族振兴的强大精神支柱。学习中国特色社会主义理论，要在把握其科学体系和精神实质上下工夫，一定要学以致用，要同改革开放和现代化建设的实际、同自己的思想实际结合起来。只有不懈努力，持之以恒，弘扬理论联系实际的优良学风，在理论与实际的结合上下工夫，大学生思想政治素质才会有大的发展。

4. 积极参加社会实践

大学生社会实践活动是高校培养和提高大学生思想政治素质的重要途径，是学校专业理论教育的必要补充，也是高等教育的重要内容。大学生积极参加社会实践，坚持理论与实践相结合，可以帮助青年大学生全面了解社会，正确认识国情与民情，深刻理解党和政府的各项方针、政策，树立正确的价值取向和奋斗目标，增强"天下兴亡，匹夫有责"的社会责任感；通过深入社会基层，贴近社会，接触百姓，可以深刻认识中国社会现状和人民群众的心声，切身感受自己与社会要求之间的差距，培养对社会的观察认识能力、公关能力、环境适应能力以及组织管理能力，锻炼对社会问题的思考与分析能力，提高解决实际问题的能力，把自身的专业知识、能力和情感融入社会，使知、情、意、信、行相统一，达到"受教育、长才干、作贡献"的教育目的。

三、培养高校学生的思想道德品质

道德是反映人的本质特征的精神因素，是人的内在价值表现。在大学生综合素质中，道德素质占有极其重要的地位。陶行知先生说过："道德是做人的根本"，"没有道德的人，学问本领愈大，可能为非作恶愈大"。要成才，需先成人，中国传统文化中，修身、齐家、治国、平天下，就是从修身做起的。人类道德的发展具有其内在的规律性，是在继承和弘扬优良道德传统的基础上不断发展和进步的，大学生要继承和弘扬中华民族优良道德传统，全面把握社会主义道德建设的核心、原则，自觉恪守公民基本道德规范，努力养成良好的道德品质。

（一）大学生道德素质的内涵

道德是以善恶为评价标准，以人的内心信念、传统习惯和社会舆论维系的价值观念、心理活动、行为规范的总合。

道德素质是指人们从一定的道德原则和规范出发，在处理个人与他人、个人与社会的关系中所表现出来的稳定的特征和倾向，是人们的道德认识和道德行为水平的综合反映。

道德属于上层建筑的范畴，是一种特殊的社会意识形态。《中国普通高等学校德育大纲》明确要求大学生要"养成高尚的社会主义道德品质和文明行为习惯"。

道德品质是在一贯的道德行为中表现出来的稳定的特征和倾向。道德品质是由道德认识、道德情感、道德意志、道德信念、道德行为五个要素构成。

（二）我国道德建设的基本内容

党的十四届六中全会通过的《中共中央关于加强社会主义精神文明建设若干问题的决议》指出：社会主义道德建设要以为人民服务为核心，以集体主义为原则，以爱祖国、爱人民、爱劳动、爱科学、爱社会主义的为基本要求，开展社会公德、职业道德、家庭美德教育，在全社会形成团结互助、平等友爱、共同前进的人际关系。

（1）以为人民服务为核心。为人民服务是社会主义道德建设的出发点和最终目的。为人民的利益而工作，为人民的利益而献身，为人民的利益而奋斗，是中国共产党在长期革命斗争中所形成的一个根本的思想。把为人民服务确立为社会主义道德建设的核心，是党的十四届六中全会所作出的一个重要贡献。以服务人民为荣，以背离人民为耻，牢固树立全心全意为人民服务的观念，是当代大学生确立自身发展的路标，在校大学生要积极参与"三下乡"、志愿者服务、专业实习、社会调查、生产劳动等社会实践和志愿者活动，在社会实践和志愿者活动中净化心灵、熏陶思想、升华认识、提高觉悟，牢固树立与社会同发展和全心全意为人民服务的观念，把树立和弘扬"以服务人民为荣，以背离人民为耻"的客观要求内化为自觉行动，从而坚定走建设中国特色社会主义和谐社会道路和全心全意为人民服务的信念。

（2）以集体主义为原则。集体主义原则反映了我国基本的经济制度和政治制度的要求，并能动地作用于基本的经济制度和政治制度，强有力地推动了社会主义建设事业的发展。社会主义的集体主义，应当包括三个方面的基本内容。

第一，社会主义集体主义强调，集体利益同个人利益基本上是一致的。在社会主义社会中，个人利益和集体利益是统一的。国家利益、社会利益，体现着个人根本的、长远的利益，是集体所有成员利益的有机统一。同时，每一个人的正当利益，又都是集体利益不可分割的组成部分。正是从这一点出发，集体利益的兴衰成败，与个人利益的大小得失，有着息息相关的联系。在现实生活中，集体利益和个人利益，又是相辅相成的，集体利益的发展，本身就包含着集体中每个成员利益的增加，而集体中每个个人利益的增加，同样有利于集体利益的加强。因此，任何割裂集体利益和个人利益的思想，都不符合集体主义的原则。

第二，社会主义集体主义承认，在社会生活中，在某些具体情况下，个人利益和集体利益又往往会发生矛盾。社会主义的集体主义强调，在这种情况下，必须坚持集体利益高于个人利益的原则，即个人应当以大局为重，使个人利益服从集体利益。马克思主义者对这一原则的运用，不是任意的，而是要处处考虑到实际情况，使这种矛盾得到很好的解决。集体主义认为，只有在特殊的情况下，如国家遭受到敌人的侵略，人民生命财产遭受危险时，才要求个人无条件地为集体利益而献身，直到牺牲自己的生命。社会主义的集体主义之所以强调个人利益要服从集体利益，归根结底，既是为了整个集体的共同利益，也是为了维护每个人的共同利益。

第三，社会主义的集体主义，不仅不会妨碍个人利益，而且它的重要功能，就是要保证个人正当利益的实现，使个人的才能、价值能够得到最好的发挥。这不但不与集体主义思想相矛盾，而且，它完全是集体主义思想的应有之义。马克思说："只有在集体中，个人才能获得全面发展其才能的手段，也就是说，只有在集体中，才可能有个人自由。"那种把集体主义看做是"服从"、是对"个性的束缚"的思想，是与集体主义的本意相违背的，这是我们在强调集体主义原则时应当加以纠正的。对于集体主义来说，只有个人的价值、尊严得到了实现，个人的正当利益得到了保证，个人的主体性得到了发挥，集体才能有更强大的生命力。在大学生思想道德教育中，我们应当大力提倡把国家和人民利益放在首位而又充分尊重自己合法利益的社会主义的义利观。

社会主义道德的核心和原则，即"为人民服务"和"集体主义"是相辅相成的、相互为用的，它们之间，有着内在的、密不可分的联系。在"为人民服务"的核心中，就包含着人民的利益、集体的利益高于个人利益的思想；在"为人民服务"的思想中，也包含着"为社会献身"，即把社会利益、集体利益看做是高于个人利益的思想。同时，在集体主义原则中，也同样体现着人民的利益是最高的利益，贯彻着个人要为人民利益而献身的思想。作为社会主义道德核心的"为人民服务"，强调的是我们一切工作的根本目的和出发点，都是为了广大人民群众的利益；而作为社会主义道德原则的"集体主义"，强调的是我们在为人民服务的活动中，在处理个人和他人、个人和集体的关系中，要能够从人民的利益出发，贯彻人民的利益高于一切的思想，更好地处理各种矛盾，从而使我们的道德行为，能够更好地维护人民利益和国家利益，更有利于有中国特色社会主义现代化建设。

（3）社会主义道德的基本要求。社会主义道德以爱祖国、爱人民、爱劳动、爱科学、爱社会主义为基本要求。在这五个基本要求中，"爱祖国"是作为第一个基本要求提出来的，这是社会主义社会道德的重要规范，它要求社会主义社会中的所有公民，都必须把热爱祖国作为自己一个神圣的道德义务。维护国家的尊严、保卫国家的利益、为祖国的繁荣富强而努力奋斗，是每一个公民的光荣责任。

"爱人民"要求每一个公民，都要自觉地把人民的利益放在首位，关心人民的疾苦，谋取人民的幸福，在自己和他人相处时，都要按照"相互关心"、"相互帮助"的准则，设身处地为他人着想。

"爱劳动"作为一种道德要求，是同社会主义的本质相联系的，它能够更好地培养人民的思想道德素质。在社会主义社会中，劳动不仅是一种谋生的手段，而且是一种对祖国、对人民的义务，也是每个社会主义公民的神圣权利。社会主义社会生产力的发展、经济的繁荣和国家的富强，都是要靠广大人民群众的诚实劳动来实现。

"爱科学"作为社会主义道德的基本要求，有着特别重要的意义。在社会主义社会中，爱科学不仅是一种对于知识的追求和能力的提高，而且是每个人道德素质的体现。在社会主义的现代化过程中，"科教兴国"已成为国家腾飞的重要保证，把"爱科学"规定为社会主义道德的基本要求，是社会主义道德要求在新时期的一个重大发展，对于我国社会主义现代化事业的发展，有着重要的促进作用。

"爱社会主义"作为社会主义道德的一个基本要求，是前四种道德要求的概括和升华。我们所处的社会是社会主义初级阶段，我们的最终目的，是要经过长期的努力，走向消灭剥削、消除贫困的共同富裕的社会主义社会，并最终建成共产主义社会。因此，在现阶段，在道德要求上，最重要的就是要使每一个社会主义的公民，都能自觉地把"爱社会主义"作为道德上的义务，坚持社会主义道路，坚持社会主义方向，反对一切背离社会主义道路的错误思想和倾向，把是否爱社会主义看做道德高尚与否的一个重要评价标准。

（4）遵守社会道德。在社会生活中，人们的道德活动是多种多样的，涉及很多方面。概括来讲，最基本的方面有三个：一个是社会公共场所活动的领域，一个是职业活动的领域，一个是家庭活动的领域。相对于这三个活动领域的道德，就是社会公德、职业道德和家庭美德。社会主义道德的核心、原则和五个基本要求，要想能够在实际生活中规范人们的行为，就必然要在上述的三大领域中来发挥自己的作用。当然，这三大领域的划分，只能是相对的，它们之间既是相互联系的，又是相互交叉的。对于这三大领域来说，每一个领域，都有自己的道德规范，同样，这也绝不是说，某一个领域的道德规范，只能适应于这一个领域，因为这些道德规范是一个统一的整体，它们在整个社会生活的各个领域中，是相互为用的，一些道德规范，它虽然主要在一个道德领域中起主要的作用，但往往同时又在其他领域中发挥着一定的作用。

（5）形成良好的人际关系。社会主义道德建设的一个重要目的，就是要在全社会形成一种良好的人际关系。十四届六中全会指出，这种关系应当包括三个方面的要求，即：团结互助、平等友爱和共同前进。在社会主义市场经济条件下，为了加快我国经济的增长和生产力的发展，特别要大力弘扬个人的开拓创新和竞争进取的精神。只有这样，才能使我们的现代化建设更加顺利地向前推进。值得我们注意的是，在市场经济自身的缺陷和消极因素影响下，由于个人主义、拜金主义和享乐主义的腐蚀，由于自私自利、损人利己思想的作用，在人与人的相互关系中，往往会造成某些相互指责、相互抱怨的情况，一些人甚至会产生只顾自己得利而不管他人死活的思想。正是由于这种原因，我们进行社会主义的道德建设，就必须针对这种情况，强调"在全社会形成一种团结互助、平等友爱、共同前进的人际关系"。

在社会主义的道德建设中，我们应当特别注意先进性和广泛性的统一。道德的先进性和广泛性之间，体现着一个社会的道德要求之间必然存在的一种层次性。马克思主义、毛泽东思想、邓小平理论的精髓，就是"实事求是"，我们进行社会主义道德建设，也必须把握"实事求是"的精神，这样才能收到预期的效果。

（三）当前大学生道德素质状况

当代大学生的人生观、价值观的主流是积极向上的，他们热爱祖国，关心时事，支持改革，积极思考国家的命运和自己的社会角色，他们渴望成才，责任心、使命感明显增强。但随着改革开放的日趋深入和社会主义市场经济的发展，国内经济体制转轨过程中出现的消极现象给高校的教育工作带来了许多负面影响；同时，随着西方资本主义国家文化垃圾的不断渗入和互联网中不良信息的影响，致使当前大学生的思想道德出现了不容忽视的问题。

1. 关注自我、淡化社会责任、价值取向趋于功利化

受市场经济的冲击，当代大学生更多地关注自我，社会责任意识有所淡化。一方面，他们表现出较强的集体观念；另一方面，又不愿为集体利益牺牲个人利益。在高校毕业生就业压力日渐增大的形势下，仍然有相当多的大学生把工资和待遇作为寻找工作的首要条件，把自身的既得利益看做唯一的价值取向。部分学生又以自我为中心，注重个人奋斗、自我发展，缺乏团队协作精神、服务和奉献精神，不能很好地把握个人利益与集体利益的关系，希望少奉献、多回报。自我意识和个人价值、个人利益、个人需求的膨胀，也造成了个人主义的滋长，社会责任的淡化和价值观、人生观、道德观的偏斜。

2. 当代大学生的荣辱观存在不同程度的问题

对于国家、民族和人民的利益高于一切的神圣观念，在一些大学生心目中淡漠了。他们对个人利益想得多，而对国家、民族和人民的利益想得少；极个别学生甚至有好逸恶劳、见利忘义、害怕吃苦、攀比浮躁的思想倾向。这些学生对专业学习和能力培养提不起精神，整天在校园无所事事，消磨时光，有的甚至连自己的学业都无法完成。在大学生荣辱观上存在的这些问题，不仅直接妨碍到他们的成才，而且关系到国家、民族的前途和命运。

3. 诚信意识淡薄

当今社会，诚信观念已经越来越深入人心，但是有少数学生的诚信观念却越来越低，凡事以自我为中心，重个人、轻集体，想小家、忘国家的个人主义不断膨胀。例如，期末考试作弊，就业过程中频繁违约，恶意逃避返还贷款等现象时有发生。这些做法不只是降低了当代大学生的诚信形象，还会影响到他们今后的发展，进而对社会造成不必要的负面

效应。

4. 痴迷虚拟网络

互联网络随着科技的迅猛发展已变成当今社会的主流媒体之一，青少年尤其是当代大学生对互联网的依赖已达到惊人的程度，他们把上网当做生活中不可缺少的一部分，尤其是网络游戏，已变成一种精神鸦片，无情地吞噬着大学生的思想意识。不少学生因为上网，荒废了学业，放弃了发展的机会，有的甚至走上了犯罪的道路。倡导一种健康向上的网络意识，科学合理地引导学生利用网络资源，使他们不再痴迷网络游戏已成为亟待解决的社会问题。

（四）大学生道德素质的基本要求

1. 胸怀振兴中华的爱国情怀

爱国主义是中华民族的优良传统，是中华民族生生不息、自立于世界民族之林的强大精神动力。爱国主义体现了人民群众对自己祖国的深厚感情，反映了个人对祖国的依存关系，是人们对自己故土家园、民族和文化的归属感、认同感、尊严感与荣誉感的统一。它是调节个人与祖国之间关系的道德要求、政治原则和法律规范，也是民族精神的核心。

爱国主义首先表现为人们对于祖国的一种真挚的爱，是中华民族几千年来凝结起来、积淀起来的对自己祖国最深厚、最纯洁、最高尚、最神圣的感情。这种感情根深蒂固地深植于人民群众的心灵深处，蕴藏着国家与民族的自尊心、自豪感及民族自立、自强之精神。这种精神由衷地使每一个爱国赤子对自己民族的勤劳勇敢、聪明智慧、传统美德、辉煌成就感到光荣、骄傲。这种爱国之心可促使我们面对现实、正视差距，对自己民族的创伤、缺点、困境感到怜惜、痛心，以增强使命感、责任感，唤起民族忧患意识，化压力为动力，变挑战为机遇，更加清醒、勇敢的奋起直追，走向光明的未来。

爱国主义是在中华民族悠久的历史中形成的热爱祖国壮丽山河和灿烂文化，热爱祖国各族人民，维护祖国独立和尊严的一种浓厚感情；是为祖国自由独立、繁荣富强而奋斗的强烈责任感和献身精神；是中华民族团结统一的精神支柱和中华民族源远流长的宝贵精神财富；是从古到今炎黄子孙纵向延续的纽带和中华儿女横向联结的灵魂。在中华民族五千年的历史发展中，爱国主义是中华民族精神的主旋律，是贯穿中华民族精神形成和发展过程的一条极其鲜明而清晰的主线。爱国主义精神是中华民族生生不息、薪火相传的精神支柱，它总体上规定着中华民族精神的根本性质和特色，是中华民族凝聚力的重要思想基础和特征。

新时期中华民族的爱国主义，既承接了历史上爱国主义的优良传统，又吸纳了鲜活的时代精神，内涵更加丰富。建设和发展中国特色社会主义是新时期爱国主义的主题。在现阶段，爱国主义主要表现为弘扬民族精神与时代精神，献身于建设和保卫社会主义现代化事业，献身于促进祖国统一的事业。

树立以改革创新为核心的时代精神，是对当代大学生成才成长的基本要求。当代大学生要立足于掌握丰富的知识和过硬的本领，树立创新意识，发扬创新精神，确立与时代进步潮流相适应的思想观念、价值取向和行为方式，努力走在全社会创新的前列。

在新的历史时期，大学生应担当起实现中华民族复兴的伟大历史使命，自觉弘扬以爱国主义为核心的民族精神和以改革创新为核心的时代精神，努力做到立报国之志、增建国之才、践爱国之行，为国家和民族振兴做出应有贡献。

2. 树立为人民服务的价值理念

"为人民服务"是马克思主义人生观和价值观的核心和精髓。道德建设核心的问题，实质上是"为什么人服务"的问题。人民群众是物质文明与精神文明的创造者，是推动社会进步与历史发展的根本动力，是社会主义社会和国家的主题，当然也应是价值关系的主体。人民的利益高于一切，以人民的利益为最高价值主体，以此判断个人与社会相互关系的意义，才能正确把握价值目标，进行价值选择和价值评价。

大学生要坚持自我价值和社会价值的统一。人的价值包括人的自我价值和人的社会价值两个方面。前者是社会对个人的尊重和满足，即个人对社会的正当索取；后者是个人对社会的责任和贡献。二者是辩证统一的。统一的基础是创造和贡献。因此，实现自我价值与服务于祖国人民是统一的，个人的抱负只有同时代和人民的要求结合起来，用自己的知识和才能为人民、为国家服务，才能使自我价值得到充分的实现。任何把自我价值与社会价值对立起来的认识都是片面的，这只能产生错误的人生价值导向。

3. 践行社会主义荣辱观

荣誉是指社会对个人履行社会义务所给予的褒扬与赞许以及个人所产生的自我肯定性心理体验；耻辱是指社会对个人不履行社会义务所给予的贬斥与谴责以及个人所产生的自我否定性心理体验。荣辱观是人们对荣辱问题的根本看法和态度，是一定社会思想道德原则和规范的体现和表达。

以"八荣八耻"为主要内容的社会主义荣辱观涵盖了个人、集体、国家三者之间的关系，涉及人生态度、社会风尚的方方面面，体现了正确的人生观、价值观、道德观和法制观；旗帜鲜明地指出了在社会主义市场经济条件下，应当提倡和赞扬什么、反对和抵制什么，为大学生判断行为善恶、作出道德选择、确定价值取向，提供了基本的价值准则和行为规范。

社会主义荣辱观是社会主义核心价值体系的重要组成部分，对于大学生成长成才和培育文明道德风尚具有重要的规范、激励和指导作用。践行正确的荣辱观能够使大学生增强作出正确道德选择的能力，使其进行自我反省、自我批判、自我激励、努力提升道德境界。

践行社会主义荣辱观对大学生的成长成才会产生重要的影响。大学生应深刻领会树立社会主义荣辱观的重大意义和深刻内涵，准确把握"八荣八耻"的基本要求，时时处处对照检查自己的言行举止，自省自警、自珍自爱、知荣求善、知耻改过。经过反复的实践和逐步的养成，使社会主义荣辱观转化为自己内在的道德品质和行为习惯，成为自己生存、发展的内在需要和为人处世的基本准则。

4. 恪守公民基本道德规范

2001 年中共中央印发的《公民道德建设实施纲要》明确提出了"爱国守法、明礼诚信、团结友善、勤俭自强、敬业奉献"的公民基本道德规范。公民基本道德规范涵盖了社会生活的各个领域，适用于不同的社会群体。大学生是公民中文化素质较高的一个群体，应该做自觉遵守公民基本道德规范的模范。大学生掌握并践行公民基本道德规范，加强诚信道德修养，增强道德修养的自觉性，是提高自身道德素质、锤炼道德品质的有效途径。大学生应在三个重要环节上加强公民道德建设的实践：一是在思想上和心理上对公民基本道德规范产生认识和认同，全面掌握其内容和要求。二是把公民基本道德规范作为行为标准，正确进行道德判断和作出道德选择。三是积极践行公民基本道德规范，使自己的思想感情得到陶冶，精神生活得到充实，道德境界得到提高。

5. 增强诚信意识

公民道德建设是以诚实守信为重点，这既是对中华民族传统美德的弘扬，又是对当前中国道德建设实践的正确反映。

诚信是大学生树立理想信念的基础。大学生的诚信意识、诚信行为、诚信品质，关系良好社会风尚的形成，关系社会主义和谐社会的构建，在一定意义上关系中华民族的未来。一个没有良好诚信品德的人，不可能有坚定的理想信念。一个平时不讲诚信的人，在关键时刻不可能为崇高的理想信念作出牺牲。大学生只有养成诚实守信的道德品质，才能真正忠诚于国家和民族的事业，牢固确立在中国共产党领导下走中国特色社会主义道路、为实现中华民族伟大复兴终生奋斗的理想信念。

大学生的诚信素质主要是指以下三个方面的内容：一是具有较高的责任能力。责任能力，就是一个人负责任的能力。它不仅是指道德意义上的责任感，更重要的是指实现自己道德诺言的能力。二是具有肯定平等、追求平等的意识和实践能力。三是具有求真敬业的态度。在经济社会中，每一个人要想得到他人的尊重和信任，必须对自己所处的社会、对自己所从事的职业、对社会交往的规则等持一种虔诚、敬仰的态度，视职业、责任、规则为权威。一个具有良好诚信素质的大学生，在学校里应该做到：一是学习要讲诚信：不考试作弊，不抄袭他人作业，不虚报成绩。二是就业要讲诚信：不伪造、掺水毕业求职简历，不伪造求职证件，不恶意违约。三是生活中要讲诚信：不恶意拖欠、逃交学费，不恶意拖欠国家助学贷款，不恶意欺骗他人，不失信于他人、遵守诺言，不损人利己，不假公济私，不偷盗、不破坏公物，做文明使者等。

6. 努力提高道德修养的自觉性

提高思想道德素质首先应加强个人道德修养的自觉性。大学生应在道德意识、道德行为方面，自觉地按照社会道德要求不断进行自我审视、自我教育、自我锻炼、自我改造和自我完善。首先，应有进行自我修养的强烈动机，自觉自愿地去学习、去思考、去体验，从而提升道德修养的境界。其次，应积极主动地进行自我教育、自我约束、自我激励，坚忍不拔、脚踏实地、持之以恒地进行道德修养。再次，应正确地认识和评价自己，发扬成绩，克服不足。

四、增强高校学生的心理素质

（一）心理素质的概念、功能和结构

1. 心理素质的概念

心理是人脑的机能，是人脑对客观现实的反映。心理包括感觉、知觉、记忆、思维、想象、情感、意志、能力、气质和性格等。

素质，是指人先天的解剖生理特点，主要是感觉器官和神经系统方面的特点。素质只是人的心理发展的生理条件，不能决定人的心理内容和发展水平。人的心理来源于社会实践，素质也是在社会实践中逐渐发育和成熟起来的，某些素质上的缺陷可以通过实践和学习获得不同程度的补偿。

20世纪80年代，随着社会生活的发展，素质的概念逐步突破了生理学、心理学的范围，进而扩大到教育学、社会学甚至哲学的领域。人们越来越多地使用诸如"人口素质"、"民族素质"、"干部素质"、"素质教育"等。总的来讲，素质不单纯是一种先天的品质，它是先天和后天共同作用而产生的比较稳定的个人的综合质量水平。

心理素质既受先天遗传条件的制约，又在很大程度上受环境条件的影响。心理素质与生理素质和社会文化素质共同构成个体素质，成为个体各种实践能力形成的内在准备条件。综合来讲，心理素质是指人们在其自然素质的基础上通过社会化的过程而形成的综合心理能力和质量。

2. 心理素质的功能

（1）形成和提高心理技能。心理素质是形成心理技能的基础，是提高各种心理技能

的有效途径。

（2）提高身心健康水平。正如身体素质对于身体健康一样，心理素质的增强可以促进健康水平的提高，可以增强抵御身心疾病的能力。

（3）健全人格。心理素质的提高直接促进能力系统的完善。能力系统是人格结构的重要成分，其本身的完善可促进人格结构的完善。

心理素质的提高，可以有效地调节性格的形成和优化。心理素质的提高，有利于合理的、正确的价值观的发展，可以使个体的心理动力系统更加有力和完善。

（二）大学生心理素质的群体特点

大学生年龄大都在 18—22 岁，处于青年中期，生理发育基本成熟，在生理成熟的基础上心理发展迅速走向成熟。心理发展迅速走向成熟的表现有：抽象逻辑思维日益完善，发散思维迅速增强，创造性思维逐步发展；情绪强烈，情感丰富，高尚情操日益发展；意志的自觉性、果断性、坚韧性和自制力达到较高程度；交往能力进一步提高，人际关系进一步扩大，渴望友谊，向往爱情；出现大量新的需要，对生活充满美好期望，富有理想，乐观向上，充满青春活力。

心理成熟往往落后于生理成熟，尽管大学生心理发展迅速走向成熟，但尚未达到完全成熟的水平。心理发展尚未完全成熟的表现有：辩证思维有待发展，考虑问题带有片面性；情绪波动较大，心境变化剧烈；自我控制能力不强，不能克制自己的冲动行为；社会生活经验不足，出现各种各样的交往障碍；在理想实现不了、需要得不到满足时，容易灰心丧气、悲观失望。

大学生心理发展正处在迅速走向成熟但又未完全成熟的水平，在这一过程中会出现各种各样的心理矛盾，正是这些矛盾构成了大学生心理的特殊性。

1. 理想与现实的矛盾

青年人富于幻想，上大学之前对大学生活抱有许多美好憧憬，把大学校园想象得如天堂一般温馨，认为大学生活充满诗情画意，人为地把大学生活蒙上了一层神秘的色彩。由于对大学生活过于理想化，入校之后觉得理想与现实的差距太大，大学校园没有想象的那么美丽，大学生活也没有想象的那么浪漫，于是感到失望、沮丧甚至悲观。

2. 自尊与自卑的矛盾

经过激烈的竞争进入大学校园，大学生成为青年中的佼佼者，受到社会的称赞、父母的宠爱、同龄人的羡慕，容易产生一种自豪感、优越感，表现出强烈的自尊心。然而，大学里人才济济，高手如林，许多高中时期的尖子生原来的优势不复存在，失去了往日的荣耀，有的同学因此就怀疑自己、否定自己，自惭形秽、丧失自信，产生强烈的自卑感。

3．求知欲强与识别力低的矛盾

大学生思想活跃，思维敏捷，兴趣广泛，求知欲强，乐于接受新事物，易于接受新思想，是最少保守思想的社会群体。但由于认识问题、分析问题的能力不足，缺乏全面、辩证的观点，容易瑕瑜不分、良莠不辨。比如，对某些理论观点往往一知半解甚至曲解其意，对某些社会思潮没有自己独立的见解，只是随波逐流。

4．交往需要与闭锁心理的矛盾

交往是人的基本需要，大学生的交往需要更为迫切。大学生远离亲人，感情失落，希望找到知心朋友，建立广泛的友谊，从中获得感情补偿。但青年期心理具有一定的闭锁性，不愿敞开自己的心扉，害怕别人知道自己内心的秘密，与他人在心理上产生较大的距离。校园中发出的"理解万岁"的呼唤，正是这种心理矛盾的体现。

5．性冲动与性压抑的矛盾

处于青年期的大学生性生理已发育成熟，性机能的发展产生了性的欲望和冲动，然而，由于受社会道德、法律和校纪校规的制约，性冲动受到压抑。大多数学生通过学习、工作、文体活动和社交活动等途径，可以使生理能量得到合理释放。但也有一部分学生由于缺乏性知识，不懂得转移性冲动，只是一味地压抑性冲动，久而久之造成性冲动与性压抑的尖锐冲突，出现性心理异常。

6．竞争与求稳的矛盾

当代大学生竞争意识较强，坚决支持公开竞争、公平竞争，希望通过竞争最大限度地施展自己的才华，发挥自己的潜能，实现自己的奋斗目标，深恶痛绝那种投机取巧，靠侵害别人权利获取好处的行为。但是，当真的要参与竞争时，又害怕风险、担心失败，抱怨竞争太残酷，出现求稳心态，竞争与求稳的矛盾在择业时表现得尤为突出。

7．理智与情感的矛盾

随着年龄的增长和所受教育的增多，大学生懂得的道理越来越多，遇到各种事情大学生在理智上一般都知道应该怎样做。但大学生情感自控能力尚弱，容易感情用事，明知应该怎样做有时在行动上却做不到，不善于处理理智与情感的关系，以至于成为情感的奴隶。特别是在遭受挫折时，更容易失去理智，情绪反应走向极端。

8．独立与依赖的矛盾

大学生认为自己已经长大成人，独立意识、自主意识大大增强，不愿再像以前那样事事听从他人的安排，极力摆脱家长和老师的束缚。这种倾向被称之为心理上的"断乳"。但是，大学生还处于学习阶段，经济必须依靠家庭供给，而且缺乏独立生活经验，还不能真正依靠自己的力量解决生活中遇到的复杂问题，一时还难以摆脱对家长和老师的依赖，这样就产生了独立与依赖的矛盾。

上述心理矛盾在大学生中是普遍存在的，是大学生心理发展过程中的正常现象。这些矛盾如果得到合理解决，将成为大学生心理发展的动力，矛盾的进一步加剧将导致心理问题，影响心理健康。

（三）心理素质在素质系统中的地位和作用

1. 心理素质是素质的基础

人的素质包括生理素质、心理素质和社会素质。在这三种素质中，生理素质是素质的基础。任何素质都是在生理素质的基础上产生和形成的，这是从物质基础方面来讲的。而从心理基础来说，任何素质的形成都必须是建立在心理素质的基础之上。因为心理素质的水平，不仅要影响到身体发育和成长的水平，而且还会对生而具有的生理结构与机能，产生促进或衰退的影响，心理健康状况会对生理健康有着较大的影响。从这种意义上讲，心理素质与生理素质是互为基础的。

心理素质也是社会素质的基础。从社会素质方面来看，人的政治素质、思想素质、道德素质、业务素质、审美素质、劳动技能素质的形成与发展，都与人的智力因素和非智力因素有关，可以说，它们也是随着人的智力素质与非智力素质的发展而发展。一个具有良好心理素质的人，其各种社会素质才会有较高水平的发展。反之，一个智力与非智力素质均处于低下水平的人，要想有较高的政治、思想、科学文化知识等社会素质，则是不可思议的。长期以来，我国把社会素质与心理素质没有很好地联系起来，不重视心理素质，而单方面要求提高政治觉悟、道德品质和知识技能等，结果往往收不到应有的效果，达不到预期的目的。

2. 心理素质是素质的核心

心理素质渗透在各种素质之中，各种素质中也包含着心理素质的成分。尤其是在社会素质方面表现得十分明显，在某种意义上，社会素质就是心理素质，只不过在不同的环境中需要突出这部分素质的特殊性，而把它们归结为社会素质，如心理承受能力、心理适应能力、心理调控能力等。如果一个人在这些方面都具有较高的水平，其社会素质的水平也必然趋高。不仅如此，心理素质也渗透在政治素质等社会素质之中，各种社会素质也都是以心理素质为根本基础，在很大程度上也就是心理素质。

3. 心理素质是素质的归宿

这主要是就社会素质而言，意思是社会素质不只是要以心理素质为基础，而且最终还要转化为心理素质。心理素质是先天与后天的合成，比较稳固；而各种社会素质是后天的，相对来讲不太稳固。因此，只有把不太稳固的社会素质建立在较为稳固的心理素质之上，社会素质才会变得更加巩固。

心理素质是素质教育的基础，也是素质教育的核心与归宿。在实施素质教育的过程中，必须重点抓住心理素质的培养与提高。可以说，心理素质既是素质教育的目标，也是素质教育的手段。

五、提高高校学生的社会适应能力

21 世纪是知识经济时代，是信息时代，也是创新时代，未来社会竞争更加激烈，对人才适应社会的素质要求更加迫切。面对复杂多变、竞争激烈的社会环境，只有具备较强适应能力的人才能获得更为充分的生存与发展的条件。大学生作为社会的一分子，只有具备良好的适应能力，才能更好地应对各种复杂的社会环境，在激烈的社会竞争中立于不败之地。在我国应试教育的大环境下，追求学习成绩是大学生的主要任务，然而，许多大学生在毕业之际，往往对即将步入的社会感到陌生、茫然、恐慌、不知所措。产生这些现象的原因主要是大学生的社会适应性太差。所以，大学生不仅要掌握一定的科学文化知识，而且要在大学阶段有目的、有意识地培养自身的社会适应能力，以便步入社会之后，能够更快地适应社会，更好地实现人生目标和成才的愿望。

（一）社会适应能力的概念

适应是人们在与环境的互动关系中，个人通过对自己心理状态和行为模式的不断调整，使其个人需要能够不断得到满足的过程，是在自我与环境和谐统一的前提下，不断地认识和改造环境、增强修养和发展自我的过程。

大学生社会适应能力是大学生在大学校园生活环境中为达到与其所处环境的和谐状态而必须具备的一种综合能力，主要由认知能力、独立生活能力、学习能力、人际交往能力、应对挫折能力和实践能力等方面构成。

（二）培养大学生社会适应能力的必要性

1. 培养大学生社会适应能力是社会发展的要求

人生存在这个社会当中，既要承担个体生活上的角色，又要扮演社会中的角色，二者是密不可分的。当今社会在高科技的推动变化下已经进入信息时代，全球化的知识经济初显端倪，科学技术和经济的迅猛发展必然对每一个社会人提出新的要求。当代大学生是青年中的佼佼者，掌握着现代化的知识和技术，是未来国家和社会建设及发展的栋梁之材，肩负着振兴中华的历史使命和社会责任。这种使命和责任与当代世界的状况，与国家的前途和命运紧密相连。大学生社会适应能力的强弱关系到大学生科学文化知识和技能发挥的程度，关系到大学生个人的前途和命运，关系到社会的繁荣和发展。当代大学生只有努力顺应时代发展的潮流，才能充分运用自己的科学文化知识和技能，促进社会的变革和发展。所以，培养大学生社会适应能力是社会发展的要求。

2. 培养大学生社会适应能力是大学生社会化的重要目的

当代大学生是青年中最优秀的一部分，担负着继承上一代的事业、知识和优良传统，开创社会发展新局面的历史重任。大学生社会化的内容非常广泛，凡社会生活所必需的知识、技能、行为方式、生活习惯以及社会的各种思想、观念都包含于其中。显然，大学生社会适应能力所包含的学习适应能力、工作适应能力、生活适应能力和社会交往适应能力都是大学生社会化的重要内容。因此，培养当代大学生社会适应能力是大学生社会化的重要目的。

3. 培养大学生社会适应能力有利于大学生个性的形成和完善

心理学把个人一贯表现出来的稳定的心理和行为特点称为个性。个性一旦形成，就会对大学生的行动乃至整个一生的活动产生决定性的影响。而个性是在大学生的一系列认识活动中形成和发展起来的，在这些活动中，他们渐渐认识社会、感受社会、应对社会生活中所遇到的各种压力和障碍，这是大学生个性形成和完善的外部条件，也是个性和谐发展的基本过程。另一方面，只有具备完善和谐的个性，大学生才能更顺利地适应社会生活，为社会作出贡献。

4. 培养大学生社会适应能力有利于大学生培养和发展健康的心理

一个人的心理健康与社会适应有着密切的联系，是社会适应程度和结果的具体体现。如果一个大学生经常与别人，特别是与同伴脱离交往，或者被同伴排斥在群体之外，就会产生心理问题。大学生由于自身生理和心理上的急剧变化，形成了独有的心理和行为特点：他们一般求知欲望和探索欲望强烈，要求独立自主的意识与日俱增，遇事喜欢独立思考和判断，不愿盲从别人的意见，情绪反映强烈、易冲动，遇事有持续而深刻的情感体验。正因为大学生具有上述心理和行为特点，所以，他们中的许多人容易出现社会适应不良问题。在生活、学习顺利时，往往情绪高涨，遇到挫折就容易一蹶不振，情绪陷入长时间的忧郁、苦闷、消极、自卑。大学生心理的这种两极性，很容易导致他们的心理障碍，影响正常的学习和生活。能够较好适应社会的人，才是心理健康的人。

5. 培养大学生社会适应能力是当代大学生自我发展的需要

需要在社会上的意义是指人的一种生存状态，它表现为人对客观事物的渴求和欲望，是产生人的行为的原动力。人的需要是在社会化过程中逐步发展的，人的社会化程度越高，他的需要层次和水平就越高。当代大学生接受教育的程度高于其他阶层的青年，他们的社会化过程和社会化发展目标也就相对较高。因此，他们的需要结构模式就是以自我发展需要为核心的需要结构模式。每个社会角色所担当的工作，都是整个社会事业的一个组成部分。我国现代化建设的宏伟大业，为每个社会角色充分发挥自己的聪明才智提供了无比广阔的舞台。在社会主义市场经济条件下，社会利益和个人利益是根本一致的，大学生只有把自己的事业目标与社会需要紧密地结合，自觉地服从和服务于社会，才有可能成为社会有用的人才，自我才能得以发展。因而，大学生的自我发展需要是以满足和适应社会需要为目标的，即使自己承担的社会角色在我国社会主义现代化建设事业中发挥作用，从而得到社会的承认。大学生要满足和适应社会的需要，当然就不可缺少对社会适应能力的培养。所以，培养当代大学生社会适应能力也是大学生自我发展的需要。

（三）影响当代大学生社会适应能力的因素

由于社会适应能力的不同，大学生在不同的社会环境里所从事的活动总是发挥不同的作用，产生不同的效果。当代大学生社会适应能力的培养和形成总是受到它自身所包含的内容以及所涉及的各种因素的影响和制约。在诸多因素中，产生重要影响的主要有以下几个方面：

1. 环境因素

环境是指围绕在人们周围的客观世界，它包括自然环境和社会环境。环境影响和制约着人才的成长。社会环境是人才成长的土壤，它是一个复杂的大系统，对当代大学生社会适应能力的培养产生最深刻的影响。

（1）社会环境的影响。社会环境并非抽象的存在物，它是一定历史时期的社会经济、政治、科学文化诸多因素的总和。它对当代大学生社会适应能力的培养必然要产生决定性影响。社会环境包括社会文化环境、社会规范和制度以及社会支持系统。不同国家的历史文化产生不同的民族心理、行为方式和价值观念，这都将影响大学生在受挫时的态度和行为方式。社会对大学生的要求越来越高，评价也越来越严格，使得大学生们对踏入社会显得无所适从。

（2）学校环境的影响。学校是大学生生活和学习的主要地方，学校的教学设施、课余生活环境、宿舍条件、老师的教学方法和模式，都将给他们带来心理上的影响。大学生在此不仅接受知识的熏陶，也从教师的言传身教中学会做人的道理。传统的专业教育模式，忽略了对学生的个性培养和素质提高，片面强调知识传授和思想政治教育，忽视良好性格、情绪、意志等个性心理的培养。而且有的高校专业设置、教育理念和目前激烈的人才竞争在衔接上略显滞后，给大学生就业带来了压力。

（3）家庭环境的影响。家庭是社会的细胞，是大学生成才以及培养社会适应能力的重要环境。家庭的早期教育能使人的智力得到有效开发。家庭教育对每个人的成长有着先人为主的深刻影响。一个富有生气、和谐、民主又不失严肃、上进的家庭环境，对大学生成才和培养社会适应能力产生积极影响。每一个家庭的自身结构都有自己的特点，每一个家庭成员都以其不同的性别、年龄、知识、观念、社会地位等对其他成员产生不同的影响，对大学生社会适应能力的培养也产生不同程度的影响。

（4）社交环境的影响。社会交往是大学生作为社会成员

必须面临的人生重要课题。大学生在社会交往过程中建立起来的社会关系，我们也把它称为社交环境。交往能力也叫社交能力，它是大学生社会适应能力培养的内容，是大学生成才的必备素质。社交环境和社交能力是大学生社会交往的两个重要方面，他们相互依赖，相互促进，相互影响，相互作用。社交能力越强，建立起来的社会关系就越好，创造的社交环境就越优越。

2．素质水平因素

人的素质主要包括政治素质、思想道德素质、专业素质、科学文化素质、心身素质等。这些素质是大学生成才的基础，他们对大学生社会适应能力的培养产生广泛而又深远的影响。大学生的社会适应能力与素质是紧密联系的，素质水平的高低直接影响着社会适应的状况，而社会适应状况也在一定程度上反映出他们的素质水平。大学生只有重视这些因素，充分开发和调动这些因素，才能较好地培养社会适应能力。

（四）大学生应具备的社会适应能力

1．认知能力

现代认知心理学认为，认知是以个人已有的知识结构来接纳新知识，新知识为旧结构所吸收，旧知识结构也相应得到改造与发展。社会认知是个人对他人的心理状态、行为动机、意向等作出推测与判断的过程。能力是一种个性心理特征，是顺利实现某种活动的心理条件。认知能力是指人脑加工、储存和提取信息的能力。

大学生认知能力特指大学生个人的社会认知能力。社会认知能力的强弱与大学生的社会适应能力强弱有很大的关系。当今社会正处于急速转型时期，新旧观念交叉，各种社会现象错综复杂，体制转换中存在的各种矛盾尚需一定的时间才能解决，这些现象和矛盾或多或少地影响大学生对人和事的判断。求知欲强与识别力低的矛盾是大学生认识事物的显著特征。大学生思想活跃，思维敏捷，兴趣广泛，求知欲强，乐于接受新事物，易于接受新思想，是最少保守思想的社会群体。但由于心理发展的相对滞后，社会经验的缺乏，致使认识问题、分析问题的能力不足，只是注意事物的表面现象，而没有从更深层次上去分析，缺乏全面、辩证的观点，容易瑕瑜不分、良莠不辨，因而往往更多的是盲从，形成片面地看问题。比如，对某些理论观点往往一知半解甚至曲解其意，对某些社会思潮没有自

己独立的见解，只是随波逐流。

大学生应加强认知能力的培养，不断加强科学理论学习，自觉地运用辩证唯物主义和历史唯物主义思想、观点，来正确地分析、解决现实生活、学习、工作中的问题，并逐步形成科学的世界观和正确的人生观、价值观。

作为社会高层次人才，大学生的社会认知应该体现出多样化和高层次。大学生应加强科学文化知识的学习，开阔视野，广阅博览，扩大知识范围，提高科学判断的能力。

增强自我意识，正确认识和评价自己。正确认识和评价自己是大学生适应社会的关键。大学生要有良好的自我意识，要做到正确认识自我，积极悦纳自我，有效控制自我，不断超越自我。

培养合理的认知方法。人的认知过程决定人的情绪和行为，而情绪和行为的产生有赖于对现实世界的判断、评价和解释。任何事物都是客观存在的，不同的认知方法对人的情绪和行为产生不同的影响。美国心理学家艾里斯认为，事情本身无所谓好坏，使人们难过和痛苦的不是事件本身，而是对事件的不正确解释和评价。大学生应加强合理认知的培养，通过理性分析，建立合理的、正确的逻辑思维，不断提高认知能力。

2. 独立生活能力

大学生的独立生活能力主要是指大学生在自主自立、自我管理、自我调适和独立处理问题等方面的能力。大学阶段是大学生由依赖走向独立的转折阶段，独立生活能力关系到一个人一生的发展和成功，大学生从对他人的依赖到独立生活，这是人生发展的必然，也是健康、成熟的体现。众所周知，从个体成长的角度来说，个体未来的工作、生活乃至今后的一生，独立生活能力实际上比读书、成绩更重要。自主自立能力是个体成长中最重要的基础因素，它包括自理能力和独立精神。它们是一个人最基本的素质，是人生的基础，是人之所以为人、人之所以能在世界上立足的基础。奥地利著名作家、思想家茨威格说过："世界上最辉煌最宏伟的事业就是使个人站起来。"我们教育的最终目的，就是帮助个体用自己的双脚在这个世界上站起来，这既是家庭的需要，也是社会和民族的需要。

3. 学习能力

学习能力是人们在学习、工作、日常生活中必须具备、广泛使用的能力。学习能力一般指人们认识、理解客观事物并运用知识、经验等解决问题的能力。随着素质教育的不断推行，对学生学习能力的培养越来越引起人们的关注和重视。大学生在校期间的主要任务是学习。在大学期间，大学生不仅掌握知识、技能和发展智力，而且逐渐形成世界观、道德品质和行为习惯。大学生在校期间掌握良好的学习方法，培养较强的学习能力，不仅有助于提高学习效率和学习成绩，而且对提高大学生的社会适应能力具有重要的作用。大学生要掌握更多更广更深的知识，除了课堂的学习之外，还必须在课余时间自己去钻研、拓展，培养独立思考的能力和自学的能力。这对大学生来说尤其重要，它能为大学生将来继续学习、终身学习奠定坚萎基础。同时，具有终身学习的能力也是大学生能不能适应社会的一个重要指标。目前，大学生所掌握的知识有些是与社会联节的，还不能满足大学生适应社会的需要。大学生只有实践中发现问题，有的放矢地学会调适自己，对自己进行"充电"，学习以前没有学过的知识，才能增强适应社会的后劲，才能具备一位现代人应具备的能力。终身学习的能力是知识经济时代的要求，也是一个人事业发展的客观要求，终身学习的观念是现代人必须具有的理念之一。大学生在校期间，就要培养对薪知识、新事物强烈的兴趣，以及坚韧不拔、勇往直前的进取精神，并且掌握科学的学习方法，为终身学习打下厚实的基础，为更好地适应社会创造良好的条件。

4. 人际交往能力

人际关系是指在人际交往中建立和发展起来的人与人之间的关系。建立和谐的人际关系，必须积极开展人际交往。对于大学生来说，积极开展人际交往，对了解社会、认识社会和促进个性全面发展，都有着极为重要的作用。大学生的社会交往，是指大学生之间以及大学生与其他人之间沟通信息、交流思想、表达情感、协调能力的互动过程。交往是个体社会化的必由之路，个体在人际交往中，积累社会生活经验，学到社会生活所必需的知识、技能、态度、社会规范，逐步摆脱以自我为中心的倾向，意识到集体和社会的存在，意识到自我在社会中的行为和责任，学会与人平等相处和竞争，养成遵守法律和社会规范的习惯，从而自立于社会、得到社会的认可，成为成熟的、社会化的个体。大学生正处在学习知识、了解社会、探索人生的重要发展时期，他们的主要活动都是在与人交往的过程中进行与实现的。随着身体的发展成熟，独立意识的增强，社会交往将成为大学生生活中的重要内容。随着人的成长，交往的范围不断扩大，交往的内容逐渐深化，交往的形式也日趋多样。积极的人际交往有助于大学生获得更丰富的信息，保持与社会的联系，明确和承担其社会责任，促进大学生的心理成熟。

大学生的人际交往能力是大学生在人际交往过程中处理各种人际关系的能力。生活中的每个人都处在各种各样的社会关系中，人际关系的好坏不仅仅是一个人的心理健康水平、社会适应能力的综合体现，而且在很大程度上影响一个人的生活质量和事业拓展。

5. 应对挫折能力

应对挫折的能力是个体遭遇挫折后，对挫折进行直接的调整和转变，积极改善挫折情境，解脱挫折状态的能力。正确应对挫折有助于发挥挫折的积极作用，防止和克服其消极作用。

挫折是指人们在有目的的活动中，遇到无法克服或自以为无法克服的障碍或干扰，使其需要或动机不能得到满足而产生的消极反应。挫折包含着三层含义：一是挫折情境，即干扰或阻碍意志行为的情境。二是挫折认知，即个体对挫折情境的认知、态度和评价，这是产生挫折和如何对待挫折的关键。挫折情景能否构成挫折，在很大程度上取决于个体对挫折情境的态度和评价，同一挫折情景由于个体的志向不同，感受挫折的程度也是有区别的。第三是挫折行为，即伴随着挫折认知而产生的情绪和行为反应，如愤怒、焦虑和攻击等。当挫折情景、挫折认知和挫折反应同时存在时，就可以构成挫折心理。有时只有挫折认知和挫折反应这两个因素，也可以构成心理挫折。在挫折诸要素中，挫折认知是最重要的。挫折具有两重性，它既可培养个体的坚强意志，引导个体总结经验、汲取教训，使个体的追求得到完善和提高，又可使个体消沉、情绪低落，甚至诱发心身疾病。由于社会进步，时代变化很快，各种社会要求都会被大学生有所反映，从而使大学生产生各种与现实有矛盾的需要和动机。因此，大学生在学习、生活、交往中遇到各种挫折是必然的和无法避免的。培养应对挫折能力是大学生有效适应社会的一个重要方面。

6. 实践能力

实践能力是指人们在实践活动的基础上，形成的有目的有意识地改造自然、社会和人自身实际活动的能力。实践能力的强弱也是大学生社会适应能力强弱的一个指标。实践能力是综合性的能力，它体现在主观见之于客观的活动中，是架构主、客观的桥梁，是大学生运用知识的载体，是大学生各种能力的整体显现和实际运用，是检验大学生的知识及其他能力发挥程度的标尺。作为综合能力的最终价值体现，实践能力是大学生必须具备的最基本的能力。

从大学生入学学习到毕业这个过程来看，检验大学生是否合格的一个基本标准是大学生是否能顺利毕业获得文凭和学位。但大学生最终是要进入社会，那么进入社会后，他们能不能符合要求，能不能把所学的知识很好地运用到实践中去，则需要接受实践的检验，实践成为检验大学生培养质量的根本标准。拥有了文凭、学位证书，并不说明个体在将来的社会实践中就是一个人才，就适应了社会发展的需要。获得文凭和学位只是社会对人才要求的一部分，人才的实践能力越来越引起用人单位的重视，大学生在大学里学到的理论文化知识，是否理解、领会了，只有通过实践这个环节才能得到检验，实践是检验大学生是否成才的重要环节。

实践能力对于大学生角色换位意识的培养，及早适应社会有着积极的意义。大学生在学校里扮演的是学习角色，但毕业后必定要扮演工作角色，这是一个个体社会化转换的过程。这个转换，在形式上是瞬间发生的，但转换的内容却需要较长时间的积累，大学生在校期间就要做好各方面的准备。实践能力可以帮助大学生适应社会发展的需要，认清自己的社会位置，明确自己的历史使命，从而较早、较好地为自己担任新的社会角色做好思想上、心理上和实际工作能力上的准备，加速其社会化的进程。

总之，思想政治教育的根本任务在于全面提高人的素质，以提高学生思想政治素质为核心，在素质培养中，要注意非智力因素和智力因素的结合。非智力因素的培养，包括理想、信念、信仰、信心，以及强大的爱国主义情感、民族自尊心、自信心、自豪感等；智力因素的培养包括知识和能力培养两方面。非智力因素和智力因素是共生体，是思想政治素质教育不可分割的两个方面，正如江泽民同志所指出："对干部、群众和学生必须认真进行中国历史、地理、文学知识和政治知识的教育，没有这些知识的武装，人们的爱国主义、集体主义、社会主义思想是难以确立起来的"。因此，我们应该从物质和精神两个层面上学习知识、设计人生、发展个性，培养创新素质和服务人民的优良品质使他们不断在知识创新中锻炼成为中国最广大人民利益的忠实代表。

第七章 高校思想政治教育
理论创新研究

　　理论是实践的先导,实践只有在科学理论的指导下才能够成功,同时,实践又是理论的源泉,理论来源于实践。随着实际情况的变化,理论也在不断发展。现代思想政治教育的理论问题是高校教育的前沿问题,具有思想政治教育前沿问题普遍具有的新颖性、普遍性、复杂性和迫切性等特征。针对中国的实际,在不同的时期,我国都会提出符合实际的思想政治教育理论来指导各项文化工作的传承开展。思想政治理论教育的问题是高校教育发展过程中必然会遇到的一系列的重大问题、焦点问题和热点问题。这些问题制约着现代思想政治教育的创新与发展,是所有思想政治教育者都要创造性回答的带有普遍性、关键性、集中性的迫切问题。

　　伴随着社会主义实践,对思想政治教育理论问题的实际解读和内涵进行深入挖掘是必要的。当然这些问题也关乎我们国家和民族的前途命运,更会对社会主义现代化建设中的每一个个体的全面成长发展产生重大的影响。高校思想政治教育的每个工作者对于党和国家在不同时期、不同情况下提出的各种思想政治教育理论的掌握情况,关乎其理论宣讲的感染力和引导力。而教育工作者宣讲的感染力和引导力又关乎党和国家的各项思想政治教育理论的实施和贯彻。近年来,随着西方多元文化的影响加深以及对中国传统文化的挖掘,加之现代传媒和现代信息技术对大学生的影响,大学生的思想变得越来越复杂,其生活和行为方式都受到了广泛的影响。大学生面临更加开放且高度自由的时空环境,这一系列状况给高校思想政治教育带来了新的问题和任务,针对这些任务对思想政治教育理论进行全面深刻地创新解读,是一项十分紧迫而重要的政治任务。

第 1 节　高校思想政治理论教育创新

一、高校思想政治教育理论的现状

作为一个大国，一个坚持走在社会主义道路的、一个信奉马克思主义理论的大国，一直以来都是西方资本主义发达国家实施和平演变的对象，特别是高校的大学生，更是他们西化的重点对象。在大学的思想政治教育理论上出现了一些消极现象，这些消极现象的挑战使得高校思想政治教育理论面临着相应难度。

1. 对思想政治教育理论的针对性和时效性认识不足

高校的思想政治教育理论更多地体现在思想政治理论课中。现下，一些高校在思想政治理论课的教学内容的阐释上与当前的社会现实不完全相对应，教学内容没有随时吸收当今社会创造的文化成果，没有很好地针对当今社会的现实和学生的思想实际进行调整。高校思想政治理论的教学过程存在不和谐、非生态的问题。主要包括：一是传授知识多，关注个性少。现代教育以生产性为主导，把人看作社会活动的工具，用单一的价值标志去衡量不同的人。教育奉行管制、压服、单向式思想灌输的模式和策略，用填充知识这种固定的模式去塑造整齐划一的品行，人的鲜活的个性被扼杀，人内在的丰富多样性的质的范畴被忽略而被转换为量的概念来表述。这种以灌输知识为主旨的思想政治教育缺乏生态意识，严重地违背了思想道德的生态亲和性。这是一种功利主义的教育教学，是与教学本身应该的发展方向相违背的。

二是过分强调社会的整体价值。高校思想政治教育理论是有意识地对大学生进行意识形态教育、宣传和引导，是党和国家为了实现国家建设的政治任务和历史使命，为了保证大学生成为党和国家事业的合格接班人与中国特色社会主义事业优秀建设者的活动，具有很强的社会价值导向功能。高等教育要尊重生命，尊重个性化需要，教育培育出的是富有思想情感和道德情操的并适应社会发展的有用人才，这是保证人类社会长远持续发展的基本要素。但如果在思想政治教育论理中过多重视社会的需要和社会的价值，过多强调思想政治教育作为维护社会秩序的重要手段而忽视了个体发展的需要，忽视了对个体价值和存在意义的终极关怀，则不免会使思想政治教育理论工作黯然失色，失去生命力。

三是反复地重理论讲授，轻社会实践。高校思想政治理论课不但是传授知识的课程，而且是体验与思考的课程，也就是要用实践来支撑的课程。只有在理论教学讲解的同时辅以大量的学习、生活与社会实践，才能做到有针对性地进行教学和教育，才能触及受教育者的思想深处，才能彰显理论以理服人的特殊功能。但现实情况是思想政治理论课更多扮演的是传授知识的角色，热衷于从理论到理论的演绎，虽然也都或多或少地认识到了社会实践的重要性，但实践教学的开展更多的只是流于形式，而忘记了思想政治理论课本该指向的德行教化作用。我国经济政治体制等一系列社会变革使人们的思想发生了巨大变化，把思想政治理论课内容的教育等同于一般的知识传授的认识必然会淡化思想政治理论的教育功能。

2. 思想政治教育理论的教师存在不足

这里面有三个方面的问题，首先，思想政治教育理论在教师队伍建设、机构设置、管理机制、经费投入和职称评定等方面存在着上下不相适应的情况。党和国家反复强调并要求在战略高度上重视大学生的思想政治教育理论工作，要重视思想政治教育理论队伍的建设，要给予特别的重点保护。但很多高校在思想政治教育理论教师的职称评定、业务进修、业绩考核等方面设置了一系列障碍，从而影响了他们从事思想政治教育理论工作的积极性。其次，思想政治教育理论教师本身在理论素养、知识结构、教学能力、教育水平上也存在着与当代社会发展和大学生的要求不相适应的状况。虽然这两年很多高校重视了思想政治理论课教师的学历，但是整体而言学历层次还是偏低。最关键的是一部分教师理论素养偏低，在教育教学过程中不能活学活用，不能较好结合当今社会发展和大学生的思想实际，重视教学不重视科研，科研能力羸弱等问题突出。这严重地影响了思想政治理论课的教育效果。最后，就是教师与学生处于主客二元对立的不平等地位，缺乏必要的对话与沟通，不能相互理解。这种思想政治教育理论或是简单地强调以学生为中心和主体，或是强调以教师为中心和主导，这种二元对立思维，显然是滞后于当今时代发展的教育理念的。这在师生之间制造了对立而不是联系统一，也难以使师生之间进行真正的交流，难免引起大学生对这种模式的反感和厌倦。

3. 思想政治理论教育生态环境失衡

思想政治工作是一个系统工程。高校思想政治理论教育工作的开展离不开社会各方面的配合与支持，只有全方位通力合作，才能培育出身心健康的完整的人才。然而现今的学校教育与家庭教育、社会教育出现了脱节。首先，出现了国家层面的"高大全"的教育目标与家庭期望的"实际又实惠"的目标间的冲突。受应试教育的长期影响，中国家庭普遍存在着重智育、轻德育的思想，部分家长只追求学生的智育成绩，忽视了学生的德育发展，这致使国家层面的思想德育教育培养成果大打折扣，致使培养出的学生思想政治素质和道德水平没有达到国家的教育目标，学生出现政治观念淡漠，理想信念丧失的情况。

其次是社会环境的负面影响，尤其是与高校相关的校园及其周边不良的环境影响削弱了思想政治教育理论的效果。当下，由于处于社会转型期，社会价值多元，不良社会风气弥漫。资本主义文化思潮侵蚀，因此主导价值观权威性受到挑战，思想政治教育理论教师的言教权威受到挑战。这种学校、家庭与社会没有形成共同推动合力作用的教育生态环境失衡现象弱化了高校思想政治教育理论工作。

再次，长期以来，我们的工作重心局限在一种教学论的视野里，较少在社会大的系统或背景当中来考量和审视我们的思想政治教育的实践性和系统性，致使思想政治教育理论与系统内部各要素之间及环境之间产生不协调甚至矛盾和冲突。这不利于思想政治教育工作的整体性部署，造成高校思想政治教育理论的生态性缺失。

二、思想政治教育理论的创新

国际国内持续不断的新形势和出现的新情况，带来了思想政治教育理论相应的新任务、新问题，呼唤着新思路、新对策。党和国家在继承思想政治教育理论原有成果的基础上，以马克思主义认识论为指导，以解决实际问题为中心任务，以思想政治教育理论的科学化为目的归宿，坚持创新教育理念，奉行"以人为本"的价值取向，发展丰富了中国特色思想政治教育时代理论，引导着我国高校思想政治教育理论教学改革的探索与实践。在继承和发扬优良传统的基础上锐意创新，不断探索和创造新的理念、新的内容、新的方法、新的手段和新的机制，在思想政治教育理论的指导思想、地位作用、目标内容、方针原则等方面促使思想政治教育理论的改革与发展取得实质性突破。这也对全面建成小康社会，巩固构建社会主义和谐社会的政治优势，加快推进社会主义现代化的建设速度，培养社会主义优秀建设者和可靠接班人，让高校思想政治教育理论真正焕发出前所未有的生机与活力具有重要意义。

（一）十六大以来对思想政治教育理论的创新

党的十六大对于中国的思想政治教育理论是一个标志性的节点，从十六大以来，中共中央根据建设中国特色社会主义理论体系的目标，高度重视高校思想政治教育理论工作，结合马克思主义中国化发展中遇到的新情况、新问题，不断地探索中国特色社会主义思想政治教育理论的体系规律，做出了一系列提高思想政治教育理论的实效性的教育理论工作的战略部署。同时中共中央明确提出了高校思想政治教育理论工作的指导思想、重要原则和主要任务等，这开创了高校思想政治教育理论工作的新局面，极大地提高了新时期高校思想政治教育的科学化水平。

1. 对思想政治教育理论目标及指向的创新

党的十六大以来，党中央根据实际的变化，进一步明确了思想政治教育理沦创新的目标和要求。教育目标是教育的出发点和归宿，思想政治教育理论目标创新是高校思想政治教育创新的首要问题，思想政治教育理论目标是我国高等教育目标的重要组成部分，思想政治教育理论目标是一个国家教育的阶级性、政治性的集中体现，是思想政治教育首要的核心问题，对教育的各种活动起着重要的导向作用。高校思想政治教育理论的目标定位体现着国家、社会的期望和要求，反映着教育者、受教育者的需要和追求，预示着思想政治教育理论的方向及其结果，制约着思想政治教育理论的整个过程。思想政治教育理论目标规定思想政治教育理论的基本任务和要求，代表着思想政治教育理论的方向和未来，也是衡量思想政治教育理论成效的标准尺度。思想政治教育理论目标不是永恒不变的，它必然会随着时代和社会的发展而发展，随着历史任务的变迁及教育形势的变化而不断调整、充实和完善。十六大以来思想政治教育理论创新集中反映了"实践——认识——再实践——再认识"这样一个辩证唯物主义认识论的客观规律。党中央一直强调，最广大人民群众改造世界、创造社会的伟大实践是理论创新的动力和源泉，共产党人要秉承不断检验创新的精神，善于把已取得的丰富实践经验上升为理论。党中央也同时肯定地说明，脱离人民群众的实践，理论创新就会很空洞，成为无源之水，也就自然不能对人民群众产生感召力和发挥实践指导作用。时任党的总书记胡锦涛同志反复强调：围绕经济建设这个改革开放时期的中心任务，所有党组织和党员要成为落实第一要务的模范、解放思想的模范和求真务实的模范以及开拓创新的模范。还强调要不断提高驾驭社会主义市场经济的能力，发展社会主义民主政治的能力、建设社会主义先进文化的能力、构建社会主义和谐社会的能力、应对国际局势和处理国际事务的能力。

党的十七大在十六大的基础上又对发展目标进行了高度的概括：把握人类社会发展的规律、把握共产党的执政规律、把握社会主义建设的规律，要不断提高运用科学理论分析和解决问题的能力。要使广大党员做科学发展观的忠实执行者、社会主义荣辱观的实践者、社会和谐的积极促进者和中国特色社会主义共同远大理想的信仰者。这些目标的新要求有效地激发了我国高校思想政治教育理论工作的内在动力，丰富了思想政治教育理论的目标体系，赋予其以新的时代特色，使所有党员感受到了接受马克思主义中国化最新成果教育的紧迫性和必要性，明确增强了开展理论学习的自觉性和方向性。

党的十八大对我国现阶段思想政治教育理论目标创新的基本任务做了全面的规划和部署，同时也为当前思想政治教育理论的目标提出了新要求。首先是更加全面地指明了思想政治教育理论目标。随着科学发展观等重大战略思想的提出，中国特色社会主义事业的总体布局已经由经济建设、政治建设、文化建设的"三位一体"扩充为包括经济建设、政治建设、文化建设和社会建设在内的"四位一体"。同时生态问题与经济、政治、文化、社会等重要问题被提了出来，并提出了把生态文明建设融入经济、政治、文化和社会建设各方面及全过程的伟大历史任务，指出建设生态文明是关系人民福祉、关乎民族未来的长远大计。十八大提出的这些目标任务无疑使思想政治教育理论的创新目标指向更加全面，为思想政治教育理论增加了新的教育内容，为思想政治教育理论赋予了新的价值，也为思想政治教育理论效果的评估提供了新的衡量标准。其次是更加理性地指明了思想政治教育理论的个人目标。由于思想政治教育理论的教育对象的思想素质、政治素质和道德素质参差不齐，加之对思想政治教育理论的认识和态度不同，使得思想政治教育理论的个人目标存在着浓浓的个体差异性。而思想政治教育理论个人目标的指向主要就是要及时解决此类问题，提高个人的思想道德素质和政治素质，树立高尚的理想信念和人生追求，最终实现人的全面发展。过去笼统的思想政治教育理论的个人目标指向导致思想政治教育认同度不高、效果不明显等问题。十八大提出了注重人文关怀和心理疏导，用正确方式处理人际关系，培育自尊自信、理性平和、积极向上的社会心态的个人目标。这一科学论断是符合我国当前国情的理性目标的总结。2012 年，在全国教育工作会议上，党中央明确提出，宣传思想战线的中心工作是为改革发展稳定的大局服务。强调思想政治教育要为全面建成小康社会、社会主义和谐社会营造良好的精神动力氛围。明确了思想政治教育的根本目的、根本目标是培养有理想、有道德、有文化、有纪律、有创新精神和健全人格的德智体美全面发展的社会主义合格建设者和社会主义事业的可靠接班人。

2017 年，中共中央、国务院印发了《关于加强和改进新形势下高校思想政治工作的意见》（以下简称《意见》）。

《意见》指出，加强和改进高校思想政治工作的指导思想是：高举中国特色社会主义伟大旗帜，全面贯彻党的十八大和十八届三中、四中、五中、六中全会精神，以马克思列宁主义、毛泽东思想、邓小平理论、"三个代表"重要思想、科学发展观为指导，深入学习贯彻习近平总书记系列重要讲话精神和治国理政新理念新思想新战略，全面贯彻党的教育方针，坚持社会主义办学方向，扎根中国大地办大学，以立德树人为根本，以理想信念教育为核心，以社会主义核心价值观为引领，切实抓好各方面基础性建设和基础性工作，切实加强和改善党的领导，全面提升思想政治工作水平，紧密团结在以习近平同志为核心的党中央周围，牢固树立政治意识、大局意识、核心意识、看齐意识，坚定不移维护党中央权威和党中央集中统一领导，为实现"两个一百年"奋斗目标、实现中华民族伟大复兴的中国梦，培养又红又专、德才兼备、全面发展的中国特色社会主义合格建设者和可靠接班人。

《意见》指出，加强和改进高校思想政治工作的基本原则是：① 坚持党对高校的领导。落实全面从严治党要求，把党的建设贯穿始终，着力解决突出问题，维护党中央权威、保证党的团结统一，牢牢掌握党对高校的领导权。② 坚持社会主义办学方向。坚持马克思主义指导地位，坚持以人民为中心的发展思想，更好为改革开放和社会主义现代化建设服务、为人民服务。③ 坚持全员全过程全方位育人。把思想价值引领贯穿教育教学全过程和各环节，形成教书育人、科研育人、实践育人、管理育人、服务育人、文化育人、组织育人长效机制。④ 坚持遵循教育规律、思想政治工作规律、学生成长规律。把握师生思想特点和发展需求，注重理论教育和实践活动相结合、普遍要求和分类指导相结合，提高工作科学化精细化水平。⑤坚持改革创新。推进理念思路、内容形式、方法手段创新，增强工作时代感和实效性。

　　《意见》指出，要强化思想理论教育和价值引领。把理想信念教育放在首位，切实抓好马克思列宁主义、毛泽东思想学习教育，广泛开展中国特色社会主义理论体系学习教育，深入学习习近平总书记系列重要讲话精神，引导师生深刻领会党中央治国理政新理念新思想新战略，坚定中国特色社会主义道路自信、理论自信、制度自信、文化自信。要培育和践行社会主义核心价值观，把社会主义核心价值观体现到教书育人全过程，引导师生树立正确的世界观、人生观、价值观，加强国家意识、法治意识、社会责任意识教育，加强民族团结进步教育、国家安全教育、科学精神教育，以诚信建设为重点，加强社会公德、职业道德、家庭美德、个人品德教育，提升师生道德素养。要弘扬中华优秀传统文化和革命文化、社会主义先进文化，实施中华文化传承工程，推动中华优秀传统文化融入教育教学，加强革命文化和社会主义先进文化教育，深化中国共产党史、中华人民共和国史、改革开放史和社会主义发展史学习教育，利用我国改革发展的伟大成就、重大历史事件纪念活动、爱国主义教育基地、国家公祭仪式等组织开展主题教育，弘扬以爱国主义为核心的民族精神和以改革创新为核心的时代精神。要进一步办好高校思想政治理论课，充分发挥思想政治理论课的主渠道作用，深入实施高校思想政治理论课建设体系创新计划，完善教材体系，提高教师素质，创新教学方法，增强教学的吸引力、说服力、感染力。要加强高校马克思主义学院建设，打造马克思主义理论教学、研究、宣传和人才培养的坚强阵地，支持有条件的高校设置马克思主义理论专业，深入实施马克思主义理论研究和建设工程。

2. 对思想政治教育理论内容的创新

　　思想政治教育理论内容是思想政治教育理论目标的具体体现，思想政治教育理论目标的创新，必然要求思想政治教育理论内容的更新，而思想政治教育理论内容的建构创新反过来又影响到思想政治教育理论目标的实现。思想政治教育理论的内容并非凭空产生，虽然思想政治教育理论的主要内容是从社会主义建设和改革实践中总结概括出来的，具有相对稳定性，但总体来说它是由社会的政治、经济、文化和历史诸多因素的发展决定的。其内容会根据教育目标与教育对象以及时代和社会发展进程而不断充实并丰富发展的。当前，我国高校已经形成了一整套思想政治教育理论的创新内容体系，这些内容基本反映了思想政治教育理论的性质要求。但是，随着信息技术的发展，高校思想政治教育理论的环境越加复杂和多样，这也要求高校思想政治教育理论内容要必然针对现实情况不断地创新，要始终做到体现时代性、把握规律性、富有创新性。

党的十六大以来，党中央一直在寻找一个理论学习与理论创新工作的结合点，为此党创新性地提出了具有鲜明的中国特色、风格和气派的系列马克思主义中国化的新概念和新观点。包括中国特色社会主义道路、中国特色社会主义理论体系和社会主义核心价值体系原则。并把核心价值观融入社会主义精神文明教育建设过程中。用核心价值观体系探寻思想政治教育理论与教育实践的有机结合方法。同时强调以人为本、党的执政能力、党的先进性，推进马克思主义大众化，巩固马克思主义的指导地位，推动思想政治教育的各种创新。在高校中，以新的思想政治理论课课程体系为例，2005 年国家相关部门出台《关于进一步加强和改进高等学校思想政治理论课的意见》，提出了高校思想政治教育理论的四门核心课程，即"马克思主义基本原理"、"毛泽东思想、邓小平理论和'三个代表'重要思想概论"、"中国近现代史纲要"、"思想道德修养与法律基础"，同时还开设"形势与政策"课。2006 年 9 月"思想道德修养和法律基础"在各高校准时开课，2007 年其他三门课程教材的编写陆续完成。2008 年又召开了高校思想政治理论课加强改进工作会议，总结了课程改革以来所取得的阶段性的经验和成果，为进一步明确未来高校思想政治理论课的建设任务指明了发展的方向。2013 年为深入贯彻党的十八大精神，推动马克思主义中国化最新成果，教育部社科司下发《关于高校思想政治理论课 2013 年修订版教材和教学大纲使用的通知》对四门课程教材的章节结构、主要内容、思想观点、文字表述进行了修订，力求在基本精神保持不变的前提下，更好地体现中央精神，并适应实际教学需要。党中央不断总结高校思想政治理论课学科建设、课程体系建构等方面的经验认识，推进了高校思想政治教育理论的创新发展。

结合新阶段新时期高校大学生健康成长的素质要求以及社会主义人才的培养目标，党的十八大为思想政治教育理论内容提供了创新性内容。即高校思想政治教育理论要以理想信念教育为核心，进行树立正确科学的世界观、价值观和人生观教育；以爱国主义教育为重点，进行培育民族精神的教育；以学生的全面发展为目标，开展社会主义核心价值观学习教育；以基本道德规范为基础，深入进行公民道德素质教育。

第一，加强理想信念教育。长期以来高校就一直注重对学生进行理想信念的教育，始终坚持不懈地用马克思列宁主义理论、毛泽东思想以及当前的中国特色社会主义理论体系对大学生进行理想教育，使大学生把共产主义理想内化为个人理想，树立共产主义目标并为之奋斗。理想与信念是相伴而存在的，信念是理想实现的推动力。党的十八大明确提出"全面建成小康社会"的新目标，反映了中国共产党对实现小康社会伟大目标的坚定信念。

高校思想政治教育就是要通过将党的这种坚定信念普及和推广，开展基本国情和形势政策的教育，开展革命建设和改革开放的历史教育，开展社会主义新时期科学发展观教育，来武装大学生的头脑。从而使大学生坚定走中国特色社会主义道路的信念，坚信国家前途命运与自己息息相关，坚定实现民族伟大复兴的理想。

第二，弘扬民族教育。毛泽东在《关于正确处理人民内部矛盾的问题》一文中就曾明确指出：民族团结是社会稳定和国家统一的前提，国家的统一，人民的团结，国内各民族的团结，是我们事业必定要胜利的基本保证。当前，中国共产党正带领全国各族人民为了实现全面建成小康社会的宏伟目标而努力，力争实现和谐社会的构建和实现中华民族的伟大复兴、十八大明确要求全面正确贯彻落实党的民族政策，深入开展民族团结进步教育，巩固和发展平等团结互助和谐的社会主义民族关系，促进各民族和睦相处、和衷共济、和谐发展。高校要大力弘扬以爱国主义为核心的民族精神，以此为各族大学生的开拓进取提供强大精神动力；要通过思想政治教育理沦的民族团结教育，激励和鼓舞所有大学生为实现祖国富强、民主、文明、和谐的宏伟目标而奋斗；要推动党的民族理论和民族法律法规、民族政策进课堂、进头脑，还要广泛持续开展宣传民族团结教育活动，从而引导大学生增强民族自尊心、自信心，促使其为祖国建设贡献全部力量。

第三，加强社会主义核心价值观教育。社会主义核心价值体系是社会主义制度的内在精神和生命之魂，是社会主义社会所特有的文化、文明精神实质和显著标志，是社会赖以维系的精神支柱，是社会决策的动机和目的，是建设和谐文化的根本，在所有社会主义价值目标中处于统摄支配的地位。十八大明确指出：要继续深入开展社会主义核心价值体系学习教育，用社会主义核心价值观引领社会思潮和凝聚社会的共识。马克思主义指导思想中国特色社会主义共同理想、以爱国主义为核心的民族精神和以改革创新为核心的时代精神、社会主义荣辱观，构成了社会主义核心价值体系。十八大创新性地用富强、民主、文明、和谐、自由、平等、公正、法治，爱国、敬业、诚信、友善这二十四个字提出了社会主义核心价值观。国际竞争正在逐渐转变为以价值观为核心的软实力竞争，中共十八大提出的社会主义核心价值观，无疑有利于激发全国各族人民的民族认同感。对高校而言，把社会主义核心价值观融入高校的各项工作之中，让社会主义核心价值观转化为所有教育参与者的自觉行动是思想政治教育的任务和核心的内容所在。确立了社会主义核心价值观为思想政治教育的核心内容，就是要在思想政治教育中，以爱国主义、集体主义、社会主义进行教育时坚持马克思主义的教育指导地位，以社会主义核心价值体系为灵魂；就是要在加强大学生世界观、价值观、人生观教育中突出社会主义核心价值体系的主题；就是要在进行道德教育时遵循社会主义核心价值体系来展开；就是要在树立责任教育、纪律教育、法律教育和践行社会主义荣辱观教育中，把握社会主义核心价值观的精髓，正确引领思想政治教育的价值观发展方向。

第2节 高校思想政治理论课教育是思想政治教育创新的基础

在我国高校中树立大学生马克思主义科学正确的世界观、价值观和人生观的主渠道就是思想政治理论课。它也是中国共产党指导思想与执政理念在高校传播和贯彻的主渠道。它关系到高校的社会主义办学方向和高规格人才培养目标的实现，是高校推进当代中国马克思主义大众化系统工程中不可或缺的环节。在我国的高校中，思想政治教育主要通过课堂教学来实现。其他诸如校园文化建设、社会实践开展、课外思想教育工作等教育途径尽管作用也很大，但是和课堂教育理论教学相比，其作用还是有一定差距的。目前在我国高校中，思想政治理论课是最专业性的系统全面传播马克思主义基本原理和中国化的马克思主义理论的课程，是大学中每一个学生必须学的课程。从党的十六大直到十八大，高校思想政治理沦课学科课程建设、教师队伍建设、教学方法改革建设和宏观指导得到了全面的加强。特别是以2004年中共中央、国务院《关于进一步加强和改进大学生思想政治教育的意见》（中发［2004］16号文）为标志，马克思主义中国化最新成果"进教材、进课堂、进学生头脑"工作取得重大性进展。下面就以这部重要性的16号文件为蓝本，加之2005年中共中央宣传部、教育部出台的《关于进一步加强和改进高等学校思想政治理论课的意见》对目前我国高校思想政治理论课的定位做一个梳理。

一、高校思想政治理论课程概述

（一）高校思想政治理论课的指导思想

高校思想政治理论课在引导大学生坚定对马克思主义的信仰、对社会主义的信念，增强大学生对改革开放和现代化建设的信心、对党和政府的信任等方面，发挥了重要积极的作用。当前，高校思想政治理论课的指导思想是坚持以马克思列宁主义、毛泽东思想、邓小平理论和"三个代表"重要思想、科学发展观为指导，深入贯彻党的十六大以来的精神，贯彻党的教育方针，解放思想、实事求是、与时俱进，立足于帮助大学生树立正确的世界观、人生观、价值观。深入开展马克思主义立场、观点、方法教育，开展党的基本理论、基本路线、基本纲领和基本经验教育，开展科学发展观教育，开展中国革命、建设和改革开放的历史教育，开展基本国情和形势与政策教育，不断增强高等学校思想政治理论课教育教学的针对性、实效性和说服力、感染力。当前，马克思主义仍然是我们立党立国的根本指导思想，是全党以及全国人民团结奋进的共同思想基础。要想充分发挥思想政治理论课的作用，就必须用马克思列宁主义、毛泽东思想、邓小平理论和"三个代表"重要思想、科学发展观武装当代大学生。邓小平理论和"三个代表"重要思想、科学发展观指导地位的日益巩固，才是社会主义大学应有的本质特征，才是我国教育事业长远发展的根本保证。

当前，要在思想政治理论课中继续推进马克思主义大众化，必须坚持做到使思想政治理论课保持政治性和实效性。在政治性上，思想政治理论课的开设就是为了完整系统地向大学生传播主流意识形态。思想政治教育理论的学习，使青年大学生能够认同马克思主义、认同中国特色社会主义、认同中国共产党的领导。所以，思想政治理论课的课程定位是进行党的意识形态教育，因此在课程内容与形式上，需要语境的严肃性和内容的权威性。因为思想政治理论课直接影响大学生的人生观及政治观，如果处理不当，误读性的信息会对大学生的思想意识产生否定性的负面影响，故而思想政治理论课的主讲教师要怀着敬畏之心，责任之心去研究其内涵。在实效性上，把握思想政治理论课实效性必须要对教材进行研究，要在当前高校思想政治理论课建设与改革的大背景中去整体性思考教材的选用。要求教师在教材规定的课程目标和教学内容框架下组织教育教学，并力求深入分析、解读，提炼教材的思想内涵，为提高教学实效奠定体系基础。还有就是要从师德建设上促进实效。具有坚定马克思主义崇高信仰的思想政治理论课教师要怀着专业热情和奋斗精神，不断探求教学规律，改善教学方法。为此思想政治理论课教师要精炼知识结构，使自己的知识有理论、有方法、有技巧，并发扬人格魅力，以高尚的师德风范言传身教。

（二）思想政治理论课的总体要求

根据国家相关部门文件精神的规定，高校思想政治理论课的总体要求是：坚持用发展着的马克思主义武装大学生，始终保持教育教学的正确方向；坚持理论联系实际，贴近实际、贴近生活、贴近学生；坚持开拓创新，不断改进教育教学的内容、形式和方法；力争在几年内，使高校思想政治理论课教学状况有明显改善。要形成比较完善的学科体系和课程体系，编写出充分体现当代中国马克思主义最新成果的教材，实现教学方式方法多样化、实践教学规范化和教学手段现代化，建立和完善教师培训制度和激励机制，确立党的宣传部门与教育部门相互协调、密切配合的宏观管理体制，形成关心和支持高等学校思想政治理论课建设的良好社会氛围。

国家提出这样的要求是基于世界多极化和经济全球化的现状，在各国以综合国力为核心的竞争日趋变得激烈，西方资本主义势力以西化思想同化我国的国际背景和我国改革开放深入进行，社会经济成分、组织形式、就业方式、利益关系和分配方式日益多样化的国内态势下做出的。面对这些新变化、新情况，高校思想政治理论课教育教学在宏观上面临如何在错综复杂的国际局势中引导大学生；如何引导大学生客观正确地认识社会主义建设的国情；如何引导大学生在全面建设小康社会，加快推进社会主义现代化中肩负历史使命，成为中国特色社会主义事业中全面发展的建设者和接班人。在中观层面上，如何看待和解决高校思想政治理论课学科建设基础薄弱、课程内容重复、教学方式方法单一、教学实效性不强、教师队伍素质整体有待提高等问题，成为高校思想政治理论课能否顺利发展的重要问题。思想政治理论课的总体要求的提出就是要在新形势下重认识、重管理、重视经验总结、重视解决问题，从而最终加强和改进高校思想政治理论课教育教学质量。

（三）思想政治理论课的学科建设

学科建设的实质是加强科学研究，学科建设是思想政治理论课发展的基础和前提。马克思主义的思想政治理论课教育教学的学科建设，目的就是要在思想政治理论课教育中增加学科建设的含金量。我国一直以来都非常重视对思想政治理论课学科建设的规划和指导。一直在不断总结学科发展经验的基础上探索马克思主义学科发展的规律，努力建设一个功能定位科学、研究对象明确的马克思主义学科体系。高校思想政治理论课教育教学是一门政治性、科学性和实践性很强的学科，设立思想政治理论课的马克思主义学科，开展马克思主义理论发展体系研究、马克思主义中国化研究，为巩固思想政治教育中马克思主义的指导地位，为加强高校思想政治理论课建设，为推进思想政治理沦学科的建设提供了强有力的支撑。在马克思主义思想政治理论课的学科建设中，思想政治理论课的教材内容是学科建设的重要成果。思想政治理论课的热点难点问题是学科建设的重要内容。

（四）高校思想政治理论课课程体系

科学的课程体系没置是加强思想政治理沦课教育教学的基本环节。高校思想政治理论课课程体系的设置，要以马克思主义中国化的最新理论成果、毛泽东思想、邓小平理论和"三个代表"重要思想、科学发展观为中心内容，从而完善思想政治理论课课程体系。高校可通过充实教学内容．完善课程设置来形成结构合理、功能互补、相对稳定的课程体系。思想政治理论课课程体系要适应时代发展的要求，体现马克思主义与时俱进的理论品格；要更好地用吸收的理论和实践发展的最新成果来武装大学生头脑。这些也为思想政治理论课课程体系的改革明确了思路，就是必须围绕当代中国马克思主义理论成果这个中心内容，必须以马克思主义中国化、当代化、大众化来设置与安排新课程体系的课程，课程体系设置要体现综合性、整体性。目前我国高校思想政治理论课共开设四门核心理论必修课程，分别是"思想道德修养与法律基础"（可以简称为"基础"）、"马克思主义基本原理概论"（可以简称为"原理"）、"毛泽东思想和-中国特色社会主义理论体系概论"（可以简称"概论"）、"中国近现代史纲要"（可以简称为"纲要"）。这四门课程对于培养大学生的思想政治素质分别担负着不同的价值使命，有利于大学生在掌握马克思主义理论基础上，从历史与现实中掌握科学的世界观和方法论。

其中，"原理"是基础，"概论"是重点，"纲要"是主线，"基础"是落脚点。"原理"是基础即"原理"课所宣讲的马克思主义立场、观点、方法，可以为其他三门课程奠定坚实的理论基础，提供科学的方法论指导。"概论"是重点即"概论"的教学宣讲的与时俱进的马克思主义理论最新成果，是中国特色社会主义现代化建设的直接的、具体的指导思想。这些关系到大学生对国家政策方针和社会现实问题的理解、判断，关系到大学生对中华民族伟大复兴的信心。"纲要"是主线即"纲要"课通过以历史为线索的教学内容，论证出近现代中国选择马克思主义思想、选择中国共产党领导、选择社会主义制度的历史根源的主线"基础"是落脚点即"基础"课在于帮助大学生树立正确的人生观、价值观、道德观和法治观，从而培养出全面性发展的社会主义优秀建设者和合格接班人。这也是思想政治理论课的目标的落脚点。这四门课程各有侧重，功能互补，各有地位和作用。这四门课程的开设顺序应当是先"基础"，再"纲要"，然后"原理"，最后是"概论"。这样的顺序也是从课程性质本身易于大学生循序渐进地接受而得出的。

思想政治理论这四门课程之间蕴含着一种紧密的内在逻辑演绎关系，形成了，从理论原理到理论发展到理论历史到理论运用的空间序列。承担着思想政治教育的不同内容："基础"课通过开展马克思主义人生观、价值观教育以及社会主义道德教育和法治教育，引导帮助大学生树立高尚的理想情操，树立社会主义荣辱观，树立良好的道德品质，形成符合时代精神的价值标准和行为规范，是一门侧重阐述马克思主义具体运用的课程。"原理"课旨在开展更深入的马克思主义立场观点教育，以帮助大学生基本弄清什么是马克思主义，如何坚持和发展马克思主义的世界观、方法论、认识论，如何把握马克思主义的整体科学内容和精神实质，从而为理解和把握马克思主义中国化的理论成果奠定理论基础，是一门侧重阐述马克思主义理论原理的课程。"概论"课主要是开展党的基本理论、基本路线、基本纲领、基本经验教育和科学发展观教育，帮助大学生弄清楚何为中国化的马克思主义，为何马克思主义要中国化，马克思主义中国化取得了哪些成果。帮助大学生掌握中国特色社会主义理论体系对现代化建设的重要意义，从而明确马克思主义与时俱进的理论发展成果，坚定走中国特色社会主义道路的决心。这是一门侧重阐述马克思主义发展理论的课程。"纲要"课旨在展开中国革命、建设的历史教育，通过中国近现代历史，帮助大学生弄清和理解国史国情，弄清中国当初选择和坚持马克思主义、中国共产党的领导和社会主义道路的历史背景、历史必然与历史逻辑，从而确立对马克思主义中国化理论成果的信念。这是一门侧重阐述马克思主义发展历史的课程。

二、创新高校思想政治教育课程的措施

（一）加强高校思想政治理论课教师队伍建设

1. 教师队伍建设的重要性

切实提高高校思想政治理论课教育教学质量，关键在教师。思想政治理论课教师是马克思主义理论的宣讲者，是社会主义意识形态和精神文明的传播者。所以思想政治理论课教师队伍建设是一个=作常重要的问题。其成为一个重要的问题是因为：首先，高校思想政治理论课教师队伍建设是贯彻落实党的教育方针‘的客观需要。现在我国高校思想政治理论课教师队伍确有不能很好适应新形势、新任务需要的地方，一些地方和学校存在着对课程认识不足、重视不够，教师队伍整体素质不高的问题。出现这些现象的原因之一是有些高校对思想政治理论课的重视和支持都不是很到位。开没思想政治理论课是国家意志反映的需要。开设思想政治理论课也是坚定坚持党的教育方针的本质体现，是社会主义大学应有的本质特征。国家对思想政治理论课教师队伍赋予了重要的使命和任务，为该队伍建设投入必要的资源是各高校必须履行的一项职责。其次，遵循高等教育的规律必然要重视思想政治理论课教师队伍的建没。作为高等教育的有机组成部分，思想政治理论课必须遵循高等教育的规律。高等教育中，提高教育教学质量，教师是决定性因素。高等教育中，教材建设、教学方法改革、学科建设等环节的改善，教师队伍建设也是决定性因素。在高校中，思想政治理论课不同于其他专业课程，它往往缺少自发性，因而需要更多的额外推动力。这些客观的教育规律决定了在现有环境下，必须特事特办，按照高等教育规律来收获高校思想政治理论课教师队伍建没的实效。再次，切实扎实推进思想政治理论课方案需要教师队伍建没的加强。目前，教师的思想素质、政治素质、业务能力、教学水平能否提高直接关系到新方案落实的成败，关系到能否明显改善教学状况，关系到教材建设能否取得突破性的进展。在推进思想政治理论课新方案过程中，教师要较快地补充和完善知识结构，对新教材做到融会贯通、熟练驾驭、精辟讲解，力求把教材体系转换成教学体系。总之，就是使思想政治理论课成为让大学生终身受益和喜爱的课程。所有这些目标的实现，都迫切需要加强高校思想政治理论课教师队伍的有效建设。

2. 全面推进教师队伍建设的规划

加强队伍建设，需要从战略高度提出整体性思路。2008年9月，中宣部、教育部出台了《关于进一步加强高等学校思想政治理论课教师队伍建设的意见》。要求将高校思想政治理论课教师队伍建设纳入教育事业发展和人才队伍建设的总体规划，加强领导、统筹安排。对各个环节的地位、作用和相互关系作了界定，即以教学科研组织建设为平台、以选聘配备为基础、以培养培训为抓手、以学科建设为支撑、以制度建设为保障、以实现教学状况明显改善为目标，全面强化高校思想政治理沦课教师队伍建设的水平。思想政治理论课教师要用马克思主义理沦素养不断提高自身的素质水平，提高科研能力和教学水平，做坚定的马克思主义者，做大学生健康成长的指导者和引路人，要加强思想道德修养，增强社会责任感。不断完善知识结构，提高教育教学能力。根据这个意见的精神，思想政治理论课教师队伍的建设要围绕着这个核心展开，涵盖教育教学过程的各方面，形成一个系统。其中，突出强调要紧抓教学科研组织建设和马克思主义理论学科建设两个环节。同时，还提出了做好教师选配、培养培训教师、抓政策保障三个方面的措施。这些环节和措施的互相配合落实，为教师队伍的建设发展提供了略实的基础和良好的环境。

具体而言，要按照专兼结合的原则，不断优化思想政治理论课教师队伍，合理核定专任教师编制，制定高校思想政治理论课教师任职资格标准，完善激励和保障机制。建立完善多层次、多渠道的教师队伍培训体系，采取脱产进修学习、社会考察、国内外学术交流等措施培洲骨干教师。要拓宽教师来源，鼓励相关专业课的教师承担一定的思想政治理论课教学任务，加强专业课教师与思想政治理沦课教师间的交流。甚至可以在不同的高校中建立校际之问教师互聘、优势互补的教学协作机制。发挥哲学社会科学著名专家学者在高校思想政治理论课教育教学中的作用。在同校中，思想政治理论课教学与学生思想政治教育互相配合，思想政治理论课教师可以担任、兼任班主任、辅导员等工作，专任思想政治工作人员和辅导员也要承担一定的思想政治理论课教学任务。

（二）创新思想政治理论课教育教学方式

切实有效的教育教学方式是提高思想政治理论课教学实效性的重要途径和手段。在尊重历史成绩的起点上，如何强力推进高校思想政治理论课课程的建设，使思想政治理论课成为学生终身受益且难忘的课程；如何改进和增强课程教育教学的实效性，甚至是创新教学方式。针对这些问题国家的相关文件指出，要提倡启发式、参与式、研究式教学，多用通俗易懂的语言、生动鲜活的事例、新颖活泼的形式，活跃教学气氛，启发学生思考，增强教学效果。

1. 改革教学方法的总体趋势

大学教学中的教学方法灵活多变。综合思想政治理论课教学方法改革的过往历程，总结现有的新的发展任务形势，特别是从总的原则的角度，从当代大学生思想变化的特点来观察，高校思想政治理论课教学方法改革呈现这样的总体趋势。第一，知识结构的综合化和教学方法的多样灵活化。新中国成立以来的几十年，发展到今天，高校的思想政治理论课教育教学取得了诸多令人骄傲的成绩，但同时还存在很多亟待解决的问题。教育教学方式方法单一的问题是其中之一，为此需要大但创新，更新观念，拓宽改革的思路，从而有效解决这一存在的问题。马克思主义基本理论和政治教育学科的基本原理正是思想政治理论课的理论基础和主要内容。并且思想政治理论课教育教学内容会不断吸收并借鉴人文社会科学和自然科学的相关知识进行充实。这要求思想政治理论课的教师要储备广泛的、综合的知识，要更多了解相关学科知识。更为重要的是依据教学目标、学生的心理特征等灵活地选择教学方法，善于借鉴和融合相关学科的教学方式方法。这些教学方法不仅能激发学生的创新精神、学习兴趣和求知欲望，更能丰富课程教学内容。

第二，教学手段表现出现代化、信息化。教学手段是教学方法的构成要素。随着信息化时代的到来，特别是计算机信息技术的深入发展，多媒体、网络等现代化的技术手段相继进入高校思想政治理论课的课堂。这里以依托互联网技术发挥作用的多媒体教学系统表现最为出色，互联网凭借其强大的交互功能，使得学生、教师之间可以随时随地、不受时空限制地交流。这就实现了传统教学模式无法比拟的协同式学习，也最大化地发挥了学生学习的自主性。所以，现代化的教学手段，丰富共享的网络教育资源，互动式的教学用直观、形象的立体组合形式以及庞大的信息量代替了原来抽象、枯燥的传统授课模式。这些现代化、信息化的方式使得学生更容易接受、理解教学内容和教学过程，从而达到最佳教学效果。

第三，教师主导性与学生主体性相结合。其实高校思想政治理论课无论试图采用何种教学方式，重要的目的之一都是调动学生学习的积极性、主动性。鼓励学生更加积极地参与到教学过程之中。当前在我国高校中，90后的大学生逐渐成为主力，这些生活在当代信息化、全球化时代背景下的新潮的年轻人，独立性和主体意识较以往的学生更为强烈。传统的"注入式"、"填鸭式"的教学方式已经对他们主动性、创造性的塑造失去了动力。所以，结合当代大学生这种变化的新特点，新型的教育教学方式必须要强调在教学活动中教师的主导作用与学生的主体地位相结合这一点，这不仅符合"教"与"学"之间的辩证逻辑理念，更重要的是能真正做到因材施教，激发学生的求知欲望。

2. 一些教育教学方法应用解读

在高校思想政治理论课教学改革实践中，已经探索创新出很多好的方式方法，如启发式教学、讨论式教学、情景模拟教学、案例式教学、专题讲座教学等等。这些教学的改革以不同的切入点抓住了教学关键，客观上增强了思想政治理论课教学的吸引力和实效性。这些教学方式方法没有绝对的好与差的区别，只有合不合适的问题。本书仅介绍几个当前被经常运用的教学方式。

（1）专题讲授启发式教学

讲授启发式教学是一个古老而传统的教学方法，简单来说就是在理论教学中以教师讲授给学生知识为主的教学方法。一直以来讲授式教学法就在课堂中普遍采用。然而随着信息社会的发展。特别是新课程改革以来，对讲授启发式教学法的批判就不断出现，这种传统的教学方法过多地被贴上"灌输"、"填鸭"的标签。这与新课程改革提倡的自主、合作、探究式学习法是矛盾的。实则上这是一种认识上的错误，思想政治理论课从教的角度看，讲授启发法是其他教学方法的基础，其他任何一种教学方法的运用都离不开教师的讲，都必须与讲授方式相结合，否则其他各种方法都不可能充分发挥其作用。从学生学的角度看，学生只有先学会听讲，才能接受所学习的知识，其他学习方法的掌握应该是建立在这种接受方法的基础上的。所以讲授启发式教学能够自觉系统地融合其他教学方法，与其他各种方法组合应用来完成教学任务。在应用这一方法的时候，要求做到：一是树立启发引导的观念意识，切忌简单的"填鸭式"、"灌输式"，要启发引导学生深化对马克思主义理论和党的方针、政策的理解，把调动学生学习的自觉性和主动性作为教学的出发点；二是灵活采用系统讲授的方式，不拘泥于一般性的为讲而讲，而是要将讲授启发的方法与多种教学方式方法配合使用，如与案例分析式、讨论辩论式等结合运用；三是要注意讲授本身要有针对性、启发性、说服力和感染力。在理论内容上，要求不能照本宣科，要对教学内容进行精心取舍。在教学实践上，要注意利用社会主义实践，在讲授中做到理论联系实际，用生动事例启发学生学习思考。在语言上要多用通俗易懂的语言，注意情感的运用，讲授中讲求有感染力和亲和力。

（2）合作研究式教学

这是以研究探讨的方法为主，并通过师生、生生的多元互动和交流合作活动，将其他多种教学方式方法融入其中来完成教学任务的方法。应用这一方法的具体要求：一是在观念上要强化研究意识和问题意识，充分认识教学活动不只是教师教和学生学的过程，更应该是师生、生生围绕教学中的重要理论问题以及带有共性的疑难问题进行研究和探讨的过程；二是对需要通过讨论和研究来深化理解的教学内容进行问题设计，即联系社会实际和学生的思想实际，把教学的重点和难点以问题的形式揭示出来，设问的形式要具有吸引力，避免单调、呆板、枯燥；三是要紧扣所提出的问题，以师生、生生的互动交流为主要手段来开展好相应的教学活动，推动问题研究不断深入。在这一过程中，教师一方面要通过专题讲授、问题设计、指导自学、组织讨论、归纳总结等方式发挥好主导作用；另一方面则要以平等的态度对待学生，鼓励学生在学习和研究中独立思考、大胆发言提问，与学生一起平等交流和讨论问题，努力营造民主开放的教学氛围，使学生充分地参与到学习和研究活动中来，以提高学生运用正确的理论和方法解决问题的能力。

3. 专题式教学

专题式教学是针对大学生思想实际和社会现实的问题来组织课堂教学，并打破原有教材的章节体系限制，从中抽选若干专门性问题作为深入分析讲授的教学方式。专题式教学既能发挥教师的专业所长，提高教学质量，又能克服学生学习动力不足的困难，有效提高其学习兴趣。思想政治理论课的逻辑性和系统性还是很强的，在开展专题式教学中，可以针对四门不同的核心课程科目，由任课教师结合该门课程的重点或难点教学内容，设置若干教学专题，当然这种专题的选择要根据学生的实际需要和社会实际实践而定。专题的进行形式可以采用演讲或报告的方式。在专题式教学中还要注意的是选取的专题内容一定要符合课程大纲和教学计划的要求，一定要将课程要求的理论知识阐述清楚。专题式教学用专题的形式贯穿教材中的知识点，在尊重每个专题内知识结构的系统性和严谨性的同时，重在解答学生的思想困惑问题。它还能最大化地把重难点知识梳理成体系，从多视角、多维度上丰富学生的知识和锻炼其能力。

4. 案例讨论式教学

案例讨论式教学是一种老瓶装新酒式的教学方法，是传统就有的案例式教学和讨论式教学鲜明整合后提出的一种教学方法。它指的是在教学中事先选取典型的案例或问题，在教师与学生之间，学生与学生之间讨论；这种教学融合了互动式、启发式、思辨式学习的精神，是一种开放式的教学模式。案例讨论式教学不是案例式教学和讨论式教学的简单叠加，案例讨论式教学的开展能最大化地调动学生学习的积极主动性，能使学生在整个课程进行中始终处于一种积极发现、提出、讨论、解决问题的状态。案例讨论式教学以学生自主学习和独立解决问题为主，同时教师的启发引导也参与配合完成教学任务。应用这一方法要注意一些具体要求：一是在案例讨论式教学的实施中，要特别注意所选取的案例或问题要具有典型性、时代性、前沿性等特征，要能真实地增大课程的信息含量，要能拓宽学生的思维空间。为此，要努力采取多种方式方法丰富过程，调动学生的积极性。例如要求或组织学生搞些参观或社会调查活动，通过校园网与学生交流互动，对学生的自学给予指导，组织和鼓励学生围绕疑难问题开展合作研究等等。二是在操作方式上，要灵活多样。要在讨论的前期准备中以学生自主学习、自主收集资料为主，把质疑和解决问题的主动权交给学生，突出学生的先学、先思、先问、先答。教师也要有意识地教导学生通过阅读有关材料去理解案例和要讨论的问题，鼓励学生相互间的交流探讨。而在讨论的过程中，可以采用集中讨论、分组讨论、师生互换式讨论等方式，融通知识、锻炼机敏的思维和口才。总之，案例讨论式教学是一种汇集了主体性、探索性、互动团结性为一体的开放式教学方式，效果明显。

（三）改革高校思想政治教育课程的考试方式

1. 改革思想政治理论课考试方式已势在必行

高校思想政治理论课教学目标就是要丰富大学生的知识、提高其能力与觉悟、规范其行为，以使其成为社会主义现代化建设的合格建设者和可靠接班人。要实现这个目标. 就要探索既能体现学生学习成绩义能反映大学生思想实际的新型思想政治理论课的考试方式。长期以来的实际情况是思想政治理论课的考核方式多以书面试卷的考核为主，学生成绩的评定中书面的分数过多。这也致使高校思想政治理论课教师疲于应付单纯传授知识和考试的教学，而忽视了思想政治理论课对学生思想品德、能力、觉悟和行为的培育功能。所以这种考核造成一部分大学生学习成绩与思想实际严重背离。这与培养言行一致的社会主义合格建设者和可靠接班人的教育目标是不符的…总之，思想政治理论课的考试一直在考与不考、开卷与闭卷、笔试与口试、传统考试与现代标准化考试、主观试题命题与客观试题命题、课堂考试与过程考试之间徘徊。以今日之视野考量高校思想政治理论课已非同以往，其中两个重大变化即高等教育大众化和思想政治理论课学科化已经把思想政治教育和考试科学化提上教育改革日程，没有适合思想政治教育课程的考试机制，教育过程和教育质量就难以得到普遍的提升，素质教育与创新教育考核依然会停留在论述之上。所以，本书作者认为要解决思想政治理论课考试问题，就要首先厘清关于思想政治理论课考试的基本思路，并探讨考试方式和考试类型，在此之后才可以在考试题型、考试命题等一些基础微观性的问题上做工作。电只有这样，才可能进一步着手改进思想政治理论课学习成绩考试方式与素质评价考核方式。

2. 高校思想政治理论课运用的新型考试方式

思想政治理论课的考试方式一直都是高校思想政治教育中的重要研究课题，选择适合思想政治理论课程实际的考试方式是一项需要认真却又显得复杂的工作。选择适合各高校的考试方式，要从各高校的实际情况出发，从思想政治理沦课多年以来考试的实践经验中汲取可行、可操作的方式，并探讨出实用的新型考试方式。总体上来说，思想政治理论课的考试应该充分考虑思想政治理论课中学生学习知识、智能和行为能力的差异，应该在考核中更为注重对学生掌握思想政治、道德法律知识、思想品德修养能力和创造力的内容进行考核。有学者认为借鉴国内外各种考试实践中的宝贵经验，可以把思想政治理论课考试方式分为两类，一类是传统考试方式，一类是新型考试方式。然后再从两类考试方式中选取具有融合性优势的独立的考试方式。具体说就是传统考试方式中以笔试作为思想政治理论课考试的基本方式，可以采取笔试开卷与笔试闭卷两种方式进行考试。这类考试中需要注意的是考试要严格依据教材大纲设定考试内容，这类考试主要考查的是学生的基础知识以及分析理论问题的能力。而新型的考试方式则是从打破高考改革一考定终身，无视平时成绩与综合素质评价的目的出发，主要考核学生运用综合知识分析和解决实际问题的客观思想政治道德水平与技能，侧重考查的是学生的思想意识、道德水平和整体素质。它是把考试作为一个整体来看待，并且最终的目的也是不把思想政治理论课卷面考试评分作为学生素质评价体系中的一项重要指标。

第 3 节　高校思想政治理论课教学模式的应用探索

所谓思想政治教育模式，是指统治阶级采用一定的思想政治观念对社会成员施加有组织的影响并使之形成符合特定社会需要的活动中所用方法的理论概括。在新形势下，我们必须与时俱进，探索新的思想政治教育模式，提高思想政治教育的实效性，切实做好高校学生的思想政治教育工作。

以人为本是中国共产党的执政理念，也是高校思想政治教育的根本宗旨。在高校思想政治教育中，以人为本就是坚持以学生为中心，尊重学生的自主性和个性需要，为学生的全面发展奠定坚实的思想政治基础。随着知识经济和信息化社会的来临，高校原有的思想政治教育的弊端逐渐暴露，已不能适应社会发展的需求，也阻碍了高校学生思想政治教育自身的发展。我们要按照现代教育理念重构教学活动中的师生关系，充分发挥学生的自主性，构建高校学生思想政治教育的新模式。

一、高校学生思想政治教育模式创新的关键

在高校思想政治教育教学中如何摆正师生关系，直接关系到教师如何"教"和学生如何"学"的问题，是创新高校思想政治教育模式的关键。高校传统的思想政治教育在本质上是一种权威活动，师生之间是一种支配与从属、领导与被领导的关系。教育是一种个体社会化的活动，归根结底是为了促进学生的全面发展。高校学生思想政治教育模式的创新必须改变传统教学以教师为中心、学生只是被动学习书本知识的考试机器的的状况，必须改变传统教学以教师授课作为传授知识的唯一途径、书本作为学生获取知识的唯一渠道的

状况。最重要的是必须完成角色转换，构建平等、民主、和谐的师生关系。"亲其师才能信其道"，思想政治教师的人格魅力和平等的师生关系是扭转目前高校学生对思想政治教育偏见的一剂良药。教师在教育过程中只是帮助学生学习的外在条件，而不是代替学生去获得知识。教师要信任学生、尊重学生，要培养学生的自主意识，实现从"要我学"向"我要学"的转变，而不是强迫他们服从自己的权威。在一定程度上教师从"台前"退到"幕后"，学生则从"配角"升任"主角"。这种师生关系，并不是要消除教师在教学中的独特地位和作用，而是强调把教师的教学活动建立在师生平等交往的基础上，更是对民主精神的宣扬。实际上，教师的作用不是降低了，而是在更高的层次上提升了。在课堂上，教师尊重学生的人格，点燃学生的思想火花，重视学生的动手能力，鼓励学生多想、多问、多说，敢于发表不同意见，注重培养学生的自主精神和创新能力，学会创造性地学习。

二、高校学生思想政治教育模式的基本结构

高校学生的思想政治教育模式，应当是"民主一互动"型的模式。在这一教育模式中，学生是中心，教师发挥教育引导作用，师生之间实现教育互动，达到良好的教育效果。

（一）以学生为中心

长期以来，高校学生的思想政治教育一直按照灌输的方式使学生转变思想，服从社会的需要，学生要服从教育者，形成了"你说我听"的单向强制式教育模式，思想政治教育的效果往往不尽如人意。为了适应新形势，提高思想政治教育的效果，研究探讨以学生为中心的模式非常必要。

在理念上确立以学生为中心。学生的内在需要是接受外部教育影响的根本前提，要承认并尊重学生在教育活动中的主体地位。教育是育人，而非"制器"，体现在高校学生的思想政治教育中就是要特别注意转变教师作为教育者高高在上的观念，一切教育活动都要围绕帮助学生成才来开展，将学生真正视为独立自主的个体，通过引导学生内在的思想需求，有目的、有计划地组织、规范实践活动的主体。同时要坚持以理想信念教育为核心内容的政治教育的主导地位，决不能泛化政治，降低层次，肖」弱思想政治教育的影响力。思想政治教育的内容必须以促进学生的全面发展，融合到教育体系中。

（二）以教师为引导

高校思想政治教育工作者在整个思想政治教育过程中居于发挥引导作用。具体来说，有以下要点：

1．要以人为本

在思想政治教育中坚持以人为本的原则，要突出教育对象的主体地位，激发教育对象自主教育的积极性。思想政治教育工作者的引导作用就是通过对高校学生的积极引导来实现的，它与过去片面注重思想政治教育的灌输相比，更能达到理想的教育效果。良好的思想政治教育模式，是建立在教师与学生之间双向互动基础之上的，与传统思想政治教育中教育者的单向灌输作用有根本不同。

2．要充分发挥思想政治教育者的榜样示范作用

理论灌输的目的是用马克思主义提高大学生的思想觉悟和认识水平。要实现这个目的，仅通过理论灌输的形式是不够的，还必须把理论灌输与示范教育有机地结合起来，通过示范教育引导高校学生自觉地接受理论灌输。所谓示范教育，是指充分发挥先进典型和教育者自身的榜样力量，影响和感染受教育者，以促进其思想认识和觉悟不断提高的教育方式。现代心理学已证实：人们的行为普遍地会受到模仿心理机制的作用，人们具有互相模仿、重复别人行为的自发趋向。在新时期，高校学生的民主意识有了较大的发展，对思想政治教育工作者的要求更高了，单靠行政权威的压服，只会使学生口服心不服，难以真正达到教育的目的。思想政治教育要取得较好的效果，教育者自身必须先受教育，时时以身作则地起好表率作用。要充分发挥先进集体、先进人物的模范带头作用，使大学生从先进典型的感人事迹和优秀品质中受到鼓舞、汲取力量，对学生进行全方位、多渠道的思想政治教育。"身教重于言教"，"喊破嗓子，不如做出样子"等都是说的这个道理。

（三）以邓小平理论为核心的"两课"课堂教学仍是高校思想政治教育的主渠道

经过长期的教学改革，我国高校基本确立了"两课"为主的理论课体系，即以马克思主义理论课和思想品德课为主框架，在高校学生中进行系统的、基础性的理论教育，形成既相互独立、又相互联系的思想政治教育的有机整体。通过"两课"学习，使学生系统了解马列主义发展的脉络，掌握马克思主义基本原理、毛泽东思想和邓小平理论的主要内容及精神实质，从而确立马克思主义的人生观、道德观、世界观，学会以马克思主义的立场、观点和方法分析、解决现实问题，从根本上奠定了高校思想政治教育的坚实基础。在这一学习过程中，课堂教育是最主要的手段。然而传统的"一言堂"式单调呆板的灌输教学模式越来越不适应新形势的需要，为发挥课堂这一思想政治教育主阵地作用，应从两个方面改革教学模式：

一是在教学内容上，要坚持以邓小平理论为核心。邓小平理论是当代中国的马克思主义，是中国社会主义现代化建设的指导思想，也是解决中国当前及未来发展过程中一系列

现实问题的理论依据，学习邓小平理论反映了现实的需要，

用邓小平理论武装青年学生，提高青年学生思想政治素质，关系到国家、民族的未来和希望。思想政治教育要以邓小平理论的学习和运用为核心，学习邓小平理论要切实贯彻理论联系实际的原则，强调"学以致用"，使学生不再感到理论课"学了没用"。如在教学中，理论课教师不应有意回避而要结合有关理论，针对诸如苏联、东欧剧变以来部分青年人中出现的对马克思主义的信仰危机、伴随经济全球化而来的西方文化与社会思潮对青年学生的强烈冲击、中国社会主义市场经济确立和完善过程中理论与现实的巨大反差给学生造成的困惑等等问题，敢于、善于运用邓小平理论作出正面的、有说服力的解答，引导学生积极思考，使学生能够根据马克思主义的基本原则和基本方法，不断结合变化着的实际，探索解决新问题的答案。在课堂教学中教师要始终坚持正确的舆论导向，旗帜鲜明地反对各种错误思潮和错误倾向。

二是在教学方法上，要结合青年学生思想活跃、求知好奇、善于接受新事物等特点，不断探索与之相适应的课堂教学模式，利用课堂讨论、师生辩论，就学生普遍关心的问题进行专题讲座等多种方式活跃课堂气氛，调动学生学习兴趣和热情，引导学生积极主动地参与到学习过程中。同时注重利用电视教学、幻灯教学、多媒体教学等多种现代科技手段，通过大量史实材料，生动、形象、直观地对学生进行理论教育，从而丰富课堂内容和形式，使学生在学习基础理论的同时，既可获取大量信息、开阔眼界、活跃思维，又从历史、现实与理论的结合上，更深一步地体会马克思主义理论，特别是邓小平理论的精神实质和科学价值。

（四）丰富多彩的校园活动是高校思想政治教育不可忽视的辅助手段

校园是大学生的"第二课堂"，其课余活动主要集中在校园进行。如果说课堂教育从本质上难以改变"灌输"性质的话，那么利用校园活动进行思想政治教育就更具有固势利导的优势。校园活动从形式到内容都丰富多彩，极受学生欢迎，特别是在这些活动中学生都是主动、热情地参与其中的，在形式上更易于接受思想教育。如很多院校学生都自发组织了"邓小平理论研究会"、"邓小平理论学习小组"等，在课余自觉研究理论，交流学习邓小平理论的心得体会，共同探讨、争论疑难问题。有些院校则经常请来一些学者、专家、企业家作专题报告、讲座，吸引广大学生，内容涉及到学生所关注的一系列国内外重大事件及问题，如有关人权、台湾问题、知识经济、国企改革等等。这些讲座具有很强的针对性、时效性，从不同的侧面进一步解决了学生的思想困惑．开拓了思想相视野，弥补了课堂教学的某些不足。特别是企业家成功之路的报告，更使学生体会到邓小平理论并不抽象、不遥远，而是现实地存在于我们的社会实践之中，从而体会到邓小平理论的现实意义。此

外，由院、系或学生组织的大型演讲赛、辩论赛、征文比赛等活动频繁地展开，以多种形式和丰富的内容调动起学生参与和学习的热情。通过上述校园活动，既提高了学生的综合素质，丰富了课余生活，又在课堂之外进行了浅移默化的思想政治教育，无形中形成了课堂教育的延续，发挥了难以替代的补充和强化作用。

（五）以"网络"和实践活动为纽带的社会"大课堂"越来越成为思想政治教育的重要舞台

思想政治教育是一个连续的过程，同时在空间上不可避免地涉及到课堂、校园之外的社会。随着时代和科学技术的迅猛发展，高校已经越来越摆脱了封闭的"象牙塔"形象，与社会发生密切的、广泛的联系，日益形成校园——社会的二元结构，高校思想政治教育也因此面临许多新领域、新挑战，在手段、方式上亟待改革创新以适应这一变化。其中一个重要内容就是利用信息网络技术，在虚拟的网络世界中发挥正确导向的作用。近年来中国互联网蓬勃发展，对我国经济、文化、科技和社会发展产生起到巨大的推动作用，由于在信息传递、资源共享方面拥有无以比拟的优势，互联网络正在日益改变着我们的生活。越来越多的大学生通过上网，以全新的方式不受时空限制地向社会发生密切联系，而伴随着这一变化，信息网络的负面影响也不可否认、不容忽视地出现，西方资产阶级人生观、价值观、道德观和有害青少年身心健康的黄色流毒的网上泛滥，极大地影响着青年学生的思想道德，忽视这一事实，将使课堂思想政治教育前功尽弃。因此，要蟊视和充分运用信息网络技术，使思想政治工作提高实效性，扩大覆盖面，增强影响力。在高校应加强网络管理，监控校园网络，切断校园网与反动、黄色等不良网址的通道，清除有害网络信息。同时建立积极健康的校园思想政治工作网站，利用网络资源增进思想交流和交锋，在网络的虚拟社会中，坚持正面宣传教育，以正确的舆论和科学的理论引导青年学生，在实践上占领网络这一全新领域，使之成为思想政治教育的重要舞台。

大学生终究是要走向社会、服务社会的，因此，强化思想政治教育的实践环节，以丰富的社会实践活动让学生在学习期间关注社会、接触社会，在社会实践中了解社会，认识国情，进一步强化政治思想教育，提高认识，是高校思想政治教育的重要环节，也是贯彻理论联系实际的重要手段。在方式上，可以利用学生寒假回乡之际，拟定考察内容，制定社会考察任务，使学生进一步了解家乡、了解社会、了解国情，也可组织学生参观、考察各类企业或到经济文化落后地区帮困扶贫等。使学生在教师引导下自觉运用课本上学到的理论知识，解决现实中遇到的问题，从而在实践中有效解决思想认识问题，提高分析和解决社会问题的能力。

总之，在这一课堂——校园——社会的思想政治教育模式中，思想政治教育以一贯通，环环相扣，互为补充，互相推动，形成了了一个多层次的全方位的不间断的完整过程，这一过程中既运用传统教育手段，又大胆改革创新，运用多种现代科学技术，充分体现了思想政治教育实施过程的科学性、针对性和层次性，极大改变了传统思想政治教育的单一模式，更符合时代的要求，从而有力推动高校思想政治教育的进一步发展。

第八章 高校思想政治教育方法创新研究

随着世界经济的快速发展，国内外的市场环境的转变，我国高校思想政治教育的环境也随之发生了深刻的变化。这种变化在大学生身上的表现为，思想变得更为独立，更具有了选择性和多变性，其思想观念也发生了很多复杂的变化。在这科，多变的情况下，高校思想政治教育的方法就应该也随之进行改革和创新，不断优化与整合，以适应高校思想政治变化的情况。例如，长期采用的显性教育方式渐露局限性，自我教育对象呈现出鲜明的主体性失落状况，传统文化热中的方法滥用等问题客观上都促使必须要对高校思想政治教育进行改革和创新。

第1节 高校思想政治教育方法概述

一、思想政治教育方法概念的界定

思想政治教育方法是为实现思想政治教育目的、传递思想教育内容所采用的各科，方式，运用的各种手段和程序的总和，包括思想政治教育者施教所用的方法和在教育者指导下受教育者领教及自我教育的方法。

二、高校思想政治教育方法的作用

（一）思想政治教育方法是本学科理论的重要组成部分

思想政治教育学科是一门理论性和应用性都很强的学科。思想政治教育的对象是人，解决人的思想问题重在以理服人，要求思想政治教育学理论应有很强的系统性、逻辑性，应有相当的理论深度，能深刻揭示人的思想变化发展规律和教育规律。同时，思想政治教育的目的决定了其不能成为纯理论学科，要认识、改造思想政治教育客体，要把深刻的思想和科学的理论转化为现实的方式方法，来实现思想政治教育工作的目的。正是这个特点，使得思想政治教育作为一门学科有着很强的理论性，而作为教育实践则有着很强的应用性、实在性。两者在思想政治教育学科内部形成了一种张力——理论有转化为方法的需要，实践要求有理性方法的指导。现代思想政治教育工作尤其如此，决不能随心所欲，或凭主观意志办事，必须尊重科学规律，讲究科学方法。一句话，现代思想政治教育工作方法论在思想政治教育学科体系中具有不可或缺的重要地位和作用。

深入思想政治教育学科内部就不难看到，现代思想政治教育工作方法论的具体作用有两个重要方面：其一，是将思想政治教育学的理论、规律和原则作了向现代社会实践中可操作、可具体应用的方法的转变，使理论得以正确运用，这是实现思想政治教育工作目的的关键一步。其二，是将各种各样、分散凌乱的传统的和现代的思想政治教育工作方法、经验做法进行了分析、提升和凝练，不但明确了各种方法的理论基础和应用范围，还明确了各种方法之间的内在联系，建立起了一个方法论体系。这套方法论体系解决了思想政治教育过程中教育规律与人的思想形成变化规律有机结合的问题，解决了思想政治教育过程中的程序问题，以及在每一环节、每一阶段应当应用什么方法和如何应用的问题。

（二）思想政治教育方法有助于促进思想政治教育内容为受教育者接受并形成影响力

思想政治教育内容本质上是特定国家或集团意志的具体体现，尤其是其中有关该社会统治思想和制度秩序合法性的教育内容，提升受教育者社会道德意识的教育内容，更是如此。这就决定了思想政治教育内容与受教育者个体从自身需要满足和发展出发，建立在特定认识水平基础上的选择接受动机取向，总是存在一定的差距。受教育者自主选择和接受思想政治教育内容动机相对较弱。缩小广大受教育者需要与思想政治教育内容的差距，使其能在知晓的基础上，全面感知和体验教育内容的合理性和价值性，并自觉内化为自己的价值观和信念，再外化为自觉的行为，进而形成对人和社会的影响力，既是思想政治教育工作的根本任务和存在的价值，也是任何时代和国家的思想政治教育工作面临的最大难题。化解这一难题的根本途径就是寻找合适的载体和方法，促进思想政治教育的内容向不同层次的受教育者广泛而有效地传播，推动受教育者自觉或不自觉地受其影响。高校思想政治教育工作方法作为传播和承载思想政治教育内容的重要工具，随着时代的变迁和发展，不断发展和创新，发挥传播思想政治教育内容的更好作用和效果。离开高校思想政治教育工作方法，思想政治教育内容既不可能自动向受教育者的思想和行为转化，也难以发挥影响大学生思想和行为进而影响社会的作用。

（三）思想政治教育方法是影响思想政治教育效果的关键因素

思想政治教育效果是根据思想教育活动实施后表现出来的结果判断的，只要思想政治教育活动符合教育目的预期，能够对受教育者的思想观念和行为等产生好的影响，那么我们就说该教育是好的，是有效的；反之，则教育活动则是无效的，有的甚至还会产生负面作用。

需要注意的是，思想政治教育活动实施的效果并不会是全部都是由主观方面来控制的，其也会受到教育系统内部及教育环境等方面的影响，使得思想政治教育活动实施的效果有大有小。在这期间，教育方法也发挥着重要的作用，因为其联系着思想政治教育活动中的各项要素，并在其中承担着中介的作用。实践证明，在受教育者自身条件和环境基本相同，并且思想政治教育内容、目的、要求都基本一致的前提下，所采用教育方法的不同就会导致教育效果的不同。在这种情况下，就应当充分协调教育系统内部诸要素之间的矛盾关系，采用积极有效的教育方法，这样才能将相互矛盾的实体因素连接于活动之中，推动其进行相互转化和渗透，进而产生彼此都向教育者期望方向转化的良好效果。反之，思想政治教育的效果则截然相反。如果教育主体缺乏对教育系统诸因素的矛盾关系的深刻认识和了解，只是简单地根据教育目的的要求和上级的布置开展活动，或单方面地从受教育者的需要出发确立和运用方法，都会导致教育系统诸要素处于分离的状态，使相互作用、相互影响的活动关系无法形成，进而使思想政治教育活动出现低效、无效、甚至有害的结果。由此可见，思想政治教育工作方法是影响思想政治教育教育效果的关键因素。对思想政治教育工作方法进行多向度的深入研究具有极其重要的现实价值。

第2节　高校思想政治教育的基本方法

一、典型教育法

所谓典型教育法，是指在思想政治教育中运用具有代表性的人物或事件对教育对象进行引导和教育的方法。从哲学的角度，典型是在一定的时期或一定范围具有相当程度影响的人物和事件，它能代表一类或一般事物的典型特征和本质、发展趋势或发展规律的个人或个案典型示范教育就是通过典型教育使其吸收先进典型的有益成分，并对照自己的不足，吸取经验和教训，消除自己的不良思想和行为，提高自己的思想政治素质。

典型是多种多样的，按典型的类型来划分，有单项典型、综合典型、全面典型；按照典型的性质来划分，有正面典型、反面典型；按典型的构成来划分，有集体典型、个人典型，等等。因此，典型教育的具体形式也很多。这里，主要讨论以下两种。

（一）正面典型教育法

正面典型又称先进典型、进步典型，是能体现或代表先进思想，在人民群众中起榜样示范作用的典型。正面典型的作用，就是榜样的作用，而榜样的力量是无穷的。运用正面典型教育法时应注意以下几点。

（1）要善于发现和推广具有时代感和代表性的典型。先进典型常常产生于我们身边的日常工作、学习和生活之中，需要去发现和识别。典型的选择要具有广泛的群众基础：既要树立全国性的榜样，义要树立不同类型、不同层次、不同行业的榜样，更要善于发现和树立本地区、本行业、本单位的典型。

（2）要注意对典型事迹的宣传实事求是，注意典型的真实性和局限性。所以对典型的宣传、推广要实事求是，注意分寸、留有余地，决不能言过其实、任意拔高。

（3）要注意对典型的培养和教育，以关心爱护的态度对待典型。

（4）要教育大学生尊重典型，正确对待典型。任何先进典型都来自群众，尽管他们有超出普通人的一面，但并非也不可能是"完人"。只有全社会都来扶持典型、学习典型，典型之花才能常开不败。

（二）反面典型教育法

反面典型就是落后的或反动的典型，利用反面教员和反面教材开展思想政治教育，就是通过揭露或批评其错误或反动的观点，给人以教训，使人引以为戒，或使人认清其反动实质，与此同时，宣传正确和进步的观点。从我们党思想政治教育的历史来看，注意利用反面教材、反面教员开展思想政治教育是我们党思想政治教育的一条基本经验。今天，用社会主义核心价值观引导社会思潮，是思想政治工作的重要任务，正确地运用这一方法也一定会发挥其应有的作用。总之，利用反面教材、教员开展思想政治教育，目的是把非马克思主义和反马克思主义的东西摆在大家面前，让大家分清其本质，从而接受锻炼，增强辨别和选择的能力。运用反面典型教育法时应注意以下几点：

（1）要勇于面对反而教材和教员，并加以正确的判断和识别。对客观存在的反面教员和教材，不要避而不谈，有意回避，事实上也回避不了，反面的东西总是要寻找各种机会出现在人们面前，"不要封锁起来，封锁起来反而更危险"。

（2）要引导大学生分析反面典型产生的根源及其危害，从而帮助大学生自觉抵制反面典型的消极影响，增强接受正面教育的积极主动性。

（3）要根据大学生不同思想水平，选取适当的内容，否则不合适或过量，则会害多利少，甚至是有害无益的。

二、心理咨询法

在思想政治教育过程中，心理咨询方法是指运用心理学的专门知识和技术，通过语言、文字等媒体，对受教育者的心理、行为施加影响，使其认知、情感、态度发生变化，解决其心理问题，以维护其心理健康的方法。

作为一种专业性极强的方法在思想政治教育中的运用，其形式也是多样的。常见的形式有以下几个。

（一）现场咨询

现场咨询就是教育者或邀请咨询机构的专业人员深入到广大学生当中，为更多的受教育者提供多方面服务的一种咨询形式。

（二）电话咨询

电话咨询是通过打电话或发短信进行交流和咨询。这是一种较为方便而又迅速及时的心理咨询方式，可以及时帮助思想或心理有问题的人排忧解烦，有效预防因心理危机而酝酿的自杀与犯罪等行为的发生。

（三）专栏咨询

专栏咨询主要是通过报刊、广播、电视等大众传媒形式对群体的典型心理问题进行解答。这种咨询形式通过专家对一些典型心理问题的答复，可以使很多学生受益。

（四）网上咨询

网上咨询是随着瓦联网技术的发展和普及，各学校或大型单位建成的校园网或局域网没立心理谈心室或心理咨询坊，由专业的教育者或咨询者主持，广大受教育者随时可以通过网上咨询，宣泄思想情绪或困惑，克服心理障碍，促进良好心理素质的培养。网上咨询由于快捷、虚拟，可以使双方更加畅所欲言，达到充分的交流和心理的抚慰，其应用性越来越广。

三、理论教育法

（一）理论学习法

理论学习指的是，人们通过有组织、有计划地集体学习或个人学习来掌握马克思主义理论和党的路线、方针、政策的方法，是一种自我教育的方法。思想政治教育方法中的理论学习法，就是要认真阅读马克思主义的经典著作，明确马克思主义的立场、观点和看法，能够掌握其中所蕴含的基本原理，并且能将其熟练运用到实际生活之中。理论学习是阅读文字的一种主要方式，主要是通过读书籍、报刊、网络文本进行的。读书活动是引导人们自己学习、思考、运用的一种自我教育方式。在思想政治教育方面，读书的内容是很多的，有政治理论、历史知识、法律知识、伦理道德、人生修养等，这些内容要同思想实际、工作实际相结合。组织读书活动的具体做法是：围绕某一专题或某一任务，提示读书范围，开列读书目录；进行必要的辅导，开展评议讨论；交流读书体会，举办知识竞赛；奖励读书优胜者，将读书活动引向深入。同时，读书活动不能仅限于自己读，还要交流、讨论、竞赛，这样可以把读书活动引向深入。

开展读报刊用报刊活动，是组织大学生学习党的路线、方针和政策，提高思想政治觉悟的常用方.法。无产阶级革命导师，一向都把报刊视为传播真理，唤醒人民，组织队伍的重要手段，并把它作为党与人民群众联系的精神纽带。报刊同书籍相比，虽然政策性、时事性强，理论性、系统性有所不足，但它出版周期短，信息含量大，能及时反映情况，干预生活，进行导向，因此读者面广，影响力大，是进行高校思想政治教育的有效途径。在校大学生通过报刊的学习，可以及时了解领导的意图，提高执行党的路线、方针和政策的自觉性，从而有利于明确方向，统一认识，统一行动。需要注意的是，在开展读报刊用报刊活动的过程中，一定要与高校思想政治教育的内容相结合，所阅读的报刊内容要具有.一定的选择性，这样报刊阅读活动才能对大学生的思想政治教育产生积极的引导作用。

（二）宣传教育法

科学技术水平的不断发展，大众传媒对人们的思想观念已经产生了越来越重要的影响，基本上，无论人们处于怎样的环境中，都会被这种传媒方式所影响。宣传教育法正是运用了这种大众传播媒介，以此来向高校大学生传播正确的思想理论和先进思想的方法，既有理论的阐述与辅导，也有典型的学习、运用示范。因此，利用大众传播工具，主要是广播、电视、录音、录像以及网络等，开设相应的专题活动，对正确的理论和思想进行宣传，以此来引起群众的学习和思考，促使他们建立起正确的思想观念。

1. 宣传教育法的基本方式——专题讲座

专题讲座法是思想政治教育者就某个专门的思想政治问题作系统的讲述，使大学生对这一问题产生系统的思想认识。专题讲座法可以系统地阐述某个政治道德问题，例如十八大专题报告、科学发展观专题报告、抗震救灾英模报告、大学生文化素质专题讲座等。专题讲座的专题，大多是选择大学生关心的思想政治热点问题，通过听专题报告或讲座，使大学生获得对这一问题的系统正确的认识。专题讲座法是高校思想政治教育中经常运用的一种形式，一般分两个阶段进行，先是由讲座人就专题作系统讲授，然后留适当的时间与大学生作双向的思想交流，当场解答大学生提出的问题。

2. 宣传教育法的新方式——网络

在电子媒介中，网络是最具现代特色的传播方式，它信息量大、及时，视野最为开阔，并且能够做到声、光、图、文并行，既能对人进行外部引导，又能促发人的内部引导，其对人们的吸引力和影响力已经超越电影电视。随着互联网的迅速发展，网络已经成为一种社会舆论环境，对社会产生了一种强有力的控制力。由于通过网络所传播的内容具有公开性与显著性，并且在报道时间上具有持续性，所蕴含的知识量也极为庞大，使得高校大学生较为容易接受网络中所提示和强调的主流意见。因此高校思想政治教育要利用好网络这个新传播媒介，开展宣传教育。

（三）专题报告法

专题报告是指就理论学习中的某些重大或重要问题所作的学术研究或辅导理解的专题讲解，如中国特色社会主义理沦体系专题研究、党代会报告辅导、时事政策综述等。专题报告的特点是形式灵活，不受时间、地点限制，并能及时传播最新理论动态和理论研究成果，起到提高认识、开阔视野、活跃思想的作用。专题报告应注意内容要新颖，体会宜深刻，不可空谈泛论；形式要灵活，重要问题可搞系列报告，但应力戒冗长拖沓；报告还应充分考虑教育对象原有的思想水平和接受能力。

（四）讲授讲解法

讲授又被称为讲解，是使用最多、应用最广的一种理论教育方法，指的是高校思想政治工作者通过口头语言向大学生传授理论知识，解释政治和伦理概念，论述哲学和科学社会主义原理与道德原则，阐述思想发展变化规律的一种教育方法。其具体使用方式主要有讲述和讲解两种。其中讲述指的是，侧重于对某些政治和道德现象的描绘，常用于革命传统教育，爱国主义教育之中。而讲解则指的是，对一些比较高深的哲学、政治、道德概念与理论，这种方法，在政治理论教育、形势教育中，运用较多。

讲授讲解教育法，是摆事实，讲道理，以理服人的方法。"理论只要说服人，就能掌握群众；而理论只要彻底，就能说服人。所谓彻底，就是抓住事物的根本。"说理是高校思想政治教育的基本方法，是打开大学生心灵的钥匙，讲授讲解尤其要说理充分透彻。讲授讲解教育法是语言灌输的一种主要方式，它主要运用于系统的马克思主义理论教育、理论学习辅导和党的路线、方针与政策的解释、宣传。高校思想政治教育工作者在运用讲解法时，需要注意三点问题。首先，要确保讲解内容的正确性，并且理论和概念也应具有科学性，所讲述的事实与最后的结论要保持一致；其次，讲解的范围要系统、全面，要注意抓住重点，对难点进行重点突破；再次，应将启发式教育应用于讲解之中，对学生进行循序渐进地引导，防止出现填鸭式的教学方法，确保思想政治教育可以实现良好的教育效果。

（五）个别谈心法

个别谈心法也叫谈话法，是教育者采用交谈的方式，引导教育对象运用事实、经验和政治理论、道德原则，分析和解决思想问题和现实问题的方法。这干叶，在个别交谈中进行的教育方法，不仅能够彼此沟通思想、交流感情、增强信赖，从而解除教育对象的思想顾虑，把思想脉搏搞清楚，而且易于集中教育对象的注意力，启发教育对象开展积极主动的思维活动和思想斗争，增强教育针对性，提升教育效果。实施个别谈心法需要注意：一是谈话要富有感情，善于同教育对象交朋友；二是根据外界环境的状况和教育对象思想实际选择合适的谈心时机；三是注意掌握谈心的合理程序，导入、转接、正题和结束，在不同阶段处理好相应任务，从而使谈心顺利有效地进行；四是对于谈心中了解到的情况，如果是对方要求"保密"而又必须在一定组织范围内加以解决的问题，应严格组织纪律，不得任意扩大传播范围。

四、实践教育法

实践教育法是思想政治教育主体，有目的、有计划地组织教育对象参加各种有益的实践活动，引导其在实践中学习和培养优良品德和行为习惯的方法，是一种让教育对象在"做"的过程中，获得正确认识、深刻体验、提高各种能力养成良好习惯的教育方法。

实践教育法的特点主要表现在两方面：第一，改造客观世界与改造主观世界有机结合。实践教育法使受教育者把改造客观世界与改造主观世界有机结合起来。社会实践使受教育者以直接的形式参与社会的各种实践活动，一方面推动着社会的进步与发展，另一方面使受教育者在实践中得到锻炼，形成社会发展所需要的思想观念、政治观点和道德规范。第二，普遍性与能动性有机结合。实践教育法把普遍性与能动性有机结合起来。一方面，在我们的现实生活中，实践活动是最基本的活动，是人类生存和发展的前途。人作为实践的主体，在这之中必然得到锻炼，这体现了实践教育法的普遍性。另一方面，在实践活动中，人们的自觉意识使实践活动具有能动性。因此，受教育者在实践活动中作为实践的主体，由被动接受者变为主动积极的参与者，从而提高认识的积极性和自觉性。

实践教育法的具体方式主要表现在以下几方面：

（一）社会考察法

社会考察法指的是，受教育者通过一定的计划、方式和程序对社会现象进行考察和认识，对社会问题进行深入的分析从而提高自身思想认识的教育方法。在实行社会考察法的过程中，受教育者必须要提前思考自身想要解决或是研究的问题，然后带着问题去进行考察，将理论与实践相结合，最终找到解决问题的方法。这样有助于学生可以对社会问题有更加深入、透彻的理解，提高自身对实际问题选择、分析和判断的能力。

社会考察法在我党的思想政治教育史上占有十分重要的地位。早在大革命时期，以毛泽东为首的中国共产党人就十分重视深入研究中国农村和农民的情况，通过艰苦的实地考察，积累了丰富的关于农村和农民问题的第一手材料，并形成了如《中共农民中各阶级的分析及其对革命的态度》等优秀的考察报告，为形成符合中国实际的农村阶级分析理论奠定了坚实的基础。延安整风运动期间，毛泽东告诫全党：要系统地周密地研究周围环境，分工合作地研究近百年的中国史。当时中央成立调查研究局，发布有关调查研究和改进领导方法的有关决定；张闻天带领干部深入陕北和晋西北的农村、城镇作了一年半的调查研究；陈云在《解放日报》上发表《到什么地方去学习》的文章，强调应当到实际中去调查研究。

社会考察所包含的范围极为广泛，不仅可以去城镇、农村或是工厂、企业中进行考察，同时还可以去一些旅游胜地、文化遗址或是革命纪念馆等地方进行考察，考察的地方越多，才越有助于学生了解我国社会主义建设所取得的重大成果。实行社会调查的一个重要目的是，学生通过自身实际动手、动脑来取得调查的丰富资料，然后再通过一系列的分析和讨论之后得出最终的结论。社会考察可以提高学生思考和实际操作的能力，同时所得出的考察结果为其他人的研究提供一定的参考资料。

往高校思想政治教育中实施社会考察法有以下几个步骤：

1. 深入社会观察

要了解实际情况，就应当首先了解某一社会现象或问题的存在方式和状况，这要求受教育者一定要自己动手、动脑去接触社会，认识社会，虚心请教，以获得客观而丰富的第一手资料。这类考察方式一般适用于对国内国际的重大事件或社会重人问题的分析研究。

2. 参与社会体察

如果说社会观察是受教育者作为客观的第三方，那么参与社会体察也就是受教育者完全参与到所考察的对象的活动之中去，作为考察对象中的一部分去亲身体验。亲身体验得来的经验材料较之观察得来的经验材料更深刻，当然也更富有感情色彩，这类考察方式一般适用于对某阶层的工作、生活状况的考察。

3. 联系社会调查

通过设计调查问卷，调查问题，确定调查对象，安排专门的时间进行问卷填写或采访的方式，获得第一手资料，这是目前最常采用的调查方式，适用于考察某一社会群体对某类问题的看法或观点，社会热点问题的考察等。

（二）劳动教育法

劳动教育法，就是让受教育者从事一定量和一定程度的生产劳动，使之在劳动过程中树立正确的劳动观念，培养热爱劳动、亲近劳动人民的感情，养成劳动习惯的教育的一种教育方法。

新中国成立初期对知识分子的思想政治教育是劳动教育法的实施最典型的例子。在社会主义条件下，人人都需要思想改造，知识分子更是如此。当时对知识分子思想改造的主要途径，是引导知识分子与生产实践相结合，与工农相结合，在结合的过程中确立正确的政治立场和思想观念，磨练意志和作风，以利于为社会做出更大的贡献。

目前，我国内地的学校对学生"包"的太多，使学生失去了劳动锻炼的机会，滋长了依赖心理和作风。大学生中有相当多的人劳动观念淡薄，劳动习惯很差，"骄、娇"二气严重，生活上害怕艰苦，花钱大手大脚，轻视平凡的劳动，自视高人一等，自理能力差等。

为加强劳动教育，深圳大学将学生宿舍打扫、教学楼的鲜花摆放、校园环境打扫、山路整理、食堂的服务、管理工作等，全部通过有偿劳动由学生自己去做。这种劳动参与不仅让学生感受到自己可以不完全依赖父母，通过劳动自己挣钱完成学业，使学生感到光荣；更主要的是通过劳动实践，改变了大学生轻视普通劳动的思想观念，树立了珍惜劳动、参加劳动的社会氛围。

教学相关的劳动教育与助学活动、在劳动教育中，学校应该注意把与义务劳动、日常生活劳动等统筹安排，经常地、切实地使学生在参加劳动中培养劳动习惯、卫生习惯，增强生活自理能力，树立劳动光荣的观点。

（三）服务体验法

服务体验法也叫社会服务法，就是通过让受教育者运用自身具备的知识、技能、体力等素质，为社会提供力所能及的服务，帮助人们解决学习、生活和工作中的实际问题，在奉献自身力量给社会的同时，获得对责任关系、道德关系的体验和教育，从而实现思想政治教育目的的方法。

服务体验法的具体方式是多种多样的。按服务的内容划分有生活服务、生产服务、科技服务、信息服务等；按服务的方式划分有着眼于讲文明树新风开展的志愿服务活动，有着眼于扶危济困开展的志愿服务活动，有着眼于大型社会活动顺利进行开展的志愿服务等；按服务的主体划分有青年志愿者、大学生志愿者、社区志愿者、党员志愿者、红十字志愿者等。如青年志愿者进社区，开展环境整治、家电维修、交通疏导、医疗保健、法制宣传等公益服务活动。近几年来大学生的素质拓展活动已成为服务体验的一个亮点，将社会实践岗位化，开展科技文化卫生"三下乡"活动等。服务体验法相对于劳动教育法来说更易于实施，组织简单，覆盖面大，效果好，尤其对于高校来说，能够加强学校与社会的良好互动，青少年学生朝气蓬勃，能够让自己所学知识为社会做出贡献，对于他们的学习和成长是一种极好的鼓励，因此，服务体验法应当为学校在实践教育过程中重点采用的一种具体方式。

五、自我教育法

自我教育法是伴随着大学生自我意识的发展而发展的一种教育方法。其具体指的是，受教育者按照思想政治教育的目标和要求对自身进行教育，自己做自己的思想政治教育工作的方法。受教育者通过自我学习、自我反省、自我修养、自我批评和自我改造等，能够主动接受先进思想，主动提高自己思想政治素质，自觉对自身存在的错误思想和行为进行纠正的方法。自我教育法具有自主性的特点，有利于增强受教育者的自我教育的能力，同时也是充分尊重受教育者的一种体现。

自我教育法所发挥出的重要作用：主要体现在两方面：一方面是，有利于大学生主观能动性的发挥，促使大学生主动进行学习，实行自我修养与改造；另一方面是，有利于增强大学生的自我教育的能力，在自我教育的过程中，大学生可以经常进行自省、自警、自励，养成自我监督、自我调节、自我约束的习惯，自觉抵制外界的不良影响，增强自身免疫力。

第3节　高校思想政治教育新方法的探索

"工欲善其事，必先利其器。"创新高校思想政治教育，方法是关键。方法是人们想问题、办事情的思路和方式。方法"是工具，是在主体方面的某个手段，主体方面通过这个手段和客体相联系"。方法对头，事半功倍，方法不对，事倍功半，甚至事与愿违。创新思想政治教育方法，就是要把握思想政治教育的规律性，找到教育者与受教育者之间紧密契合的桥梁，以增强教育的实效性。

一、方法创新式实现高校思想政治教育实效性的根本途径

方法创新是实现高校思想政治理论教育目标的必要条件，更是影响思想政治理论教育效果的重要因素。在全球化时代，知识爆炸，信息网络技术高度发达，无论是知识的获得路径还是人们行为方式和生活方式都越来越趋向多样化。这样的时代条件，客观上要求高校思想政治教育方式方法必须实现从单向灌输型向双向交流型转变、从显性型向显性与隐性结合型转变、从单一型向综合型转变，利用信息网络等新技术，实现高校思想政治教育方式方法的现代化、多样化。

（一）方法创新的内涵

方法是主体把握客体的手段、方式与途径的总和，是主客体相关联、相结合、相统一的中介条件。方法是由目的、主体能力、客体形式、工具等因素共同组成的结构，这种结构决定了人的活动方式，即方法样式。方法与理论同属主观认识范畴，都是对客观事物的反映。但二者的认识对象有所不同。理论是对客观事物及其规律的认识，客观事物是理论的客观原型；而方法必须以客体的规律为依据，但又不同于对规律反映的理论，而是客体规律与主体因素的统一，是主体为更有效地把握客体而创造出来的规则、手段。也就是说，一方面，方法并不是任意的主观性的东西，必须以客观规律为依据；另一方面，它又是人的主观创造的产物。方法帮助人实现自己的目的，人借助于方法及其工具接近或作用于客体，以使客体能够满足自己的各种需要。方法扩大了人生存与活动的世界，动物只能以有限的、不变的方式生存，而人总是能够通过方法、工具、技术的革命，进入新的活动空间，体验新的生活方式。方法给人以多种选择，同一目标可以采用不同的途径实现，这使人可以权衡利弊，比较优劣，以多样化的方式从事自己的活动，显示自己的存在。

方法创新是属于以人的活动方式、程序为对象的创新，它直接创造出的是新的方法，

它所导致的活动结果的改变、活动对象的增值是派生的。人们往往注意既成的、物化的、易观察的创新，而没有充分重视方法的创新及其作用。实际上，很多的对象化创新都离不开方法的创新，是方法的创新推动了对象的创新，因为方法创新选择了新的活动方式，开辟了新的活动途径，也就自然进入了新的活动区间，产生了新的活动结果。方法创新不像物化创新那样具有直观的和凝固的形态，而是一种操作性的、过程性的形态，因此界定方法创新要在动态中把握，从方法使用与运行的过程中区别出其发生的变化；在结构中把握，从方法要素的改变看引起的整个方法模式的转型；在样式中把握，从方法类型的整体转变判断方法的根本变革；在输出端把握，从方法的效果变化由果溯因分析方法的创新。如同黑格尔所说的"理性的技巧"，方法创新是人不断增强中介性活动的能量，利用新的工具性因素，放大自己的体力与突破自己的生理极限，提高自己的活动效率，扩大人的世界的范围。荀子说："君子生非异也，善假于物也。"善于发明与使用工具就是方法的实际运用，而且随着工具的不断革命，人类所利用的"物"也从古代的"舆马""舟楫"发展到今天的航天飞机、核潜艇等。

方法创新是人类文明进步的基石。正是依靠生产方法、生活方法以至于社会运行方法的大大小小的不断创新，才发展出如此丰富、复杂、多样的现代文明世界。英国教育家阿弗烈·诺夫·怀特海指出："19世纪最大的发明就是找到了发明的方法。一种新方法进入人类生活中来了。如果要理解我们这个时代，有许多变化的细节，如铁路、电报、无线电、纺织机、综合染料等等，都可以不必谈，我们的注意力必须集中在方法的本身。"由此可见，教育的创新也必须从方式入手，以实现教育的主题。

二、高校思想政治教育方法创新的原则

创新不是无源之水、无本之木。创新必须是建立在过去经验和成果基础上的继承与发展。创新的过程，是对思想政治教育的规律性进行认识和把握的过程，而认识和把握思想政治教育的规律又是对过去的经验和成果进行分析、总结的结果。也就是说，创新是思想政治教育的必然之路，但是创新不是随意的、盲目的，而是要根据思想政治教育环境、条件、对象的变化，遵循思想政治教育的规律和原则的创新，是在建设有中国特色社会主义前提下的创新。从宏观上说，一是坚持社会主义方向不动摇，二是坚持解放思想、实事求是、理论联系实际的原则；从微观上说，就是要体现"以人为本"，坚持主体性、实践性、前瞻性、激励性、疏导结合的原则。

（一）实事求是原则

实事求是是马克思列宁主义的精髓，是毛泽东思想的精髓，也是邓小平理论的精髓。关于"实事求是"的含义，毛泽东明确指出："'实事'就是客观存在着一切事物，'是'就是客观事物的内部联系，即规律性，'求'就是我们去研。我们要从国内外、省内外、县内外、区内外的实际情况出发，从中引出其固有的而不是臆造的规律性，即找出周围事物的内部联系，作为我们行动的向导。"我们党依靠实事求是的思想路线，取得了革命和建设的伟大胜利。"文化大革命"结束以后，在中国面临向何处去的重大历史关头，邓小平坚持解放思想、实事求是的思想路线，冲破"两个凡是"的历史禁锢，在新的实践基础上继承前人又突破陈规，开拓了马克思主义的新境界，创立了邓小平理论。实事求是要求我们不仅要从实际出发，而且要在新形势下，解放思想。解放思想则要求主体能够打破习惯势力和主观偏见的思想障碍。客观世界的内在发展规律要求主观与客观相符合。相一致。只有解放思想，才能达到实事求是；只有实事求是，才能不受主观偏见的束缚，才是真正的解放思想。

解放思想、实事求是、理论联系实际原则，要求教育者立足于客观存在的社会实际情况，立足于思想政治教育的实践情况，立足于教育对象的思想实际状况，研究、发现实际生活中的新情况、新问题，做到有的放矢，对症下药，增强思想政治教育的实效性，避免令人无法接受的"假、大、空"式教育。应该说，多年思想政治理论课教学中虽然一直强调理论联系实际，但大多往往是在课堂上进行各种案例的堆积，只注重了学生对某些问题的认知和理解.而忽略了对学生逻辑思维的训练，使思想政治理论课教学只是知识的填充，而缺乏思想的启迪。我们强调理论联系实际，就是要让学生成为"联系"实际的主体.而老师是向导，引导学生尊重客观实际，学会辩证地分析问题、思考问题，形成独立的思想判断，深刻体会"理论是灰色的，而生活之树长青"的哲学道理。

（二）以人为本原则

以人为本是思想政治教育方法创新的基本原则。尊重人、理解人、关心人也是社会主义新型人际关系的重要表现和基本方法。

中共中央国务院印发的《关于进一步加强和改进大学生思想政治教育的意见》（中发〔2004〕16号文）明确指出："以大学生全面发展为目标，解放思想，实事求是，与时俱进，坚持以人为本，贴近实际，贴近生活，贴近学生，努力提高思想政治教育的针对性和吸引力，感染力。"在做思想政治教育工作时，要动之以情，让思想政治教育多一些人情味，这种人情味，绝不是不讲原则，放松管理，取消批评而一味迁就、迎合教育对象，也不是迁就不合理要求或容忍不守纪律的行为而放任自流。它要求在开展思想政治教育时要发扬民主精神、民主作风和坚持民主的方法，平等待人；尊重人们的人格和民主权利，让教育对象充分表达自己的思想观点和意见，在平等、宽松的氛围中做好教育工作。同时，在思想政治教育中要讲究真情互动，注重加强思想政治教育的艺术性、思想性、知识性、趣味性和娱乐性，在实施中淡化训诫成分，增强沟通交流；淡化单向灌输，增强双向互动；淡化权力意识，增强平等氛围，使思想政治教育收到实效。坚持以人为本的教育原则，具体说就是要体现学生的主体性。

全球化时代，网络社会的崛起促使青年一代的自我意识、民主意识以及成长意识快速发展，表现出理性、自信、自主、自觉的崭新精神风貌。他们在处理人与人之间的关系时，表现出一种与单向度的主客体关系不同的、更加重视主体际关系的崭新态度和行为方式。也就是说，在教育者主动建构的教育情境中，教育者是主动施教的主体，受教育者是参与活动、接受信息的客体。而在受教育者主动建构的自我教育情境中，一方面，受教育者是主动学习的主体，教育者则是具有辅助、服务功能的客体；另一方面，受教育者还是自我教育的主体。于是，教育者和受教育者在具体的思想政治教育情境之中实现着互动作用，形成了具体而并非抽象，运动而并非静止的主客体交替重叠的、相互作用的运动过程。这一新型的思想政治教育主客体关系的形成正是青年大学生主体意识迅速发展和逐步成熟的结果。因而，在网络环境下的高校思想政治教育工作中，必须确立主体性的教育理念和教育原则，顺应大学生主体性发展的趋势和特点，尊重并提升受教育者的主体意识和自主活动，在满足大学生的成才需要、服务辅导大学生成长发展的过程中实现思想政治教育的目标。

（三）循序渐进原则

循序渐进。就是按一定的顺序、步骤逐渐进步。也就是说人们对客观事物的认识，有一个由简到繁，由低级到高级，由直观到抽象的循"序"过程，人们对任何事物都不可能一步就达到对其本质的认识。人们思想认识的形成过程，往往也是从浅层次的心理感受层面，提升到思想体系和世界观层面的过程。

现代教学论认为，教学之所以要循序、系统、连贯地进行，是由于教学中传授和学习的科学知识本身具有内在的逻辑联系；学生认识活动也是有由已知导向新知的顺序的；学生的智力和学习能力的发展也是有顺序的。南宋理学家、教育家朱熹就曾说过：学习要"循序而渐进，熟读而精思"；"未得乎前，则不敢求乎后，未通乎此，则不敢志乎彼"。捷克教育家 J. A. 夸美纽斯也强调："秩序是把一切事物交给一切人们的教学艺术的主导原则。"教学不相应地按照一定的顺序进行，就违反教学的客观规律。现代心理学认为，人的思想、心理存在一种"自身免疫效应"，当与人自身同有的思想体系相区别的外界思想进入人的思想时，人自身的原有思想就会形成一个"防护层"，阻止外界思想的侵入。这种外界思想被人感知的程度越大，它所受到的抵触也就越强烈。因此，思想政治教育要解决人们的思想意识问题，转变人们的思想观念，就应该从浅层面生动、活跃的心理感受入手，逐步达到解决深层次思想体系方面的问题。这就要求高校的思想政治教育工作不仅要渗透到学生的日常生活学习之中，而且要渗透到全体教职工的工作、生活和业务学习之中．与各项具体的活动有机结合起来。把教育内容融入教育对象日常的工作管理、学习指导、生活帮助之中，以服务于人的形式开展教育工作，形成日常化、经常化的思想政治教育，达到春风化雨，润物无声的境界。

具体到高校的思想政治教育来说，坚持由表及里，由浅入深的循序渐进原则不仅体现在教育方法的创新中，还涉及课程内容设置的循序渐进，核心问题就是要考虑到受教育者的心理承受能力和知识结构的接受能力。就教育方法的创新来说，作为教育者首先要考虑教育的意图、观点和理论在多长时间、多大范围、多深程度上能够被受教育者所接受，而不会引起他们心理上的紧张、恐慌、厌倦或对立情绪。这就需要主动深入到学生之中，了解和掌握他们的心理需求及学习等实际情况，及时把握他们的思想脉搏和动向，围绕学生的思想实际开展思想政治教育。把党和国家的路线、方针、政策的宣传教育与社会的发展以及学生个体的发展和利益结合起来。采取默默无闻、潜移默化、循序渐进、寓教育于"无形"的方式，寓教育于活动中，寓教育于娱乐中。寓教育于其他管理工作的过程中，过感情感染，动之以情。晓之于理，激起心理层面的激荡，由情入理，在思想教育的高度解决问题。就课程内容的设置来说，坚持循序渐进的原则，就是既要考虑到受教育者的知识结构状况，又要考虑不同课程内容之间的逻辑关系。因为每门课程本身内容有一个内在逻辑结构，不同课程之间也有一个内在逻辑结构问题。例如，目前高校开设的思想政治课程有《马克思主义基本原理概论》《毛泽东思想和中国特色社会主义理论体系概论》《中国近现代史纲要》《思想道德修养与法律基础》《形势与政策》。就思想政治理论课程的内部结构来看，《马克思主义基本原理概论》是对"世界是怎样的""如何认识和改造世界""未来世界如何"这三个紧密相连的内容的描述，全面解答了什么是马克思主义和怎样坚持马克思主义的问题，从整体上科学地把握了马克思主义的科学内容和精神实质，是了解和把握《毛泽东思想和中国特色社会主义理论体系概论》课所讲的马克思主义中国化的理论成果的理论基础；而《中国近现代史纲要》主要通过展示一代又一代的中国人民在探索中国出路、寻求民族独立和人民解放以及走向国家繁荣富强和人民共同富裕之路的历程，回答中国人民为什么选择马克思主义、选择中国共产党、选择社会主义道路和选择改革开放等一系列问题，是了解和把握《毛泽东思想和中国特色社会主义理论体系概论》课所讲的马克思主义中国化的理论成果的实践基础。按照这样的逻辑结构，就应该先开设《马克思主义基本原理概论》和《中国近现代史纲要》，再开设《毛泽东思想和中国特色社会主义理论体系概论》；而《思想道德修养与法律基础》与《形势与政策》从大学生入学就可以开设。这样，既符合历史的逻辑结构，也与大学生的知识结构相契合，学习起来才能事半功倍。如果课程安排顺序颠倒，不仅违背课程内容内在的历史规律，也不符合学生的知识结构，无论是学生学还是教师教都将是事倍功半，很难达到预期效果。

（四）疏导结合原则

疏导结合原则是高校思想政治教育工作的一条重要原则，体现了思想政治教育工作"合目的性"和"合规律性"的统一。"疏"的要求是，从人们思想的实际的发展趋势出发，以相信群众、依靠群众为出发点，采取百花齐放、百家争鸣的方针，放手让各种意见和观点充分表达出来，经过观察和研究，作出引导的决策。"导"的要求是，在疏通的基础上对正确的意见和思想观点，旗帜鲜明地表示肯定和支持，促进其进一步发展；同时，对于错误的意见和思想观点，通过民主讨论、说服教育、批评与自我批评的方法，以理服人，化消极因素为积极因素。

疏通与引导的关系是密切联系、不可分割的关系。可以说，疏通是解决问题的前提，是引导的必要准备；引导是疏通的必然继续，是疏通的目的所在。如果不遵循疏导的原则，错误的思想观点得不到纠正，正确的思想观点得不到支持和鼓励，势必影响思想政治教育的效果。因此，在思想政治教育实践中，必须又疏又导，疏导结合。只疏不导，就会失去正确的方向；只导不疏，就会没有引导的根据，没有引导的条件，使引导成为空谈，从而失去思想政治教育的意义。在思想政治教育的过程中坚持疏导的原则，就要求我们全面地掌握疏导的内涵，发扬民主、广开言路，创造畅所欲言的气氛；坚持平等的原则，教育者和受教育者互相尊重，互相理解，在尽可能和谐的交流氛围中进行；不迁就错误的意见，不放弃批评和自我批评的武器；说服教育为主，执行纪律和法律为辅。

（五）言传身教原则

所谓"言传"，就是摆事实，讲道理，以情感人，以理服人；所谓"身教"，就是身先士卒，以身示范，以行感人，以德服人。

实施思想政治教育，必须坚持言教、身教并举，身教重于言教的原则。这是做好新时期思想政治工作之根本，也是加强和改进思想政治工作的保证。叶圣陶先生曾经说过："身教最为贵，知行不可分。"思想政治教育要真正说服人，一靠真理的力量，二靠人格的力量。所谓真理的力量，就是教育者讲的内容必须合乎实际，反映事物的本质和进步趋势；

所谓人格的力量，就是教育者教育别人的道理必须表现为自己的行动，言行一致、以身作则、率先垂范．要求别人做到的。自己应该首先带头做，努力塑造自己的美好人格，做教育对象的表率。

身教胜于言教。有了人格的力量，真理的力量才能得到发挥。在思想政治教育中，人们不仅看教育者说什么，更重要的是看他们如何去做，通过教育者的"做"来认识他们的"说"，判断"说"的真实可信性，决定是否接受教育者的"说"。只有立说立行，严于律己，率先垂范，才会产生巨大的感召力、凝聚力。坚持身教胜于言教的原则，就是要发挥教育者的人格力量，以教育者积极健康的人格作用于教育对象，对被教育者的思想、观念、行为产生积极的影响。在开展思想政治教育时，无论人前人后、公开私下、有无监督，教育者要求教育对象做到的，自己首先做到；要求教育对象不做的，自己坚决不做．事事时时处处都严格要求自己，不做思想的巨人、行动的矮子．保持言行一致、表里如一，以自己完善的人格、高尚的思想道德品质示范于教育对象，使教育对象在教育者的人格力量熏陶和影响下，提高思想道德水平和政治觉悟，不断成长和进步。

（六）系统性原则

系统性原则也称"整体性原则"。从管理学的角度看，系统性原则要求把决策对象视为一个系统，以系统整体目标的优化为准绳，协调系统中各分系统的相互关系，使系统完整、平衡。从教学论上讲，系统性原则要求教学必须循序、系统、连贯地进行。

思想政治教育是一项系统工程，有其复杂的结构程序和运动规律。思想政治教育主体（教育者）、教育客体（教育对象）、教育介体（教育内容、载体、方法、设施等）和教育环体（教育环境）等各种要素构成了思想政治教育的有机系统。系统性原则要求教育者在拟定和选择教育方法时，要从思想政治教育系统的角度进行系统分析，系统设计，要根据思想政治教育过程中内外部各个要素的相互联系，全面地、联系地、完整地、发展地看问题．反对片面的、孤立的、简单的、静止的形而上学的观点。

坚持系统性原则创新教育方法，必须从系统的整体出发，既要考虑教育对象的思想特点与需要，又要考虑思想政治教育任务、内容的要求，还要考虑教育队伍的状况和客观环境的变化。就教育内容而言，进行思想政治教育，要让教育对象知道某些概念、原理以及整个思想体系的创立背景和适用范围。任何断章取义地引用，或生搬硬套、生拉硬扯，都是唯心主义的，非科学的；而无视新情况、新问题的出现，一味地照本宣科，则是教条主义的，不可取的。就教育对象而言，由于学生所学专业不同、年级不同，其思想发展状况也不平衡．在实施思想政治教育时不能搞"一刀切"，而要根据不同教育对象的思想状况和具体特点，有选择地运用合适的方式开展教育。思想政治教育是系统工程，在开展思想教育时，不仅要从整体来把握，而且要从个体入手。根据不同的教育对象和不同的问题，不断寻找新的角度，适应不同对象的思想特点，灵活机动地采用各种教育方法. 充分调动教育对象的思想感情。形成教育者与教育对象之间的双向互动，从而使教育主体、教育客体、教育介体和教育环体等各种静态结构要素，形成动态的有机系统，提高思想政治教育的效果。

思想政治教育方法创新还要遵循激励性原则、实践性原则、前瞻性原则。这些原则体现了时代气息，反映了思想政治教育对象的思想新特点。只有掌握并坚持这些原则，才能真正做到思想政治教育方法的创新，也才能更好地提高思想政治教育的针对性和实效性。

三、高校思想政治教育新方法的探索

高校思想政治教育工作方法应有功能的发挥与当代价值的实现，必须以能动地适应不断变化的社会现实和教育对象思想实际为基础和前提，随时代的发展而不断的创新和发展。事实上，改革开放以来，高校思想政治教育工作方法的创新和发展始终是增强思想政治教育有效性的核心和首要问题，其发展趋势主要表现在以下几方面：

（一）由传统型向现代型转变

"传统型"主要指的就是那些在思想政治教育工作中一脉相承的贯常性教育方法。例如，管理与教育相结合，并辅以必要的批评教育；树立典型，举办先进事迹报告会：结合重大节日开展纪念性活动：寓教于乐，注重校园文化对人的熏陶作用；召开座谈会、组织生活会，广泛征求意见，开展批评与自我批评：举办专题讲座，推进学生全面素质教育，等等。而"现代型"则是随着现代教育技术的进步，特别是电教技术、网络技术和信息技术的发展而提出的，它不仅拓展了思想政治教育工作的新阵地、新领域，同时也促进了传统思想政治教育工作的电教化、网络化和信息化。面对新的时代、新的形势，思想政治教育工作由"传统型"向"现代型"转变，应该被使用的新方法主要有以下几个：

1. 电教化法

"电教化"是指以电脑、音响、投影仪等电教设备为手段进行思想政治教育工作的新形势。过去，由于经济条件和技术条件的限制，市场上的电教设备既少又贵，同时高校用来购置电教设备的经费也不多，随着内外环境的改善，电教设备开始迅速走进了大学校园，而且大有加速普及之势。在这种形势和条件下，思想政治教育工作也面临着如何有效实施教育电教化的问题。"电教化"的好处是不言而喻的，它相当于给施教者安装了"左膀右臂"，使人与机完美结合，达成最佳的视听效果。因此，利用好"电教"，一定会大幅度提高思想政治教育工作的感染力和吸引力，取得更好的教育效果。

目前，思想政治教育工作"电教化"正发挥着日益重要的作用，许多高校都设立了电化教室，购置了大量优质的教育碟片，及时发布播放信息，定期向学生开放。例如，在召开"开学典礼""毕业典礼""纪念大会""表彰大会"时，利用电化技术，将"主会场""分会场"紧密结合，极大地扩大了教育的覆盖面；举办大型室内校园文化活动时，在前期进行"短片"的拍摄与制作，并在活动中间播放，为活动增添了现代化的元素，提高了活动的现代感与现实感；人文素质教育专题讲座、形势政策教育讲座、专题辅导报告等，越来越习惯于使用图文并茂、多媒体综合运用的"电子课件"；"党、团、学"组织生活会开始前，往往先播放一段相关的背景视频，而中心发言也是使用制作好的幻灯片来进行，使生活会在形式上更加丰富生动。总之，实施思想政治教育工作"电教化"不仅使传统教育方式得到了很好的发扬，也促进了教育的便捷化、丰富化、生动化，同时现代教育技术发展要求的有效教育方式也得到了充分体现。

2. 网络化法

在高校，校同网建设已成为反映当代大学现代化程度的重要指标，大学生政治教育工作的"网络化"也成为必然趋势。在高校中实施思想政治教育工作"网络化"，就是利用网络作为教育载体来进行在线心理辅导、就业指导、思想教育等日常思想政治教育工作。部分高校在高校思想政治教育工作已经开始全面实施"网络化"，如在线生涯辅导，对学生从高效率地人生态度、生活情趣、职业规划、理想信念等方面进行正确的引导，使其能够正视成长中的烦恼，鼓起生活的勇气，尊重生命，乐观进取，努力学习；在线职业心理辅导，在保护学生的个人隐私方面具有独特的优势，不仅可以排解学生的心理压力、排解学生的心理困惑、提高学生的心理调适能力，而且在心理危机干预方面也发挥着极其重要的作用；教师充当"版丰"或"坛主"的社区、论坛、聊天室，成为学牛进行思想交流、休息放松的"精神家园"、校园"BBS"，成为校园学生舆情的汇集地，在这里问题的提出与问题的解决，思想的交锋与思想的引导不问断地进行着；网络信箱的开设，可以将学生的意见、建议直接反映到校领导和相关部门负责人处，缩短了信息沟通的渠道，大大提高了信息沟通的效率。

思想政治教育工作的"网络化"正在以其"身份的隐蔽性""表达的自由性""传播的迅捷性"等特点逐步成为高校思想政治教育工作的主要渠道之一。

3. 信息化法

"网络化"的发展对"信息化"的普及具有重要的推动作用，"网络化"作为信息化的一个重要手段，极大地改变了人们的沟通方式、通信方式以及交往方式。在高校，信息化校园伴随着校园网的建设正呈加速发展之势。当然高校信息化的发展也对思想政治教育工作的"信息化"提出了更高的要求。高校思想政治教育工作的"信息化"的关键在于搭建信息发布和沟通平台，以信息化促进教师与学生、学生与学生之间信息沟通的便捷化和人际交往的便利化，提升信息服务的内涵与质量，实现思想政治教育平台与信息平台的无缝对接。

高校思想政治教育工作的"信息化"建设具体表现在以下几个方面：

（1）建立学生教育与管理信息库，为每一位学生建立思想政治教育个人电子档案，如学生的个人基本信息、德育综合测评信息、心理健康信息、社会实践信息、奖惩信息等，使学生教育与管理全面信息化。

（2）与通信商合作，搭建校园集群网，使集群网内师生用户之间的手机通讯低成本化，辅导员、班主任等从事思想政治教育工作的教师利用集群网与学生保持密切的信息联系，特别是紧急情况下学生问题进行应急处理。

（3）与通信商合作，搭建信息推送平台，及时向学生发布校园重大活动信息、提醒学生注意的特别事项、就业求职信息等。

（4）建立不同类别的网络群组，为群组信息发布、群组讨论提供方便，让学生及时了解各种学生活动的信息，并就大家共同关心的事务展开网上会商。

高校思想政治教育工作的"信息化"发展趋势，必然带来学生教育与管理的高效率，使对学生信息的掌握更加全面、快速，也使思想政治教育的开展更加及时、到位，从而切实促进思想政治教育工作的现代化转型。

4. 虚拟伦理训练法

虚拟伦理训练法是指利用虚拟技术以及虚拟现实技术构建现实的道德情境，使参与者身临其境时进行规定的伦理训练。虚拟伦理训练法具有现场感、形象化、自主性等独特的优点。传统德育往往疏离现场，是现场外或现场前教育，而虚拟伦理训练法则是现场中教育。尽管这种"现场"是模拟的，但却有效地克服了传统德育只重道德原则而忽视规则应用的具体情景的缺陷。虚拟训练法能充分调动大学生的积极性，让他们在虚拟环境中自主地思考和处理道德问题，自主地做出道德选择，这样有助于培养大学生自律的道德意识。由于虚拟伦理训练设置的情境考虑了各种可能的复杂关系，并提供了解决在这些关系中出现的各种可能的道德问题的正确思路，而且其操作系统可反复进行。因此，经过这样训练的人，就可以熟知道德规范并形成处理各种道德问题的相应的能力。

5. 虚拟实践法

网络时代的来临，对大学生的学习、生活产生了重大影响。大学生作为青年群体，是网络人群的主体。网络是虚拟环境，网络上的信息是无边无际的，大学生在这种环境中，扩大了与人的交往与思维空间，丰富了人的情感与思想。而只有计算机网络技术才催生了独立形态的虚拟实践。虚拟实践之所以具有实践功能，是因为大学生运用虚拟技术，能够在网络空间中进行有目的地、能动地改造和探索虚拟客体的客观活动，即人与客体之间通过数字化中介在虚拟空间进行双向对象化活动。因而，大学生在虚拟空间所进行的交流性、仿真性、设计性、探索性实践活动，同样需要正确理论指导和遵循必要规范，同样伴随着情感、道德、思想的发展变化，这正是网络思想政治教育形成与发展的原因。虚拟实践是人在现实空间实践活动的拓展与延伸，同样具有实践教育的作用。虚拟实践必须与现实空间实践相结合，高校网络思想政治教育必须与现实生活中的思想政治教育相衔接，不能脱离现实空间实践而陷于虚拟实践，不能忽视现实生活中的思想政治教育而陷于网络思想政治教育。所以，大学生通过网络，同样也受到思想政治教育的影响。

6. 文化熏陶法

文化熏陶教育方法即隐性思想政治教育，是指教育者隐藏教育目的和主题，按照预定的教育计划和方案，将教育内容渗透到环境、文化、娱乐、服务、制度、管理等日常工作、学习和生活中，使教育对象在不知不觉中受到熏陶的一种思想政治教育方法。

文化熏陶教育方法与其他教育法相比，一方面将教育内容和要求向教育对象的社会生活和日常生活中渗透，给教育制造更加广阔的空间，丰富教育形式，使其更生动完善，另一方面充分尊重受教育者的主体地位，使受教育者更加积极主动地参与到教育活动之中，使受教育者在教育活动之中充分完成自我实现，实现教育思想政治教育在知、情、意、行全方面的覆盖。

任何思想政治教育方法都有其特定的使用条件、范围和要求，教育者在教育过程中必须从实际出发加以运用。运用文化熏陶教育方法的基本要求是：

（1）要坚持文化熏陶教育与显性教育的有机结合。在思想政治教育实施方法体系中，文化熏陶教育方法与显性教育方法是相互依存的两个方面，显性教育是文化熏陶教育的重要依托，文化熏陶教育是显性教育的必要补充。文化熏陶教育与显性教育各有利弊，在对学生的日常教育活动中应该将二者结合起来。以显性教育做知识的引导，以文化熏陶教育做知识的陶冶，使学生既接受知识又能够把知识纳入到正常的生活习惯之中去。总之，显性教育或者文化熏陶教育在学生思想政治教育的过程中是缺一不可的。

（2）对文化熏陶教育过程进行精心组织、策划和引导。教育者应该积极主动的对文化熏陶教育的内容进行积极策划，像对待显性教育一样认真对待。对于学生来说文化熏陶教育的目的和活动可以是未经安排的不明显的，但是对于教师来讲任何一个教育措施或者是教育活动都应该经过精心的策划和安排。教育者应该明确文化熏陶教育并不是一种放任自流、任其发展的教育，而是通过教育者积极主动的组织、策划、引导下发挥教育内容具体作用的一种教育。在文化熏陶教育之中，教育者可以隐藏在教育活动的幕后，但是这并不意味着教育者对这种教育活动不负责任，教育者要做到对学生的积极关心就必须要对各种教育方式担负起自身作为教育者应有的责任。同时，由于文化熏陶教育的隐蔽性，教育者对教育对象的引导和控制就显得更加困难，不可能像显性教育那样亮明自己的意图，指出教育对象的错误，但又不能任其发展，这就需要教育者时刻关注事态的发展趋势，及时把握教育对象的内心活动，取得教育对象的充分信任，寻找机会对教育对象进行引导。只有如此，才能充分发挥隐性思想政治教育的良好效果。

（3）要注意精心选择文化熏陶教育的载体。教育载体是进行文化熏陶教育的一个重要辅助。由于文化熏陶教育的特点，在实际实施的过程中，教育者必须考虑到这些实际情况，选择有意义和对受教育者有实际影响的文化熏陶教育载体。因此根据这一原则教育者在选择文化熏陶教育载体的过程中，必须要考虑到以下几个方面的因素：其一，所选载体应具有实际教育意义。只有能被教育者按教育目的加以设定的、有着丰富教育意义的事物和氛围，才能成为文化熏陶教育的载体。其二，在选择和设置教育载体的时候，要充分考虑教育对象的年龄、性别、职业和性格等差异，要根据这些因素精心选择载体、构筑环境、创造氛围，以提高隐性教育的实效。

（4）注意文化熏陶教育过程的长期性。由于教育者在使用文化熏陶教育方法之时所采用的办法，即思想政治教育以诱导、感染、熏陶等方式展开对受教育者的影响，因此文化熏陶教育往往难以获得即时的效果，通常要等待一段较长的时间。因此要强化文化熏陶教育的效果，必须注重文化熏陶教育的长期性、系列性和整体性，从长远的角度看待文化熏陶教育的实际效果。因此在文化熏陶教育的过程中，教育者切勿急躁，一定要持之以恒，始终长期的坚持隐性教育在思想政治教育之中的具体地位，把隐性的思想政治教育看作是一项长期事业来抓。一定要从大众媒体的特点出发开发新的宣传教育形式，所使用多种媒体的组合形成最佳的宣传效果。其三，要注意实事求是。实事求是是我们一切工作的根本出发点，无论是什么形式的教育活动，都始终不能忘记这一点核心要求。不能歪曲事实，作虚假宣传，愚弄群众。

（二）由被动型向主动型转变

在实施高校思想政治教育工作过程中，要充分考虑学生的接受性，让学生从"被动"转为"主动"，才能使思想教育工作落到实处，取得实效。在过去的教育模式中，我们往往忽视了学生作为主体的地位，从一开始就把学生设定为"被动的接受者"，凡事必须强力推动的态度，造成学生总是被动消极地参与教育活动，使我们的教育活动远离学生的思想实际，极大地影响了思想政治教育工作的实效性。随着中国社会的日益开放以及信息技术的飞速发展，大学生的视野更加开阔了，获取信息的方式更加多元化了，独立思考、自我判断的能力更强了，其自主意识、平等意识和参与意识也显著增强了。此时，无论是处于时代发展的要求还是从大学生个性发展的要求来看，在整个高校思想政治教育工作过程中，都必须充分尊重和体现大学生的主体地位，调动大学生参与思想政治教育和自我教育的积极性，实现思想政治教育工作由被动型向主动型的转变。具体来说，要实现这一转变，应该重点从以下几个方面着手：

1. 尊重学生的学习主体地位

尊重是沟通交流的基础。在高校思想政治教育工作中，树立以学生为本的理念，遵循大学生的成长成才规律和教育规律，善于引导，充分尊重大学生的主体地位和个性需求，融入人文关怀，尊重大学生的尊严、人格、价值和创造性，与他们真诚地沟通，理解、关心、帮助他们，给予他们信心和鼓励，使他们感受到温暖和希望，不断提高高校思想政治教育的亲和力、说服力，最大限度地发挥学生的主观能动性，充分激发他们的学习积极性和参与教育活动的热情，努力增强思想政治教育的针对性和吸引力。

2. 重视学生的教学参与意识

在高校思想政治教育过程中，教师与学生的关系从本质上来说不是主体与客体的关系，而是主体与主体的关系。学生是教育活动中一个积极主动的主体，是整个教育过程的积极参与者。在进行高校思想政治教育过程中，教师应当与学生平等互动，引导学生积极参与课程讨论和相关活动。具体来说，在课程讨论与一些组织生活会中，要引导学生说真话，讲实情，畅所欲言；在各科活动中，要充分尊重学生的意见，相信学生，依靠学生，让他们参与其中；教师们要经常深入一线，去察看学生的生活，倾听学生的心声，与学生互动交流，沟通思想。

（三）由一般化向个性化转变

过去高校思想政治教育并不会给教师的个性化教学和学生的个性化发展以足够的空间。伴随着市场经济在我国的深入发展，以及信息社会、开放社会的深刻变化，高校教育开始注重学生作为一个具体的、特殊的个体所具有的独特需求，在高校思想政治教育工作中，坚持因材施教，实现由"一般化"教育向"个性化"教育的转变。主要从以下三个方面入手：

1. 解决学生的实际问题

解决大学生的思想首先要从解决大学生的实际问题出发，解决大学生在生活、学习方面面临的实际困难，正视那些弱势学生群体面临的实际困难，摸清每一位学生的具体情况，给他们以实际的帮助。首先，完善服务配套设施，解决大学生生活中的实际问题。大学生生活在校园里,校园的生活服务配套设施是否完善直接关系到大学生的生活质量和学习状况。因此,建立以满足学生切身需要为目的的生活配套设施是衡量高校生活服务体系是否健全的重要标准之。目前,宿舍不仅是学生休息的场所,它承载的功能日益丰富,高校应当妥善安排学生的宿舍,提供全方位的服务,为学生创造舒适的居住条件。高校还应当深化图书馆、食堂以及校医室等配套设施,真正地做到生活服务的一体化和多元化。其次,建立学习困难学生档案。高校组织专业教师和辅导员对在籍学生特别是学习成绩较差的学生进行摸底和排查,及时发现学业有困难的学生。通过单独沟通的方式了解学生学习困难的真正原因,并对学生情况及时进行分析,采取积极措施,鞭策学业落后的学生迎头赶上。再次,建立完善的困难学生资助体系,确保所有贫困生都能得到合理资助。要加强对经济困难大学生的资助工作,以政府投入为丰,多方筹措资金,不断完善资助政策和措施,形成以国家助学贷款为主体,包括助学奖学金、勤工俭学基金、特殊困难补助和学费减免在内的助学体系,帮助经济困难大学生完成学业。

2. 关注学生的心理健康

心理健康"是指个体在适应环境的过程中,生理、心理和社会性方面达到协调一致,保持一种良好的心理功能状态。"一般情况下,心理健康代表着人的心理调适能力与发展水平,即个体在内外部环境变化的过程中,能够长时期保持正常心理状态,这是众多心理因素在良好心理功能状态下有机运行的综合体现。从 1992 年起,清华大学每年对新生进行心理健康状况调查,结果发现大学生中有 20%左右的人心理素质不良,存在不同程度的障碍。2003 年王建中和樊富珉对北京市大学生的测查,以及 2006 年王君等对安徽省大学生的测查也发现,大学生的心身症状以人际关系敏感、强迫、偏执、敌对、抑郁等问题较为严重。大多数的调查结果显示,目前我国大学生的心理健康状况令人担忧。从总体水平看,在校大学生出现心理问题的比例在三成左右,而存在较严重心理障碍的约占一成。因此,在高校思想政治教育过程中,必须加强对学生心理健康的重视。在思想政治教育中引入心理咨询的方法显得尤为重要,这不仅是思想政治教育对象心理变化的客观需要,同时更是因为思想政治教育目的和心理咨询目的不存在本质上的差别,在应对教育对象心理问题、促进教育对象发展方面具有内在相通性和一致性。从围外来看,不同的国家有不同的心理咨询理论和方法。在发达国家,心理咨询的方法由传统发展到了现代。它们的心理咨询方法我们可以借鉴,但其方法是以西方心理学理论为基础的,而且其运用也受到范围和条件的制约,所以,我们不能生搬硬套它们的方法。我们在思想政治教育心理咨询过程中,要运用已经在实践中形成的"引导咨询法""交友谈心法""自我调控法"等咨询方法,也要根据我国社会和人的发展趋势,探索新的心理咨询方法。因此,应把借鉴、继承和创新有机结合起来,形成系统的心理咨询方法,确保高校思想政治教育工作心理咨询法的有效性。

第九章　高校思想政治教育创新中辅导员的作用研究

在高等学校德育工作队伍中，辅导员是思想政治教育工作的一支骨干力量。加强辅导员队伍建设，是加强和改进大学生思想政治教育的必然要求，对培养高素质人才具有重要的促进作用。因此，充分认识新形势下加强辅导员队伍建设的重要性，不断改进辅导员工作方法，是高等学校思想政治教育面临的一个重要课题。

第 1 节　辅导员在高校思想政治教育中的地位与作用

一、高校辅导员在思想政治教育中的重要地位与作用

辅导员作为学校教师队伍的一支重要力量，对大学生的健康发展、成长成才以及高校思想政治教育工作的有效开展都有着重要作用。

1. 辅导员工作在高校思想政治教育的最前线

从大一新生入学开始，辅导员一直就陪伴着大学生成长和成才，是专门从事学生思想政治教育工作的一线工作者。辅导员与学生接触最频繁、最密切，他们经常深入学生寝室，深入学生班级，与同学谈心，很容易与学生打成一片，最能听到学生的呼声，最了解学生的实际困难，最能掌握学生的思想动态，他们既是学生的良师同时又是益友，大学生在学校中除了与同学之间的交往之外，接触最多的就是辅导员老师，所以他们对辅导员有着深厚的感情，对辅导员老师给予充分的信任，这些也为辅导员深入细致地做大学生思想政治教育工作提供了"天然"的有利条件，决定了他们在大学生思想政治教育中充当最前线的独特优势。辅导员发挥着同学们与学校之间信息沟通的桥梁和纽带作用，他们成为贯彻党的路线、方针、政策，落实党和国家的教育方针，实现高校培养高素质人才目标最直接、

最有力的组织者和实施者。

2．辅导员工作在高校思想政治教育的最基层

辅导员作为高校学生工作中的基层工作者，他们不仅肩负着做好学生日常的思想政治素质教育的任务，还要做好大学生的心理健康教育。

（1）辅导员担任着高校思想政治素质教育的任务

高校培养人才的根本目的是培养有坚定的社会主义信念的建设者和接班人。思想政治素质是大学生素质构成中的重要组成部分，是素质教育的核心，所以在思想政治教育工作中要特别重视对待学生的思想问题。辅导员在与学生们的日常生活的频繁接触中，最能发现在学生中存在的问题，并利用各种教育方式方法解决学生的思想问题，避免他们在思想上"走弯路，走错路"。

（2）辅导员担任着高校学生心理健康教育的任务

大学生的心理健康教育是当前高校学生思想政治教育工作的一个重要组成部分，辅导员从事学生思想政治教育的基层工作，他们通过学习心理学的基本知识，掌握心理咨询的一些基本原则和技巧，开展深入细致的调查和与学生谈心，及时了解和掌握学生的心理发展动态，可以第一时间掌握学生中的心理问题，通过对学生进行心理健康教育，使心理问题消灭在萌芽状态。通过开展身心健康教育，帮助学生们强身健体，解决心理负担，培养他们健康良好的心理素质。

3．辅导员是高校思想政治教育环境的创造者

在高校思想政治教育中，与学生们息息相关的就是校园文化环境，校园文化具有重要的育人作用，对大学生的成长具有不可估量的促进作用。辅导员在学生日常管理、组织学生活动等各项工作中，能够将德育工作寓于校园文化活动中，促进对于大学生群体具有明确导向作用和丰富精神体验的校园文化形态的形成，为大学生提供一个和谐的生活、学习环境。此外，辅导员还承担着引导和帮助大学生学会规范、遵守规范，帮助大学生整合和激活知识、开展素质拓展、社会实践、煅炼能力等任务。辅导员可以通过科学安排和组织学生参与人文活动，帮助大学生进一步完善知识结构，在参与活动的过程中最大限度地运用所掌握的知识，将知识形态转变为价值形态，实现真理性认识与价值性认识的统一，有助于学生确立正确的世界观、人生观和价值观，认识到团结合作的重要性。

4．辅导员在高校思想政治教育中的示范作用

辅导员作为高校的教育工作者，既是思想政治、道德理论的传播者，又是道德实践的示范者。高校辅导员负责学生的日常生活管理，是大学生的人生导师，并且与学生的关系亦师亦友，学生们的喜怒哀乐都愿意与辅导员分享。现在我国高校的辅导员队伍都偏向年轻化，他们与学生们的年龄差距较小，较容易与学生沟通，易于以自身的行动对学生起到示范作用。高尚的道德和行为本身就是一部活的教科书，让人在耳濡目染中达到教育的目的。辅导员身为人师，可以用高度负责的态度，良好的思想、道德、品质和人格给青年学生以潜移默化的影响。

5. 辅导员是大学生发挥自我教育作用的引导者

高校培养的大学生，是我国社会主义建设事业的后备力量，这就要求他们在社会主义建设中充分发挥自身的主动性、积极性，在实践中增长自己的才干，发展自我，实现自我价值。辅导员在思想政治教育工作的过程中，通过课堂宣讲、个别帮助，开展学习竞赛、能力比拼等各项活动，可以提高学生的自我教育意识和能力。此外，班级是大学生的基本组织形式，是大学生自我教育、自我管理、自我服务的主要组织载体，是高校开展思想政治教育的基本单元，辅导员可以通过加强班级建设监督班级和社团中的学生干部，督促他们的自我教育，发挥他们在高校思想政治教育中的积极性和主动性，增强教育效果，起到帮助学生培养优良的思想道德品质，引导他们进行自我教育的作用。

二、高校思想政治教育工作对辅导员的基本要求

辅导员的工作联系着每个学生的成长，作为高校思想政治教育的骨干力量，辅导员队伍的重要作用不容小视。辅导员对大学生的成长成才起着生活导师和思想引导者的重要作用，这样的角色定位对辅导员的素质和能力提出了全方位的要求。

（一）辅导员应具备的基本素质

1. 思想道德素质

思想政治修养是高校辅导员综合素质的灵魂和基石，辅导员的政治修养不仅会对其个人行为起着指导作用，而且会对其工作产生直接影响，关系到大学生思想政治素质的提高和他们的成长成才。江泽民同志曾强调指出："要说素质，思想政治素质是最重要的素质，不断增强学生和群众的爱国主义、集体主义、社会主义思想，是素质教育的灵魂"。大学生思想政治素质的提高，离不开教育者过硬的思想政治素质。辅导员必须具有坚定正确的政治立场和政治信仰，对共产主义事业有坚定不移的信念，能够深刻理解马克思主义科学理论，并且在此基础上给大学生以正面引导，增强大学生对改革开放和现代化建设的信心，帮助他们建立对党和政府的信任。辅导员必须有正确的政治方向，这样才能更好地帮助大学生树立正确的世界观、人生观、价值观，辅导员只有在政治上与党中央保持高度一致，才能真正对"为谁育人"、"育什么样的人"这样的大是大非保持清醒的头脑、正确的认识。辅导员必须加强理论学习，使自己具有较高的政治理论水平，能很好地向学生宣传党的路

线、方针、政策，把所掌握的理论知识同改革开放实践及发展的现实生活结合起来，把握青年学生的身心特点和思想动态，引导大学生成长成才。另外，辅导员的工作是一项塑造人的灵魂的事业，要求具有良好的道德素质和责任观念作为基础，以高度的责任感和事业心直面压力和困难，处理好苦与乐，奉献与报酬的关系，才能真正把学生工作当作一项光荣的事业，勤奋工作，无私奉献。

2. 业务素质

辅导员的工作是具体而繁杂的，涉及到学生成长过程中的各个方面，因此，辅导员队伍的专业化建设是必然趋势。一名合格的辅导员应该在一定的教育学、心理学、管理学等专业知识的前提下，尽可能多的掌握广博的社会文化知识，具备相对全面的知识结构，形成综合的文化素养。首先，辅导员作为高校的教育者和管理者，应自觉学习教育学、心理学、管理学等相关课程，通过理论水平和实践能力的不断提高，掌握现代教育规律、优化管理途径和手段，增强教育的效果。再者，辅导员还应加强社会科学、自然科学和美育等方面知识的学习，培养一定特长，尽自己所能对学生作出专业引导，为学生综合素质的提升进行必要的教育。同时，为适应网络时代和知识经济带来的挑战，辅导员还应该加强对新知识、新科技、新技能的学习，不断更新完善自身的知识储备，提高对现代化教育手段的应用能力，以适应时代的要求。总之，作为新时期的高校辅导员，必须通过不断的学习和积累，逐渐把自己培养成"一专多能"的教育和管理人才，才能更好的开展工作，服务于我们的教育事业。

3. 心理素质

目前我国高校的辅导员多为具有较高成就和良好文化素养的青年教师，业务素质基础较好，但由于缺乏工作经验和实际锻炼以及处理复杂事务时心理承受能力有所欠缺，很多辅导员面对繁杂的学生工作倍感压力和困难。尤其是在当今这个充满各种竞争和诱惑的社会，不少辅导员刚踏上工作岗位，面对社会生活中许多复杂问题和利益冲突充满困惑和矛盾，如果不及时加以排解，将直接影响他们的心理健康状况和工作成效。辅导员在工作中负有帮助学生解决心理问题、塑造学生健康心理素质的责任，因此，这就要求辅导员首先要具有健康的心理素质，通过加强心理知识的学习，掌握心理发展变化的规律，了解自己的心理特征，善于分析影响心理健康状况的因素，完善自我意识，正确认识辅导员角色定位，增强自信心和意志力，学会心理调控的方法，培养良好的情绪反应能力，能够运用适宜的渲泄方式，保持乐观的心态，抵御外界各种干扰。另外，辅导员是学生思想上的导航者，在社会发展多元化，个体发展个性化的趋势下，面对纷繁复杂的社会现象，必须高度认识自身工作的崇高责任和伟大使命，主动抵制个人主义、拜金主义、享乐主义等不良思想的侵蚀。只有这样，才可以真正发挥辅导员的导向作用，引导学生培养积极向上的健康心态，正确面对和解决遇到的问题，时刻保持正确的发展方向。

（二）辅导员应具备的能力

能力实质上就是素质在一定条件下的外显。思想政治教育工作对辅导员提出了很高的素质要求，表现在具体工作中，就要求辅导员努力形成以下几方面的能力，以便卓有成效地开展工作：

1．交流沟通能力

高校辅导员应该具备熟练驾驭语言的能力，以更好地实现对学生的管理和思想政治教育。首先，要善于把握工作中的要点和思路，并能够用语言或文字准确表达出来，对于学生的意见和学校的精神能够正确上传下达，做到准确、严密、通俗、生动；其次，要勤于钻研语言技巧和艺术，与学生交流时学生乐于接受，善于针对大学生思想状况和心理特点，进行个别谈心和说服教育，让学生在自然贴心的交流中受到良好的教育引导。

2．信息处理能力

现代社会网络技术不断发展，知识和信息传播的渠道更加多元化，网络已经成为青年群体交流信息的最广泛平台。但是网络上的信息并不都是健康向上的，而且也不是所有信息都对大学生的学习、成长有所帮助，即便是有用的信息，如果仅靠大学生自己总结处理，其教育作用也会大大降低。因此，高校辅导员应该努力培养对新信息的敏感性，具备发现和确认信息、选择和分类信息、根据信息确定教育内容和教育方向等能力，才能紧跟时代步伐，与时俱进地开展思想政治教育，指导学生健康成长。

3．创新能力

辅导员工作不是一成不变的，它是一项充满创新、探索的事业。我国的高等教育正处于变革时代，必须以现实的眼光审视学生工作的急剧变化，不断适应时代发展对大学生思想政治教育的新要求。辅导员不能墨守成规，因循守旧，而是要不断创新，树立新目标，提出新举措，总结新规律，探索新方法，开创学生工作新局面。这也就对辅导员的创新能力提出了很高的要求，要求辅导员能够挖掘和整合利用各种教育资源，从中发掘创新点并找出新的工作方向，更好地帮助学生解决各种问题。

4．组织协调和管理能力

学生的教育管理工作是通过辅导员和学生之间各种形式的交流互动实现的，在各种活动中，形成了辅导员和学生间你中有我、我中有你的教育管理模式，因此，良好的组织协调能力是辅导员带领学生顺利开展各项教育活动、打造学生团队精神的基础，也是顺利完成各项工作任务的重要条件。特别是在处理一些危机事件的过程中，更需要辅导员具备较强的组织协调能力，以应对各种各样的突发状况。另外，随着时代的进步，当代大学生的民主意识和自主观念日趋增强，尤其是在自由、民主的大环境下，有些大学生误解其中含义，形成了自由散漫、个人主义等不良习惯，面对这种情况，发挥良好的管理能力的重要作用，运用科学的管理方法，如无形管理、自我管理、制度管理等，可以起到事半功倍的作用，将学生的思想政治教育及管理工作推上一个新的台阶。

第2节　高校辅导员队伍存在的问题与对策

目前，我国高校中的辅导员队伍总体上是政治可靠、思想先进、业务过硬、爱岗敬业、值得信赖的。他们为高校的改革、发展及培养高素质人才做出了巨大的贡献。然而，随着社会的迅速发展，以及受市场经济的冲击，一些负面影响也随之波及到高校，在辅导员队伍中不可避免的出现了一些问题，这些问题制约了辅导员队伍的建设和辅导员素质的提高，并且严重影响到大学生思想政治教育的效果。因此，高等学校要以进一步明确辅导员的工作定位为前提，以推动落实辅导员的配备为基础，以形成辅导员队伍发展序列为突破口，以建立健全政策激励机制为重点，努力解决制约队伍建设和辅导员自身发展的瓶颈问题，扎实推动高校辅导员队伍建设工作。

一、影响辅导员作用发挥的主要因素

1. 辅导员配备不足，事务性工作繁多在目前高校中，辅导员承担着大量的学生管理工作，从思想政治教育、素质教育、心理辅导、就业指导、职业生涯规划到学生的日常管理等等，有关学生的一切工作和学生存在的一切问题都由辅导员来管理，缺乏明确的职责范围和工作定位。有的高校还规定辅导员每天必须按时写工作日记，每天必须和若干名学生谈话，手机必须24小时开机等等。特别是遇到突发事件，辅导员都是第一时间赶到现场进行处理。工作强度大、任务重、事务性工作过于繁琐、致使大部分辅导员工作没有上下班的时间界限。而且过多的事务性工作使得辅导员长期处于繁多而具体的工作中，无暇学习和提高自身的思想政治理论水平，更没有时间思考探索如何进行学生思想政治教育。随着我国高等教育体制改革的不断深入，高校的办学规模不断扩大，学生人数急剧上升，一些高校出现了辅导员人数配备严重不足的现象，使辅导员工作更加繁重、琐碎，工作量进一步增大。广大辅导员身处学生工作的第一线，他们直接面对的是具体、鲜活的大学生，他们时刻本着"一切为了学生"的宗旨，不分上下班，不分节假日，都坚持奋斗在学生思想政治工作一线，倾听学生呼声，传达学校指示，与学生进行沟通和交流，探求解决问题的途径，付出了常人难以想象的努力、汗水和泪水。这种工作状况背离了高校思想政治辅导员工作的宗旨，不利于辅导员深入细致地开展学生思想政治教育工作。

2．高校重视不够，政策激励机制不健全

激励理论在高等学校教育管理中广为应用，比如大学生各项优秀评比、各种奖学金的发放、学生干部的评选、各项补助和减免、各种社会实践活动的开展都是很好的激励方式并且取得了良好的效果。但是如何建立科学的选聘、培养和流动机制，完善考核评价机制和激励机制，对优秀辅导员予以重点培养，真正发挥政策激励机制对辅导员的激励作用是高校面临的重要问题。只有真正了解和掌握了辅导员的需求才能收到事半功倍的效果。一些高校对辅导员队伍建设不够重视，要求辅导员只讲奉献，不问待遇，不关心辅导员个人成长以及实际困难的解决。辅导员在待遇、进修、职称晋级等方面得不到重视，普遍存在职称低、待遇低的现象，使辅导员的个人发展得不到有力保障，导致整个队伍建设滞后于社会的发展需求。目前，由于对辅导员从事的学生思想政治教育工作缺乏科学的考核评价机制和有效的激励机制，因而不能有效引导辅导员专心本职工作，导致辅导员思想不稳定，严重影响了高校思想政治教育的效果。另外，高校对辅导员的管理体制也需要进一步探索和明确。大部分高校把辅导员编制在学校各学院或者各系，对于辅导员的日常工作管理由学院或系负责，而工作任务由学工处、团委、财务、后勤等各职能部门和学院安排，人事管理则由人事处负责，使得高校辅导员受到多重管理，工作性质难以定位。为了做好学生军训、评优评奖、特困生奖助学金评定、学生党建、社会实践等工作，他们不得不在学校各职能部门之间奔波，致使辅导员长期处于多人用、少人管的状况，形成了"上面千条线，下面一根针"的现象，亟需理顺职责体系。

3．发展序列不明确，缺乏专业学习动力

面对纷繁复杂的国内国际形势，当代大学生的思想认识和价值观念的多元、多变、多样，极大的增加了思想政治教育的难度，特别是辅导员的心理准备和专业的储备还不够，不同程度的存在着基础理论不扎实，方式方法不科学，教育引导不到位等问题。同时，辅导员队伍发展序列不明确，在一些高校辅导员得不到应有的重视和培养，发展出路除了争取管理职务的晋升外，只有转岗。因此，年轻的辅导员把辅导员工作作为职业生涯的过渡，不愿意长期从事辅导员工作，一有机会就转岗或考研，辅导员队伍的稳定也受到一定的冲击和影响。高校要积极创造良好的政策环境、工作环境、生活环境，要对辅导员的发展做出妥善安排，解除他们的后顾之忧，不断改善他们的待遇。推进辅导员职业化、专家化建设，使辅导员工作有动力，干事有平台，发展有空间。真正做到辅导员角色由过去单纯的学生管理者向职业型、专家型转变。比如，华中科技大学的做法对其它高校具有启示：该校力求从制度上确保辅导员队伍的稳定性。让辅导员逐步朝着教师队伍建设的方向靠近，建立开辟了辅导员职称评定"绿色通道"，为从事学生思想政治教育工作的辅导员，分别设立初级、中级、副高和正高职称，并将辅导员职称评定工作单列。此举为该校辅导员的发展提供了新的途径，促进了辅导员队伍的稳定。

目前高校辅导员总体质量不高，政治理论素质，业务素质，综合素质和理论研究能力参差不齐。许多辅导员是从大学毕业生中选拔的，他们多为在学生时代担任学生班级干部或者学生会干部，学校大多考虑这些优秀的学生品学兼优，德才兼备，但是没有考虑到他们缺乏思想政治教育的专业背景，使得他们无法更好的在日后的工作中对学生进行思想政治教育。而学校又很少有机会组织辅导员到其他高校学习考察或培训，造成现在在辅导员队伍中，很多人对于教育学、管理学、伦理学、心理学、法律等基础学科的知识了解不多，缺乏系统科学的理论知识和政治思想教育的专业技能，工作方式单一，分析解决问题的能力较差，在新形势下不能正确对学生进行引导和培养，严重降低了高校思想政治教育的德育效果。消除制约辅导员作用发挥的不利因素，就要加强与辅导员培训相关的学科体系建设，特别是思想政治教育专业学科建设，积极开展大学生思想政治教育和辅导员队伍建设等方面的理论研究；提升辅导员专业学习动力和学术研究能力。优化辅导员的知识结构，提高辅导员的管理和学术水平。

二、改进辅导员思想政治教育工作的措施

高校辅导员是大学生思想政治教育的承载者，是高校思想政治教育工作有效组织和顺利开展的重要保证。辅导员作为学校的终端防线，是感知学生隋况的终端末梢，是学校教育管理服务水平的重要体现。因此，要创新发展机制和辅导员的外部环境，提升综合素质，积极为辅导员的发展搭建平台，鼓励专职辅导员长期从事辅导员队伍工作，成为思想政治教育方面的专门人才。改进和加强辅导员思想政治教育工作，应着手于以下几个方面：

1. 改善辅导员工作条件

（1）提高辅导员的待遇水平。高校可以制定一些倾斜的政策，实行统一工资，注重绩效。即辅导员的岗位津贴纳入高校内部的推荐体系，确保辅导员的实际收入不低于学校同等条件专业教师的平均收入水平。在保障专职辅导员基本工资待遇基础上，可以考虑设立与辅导员日常工作的绩效考核挂钩的岗位津贴，由学校、学院共同对辅导员的工作进行绩效考核后发放。比如：北京市委市政府专门设立了高校辅导员工作岗位补贴，按照每个辅导员岗位每年增加500元绩效工资的标准，核增学校的绩效工资总和，由学校对辅导员的工作进行绩效考评，并采取配套的措施，为辅导员的生活提供充分的保障。

（2）优化辅导员工作环境。优美的环境，可以使人心情舒畅，和谐的校园环境，是教师、学生工作学习的基本条件，同时也是辅导员得以安心舒心工作、乐于工作的基本条件。在好的环境下，辅导员老师才可以保持愉快的心情进行工作，如果辅导员居无定所，食无定餐，工作环境杂乱，那么他们就无法安心工作，就不可能对每个学生的情况进行充分深入的了解，也不可能很好地开展工作。良好的校园环境还可以起到熏陶作用，激励学生奋发向上，能更直接地，更形象地发挥着育人的作用，也是辅导员尽心尽责做好思想政治工作的前提。

2. 拓宽辅导员发展渠道

近年来，由于各种因素的综合影响，高校普遍重视专业教师的培养，而轻视思想政治工作队伍的建设。致使辅导员队伍流动很频繁，不少高校学生辅导员离开了自己的岗位。据统计，我国高校辅导员的平均职业工龄只有 3 到 5 年。很多人认为辅导员是吃青春饭的，他们把这个岗位当作跳板，因此早早地为自己准备后路，这些不正确的初衷都动摇了高校思想政治工作的基础，影响了辅导员在学生心目中的威信，影响了高校人才的培养。事实证明，在市场经济条件下，高校的思想政治教育工作不仅不能削弱，反而需要大力加强。所以各高校要根据辅导员工作的特点，为辅导员专业技术职务和行政发展建立保障。要创新发展机制，拓宽发展渠道，积极为辅导员的发展搭建平台，要让辅导员"干事有奔头，发展有空间"。鼓励一部分专职辅导员长期从事辅导员队伍工作，成为思想政治教育方面的专门人才，作为培养和选拔党政后备干部的重要来源。还要建立辅导员在学校与其他部门之间的流动渠道，对有能力、有条件从事教学、科研工作的辅导员，要解决好他们的教师职务聘任问题，畅通辅导员在校内的流动渠道。同时，也可以通过积极向社会推荐和输送辅导员来开拓辅导员发展的广阔空间，构建辅导员队伍发展的立交桥。

3. 培养辅导员专业素养

高等教育的发展和学生群体的变化，要求辅导员必须以专业的精神紧跟时代，打造时代特色的辅导员队伍。辅导员工作在大学生思想政治教育第一线，承担着向大学生传播先进思想和科学理论，引导大学生树立远大理想的重要使命，但每天都需要做大量的具体事务性工作，长期以来被定位成大学生的生活保姆，工作很容易流于事物表面层面。随着经济与社会的快速发展，大学生既面临着更多的机遇也面临着更大的压力，困惑、依赖等问题也逐渐的突出，使辅导员业务涵盖的范围也越来越宽泛，这对辅导员的专业素养提出了新要求，尤其是心理辅导、网络辅导等方面，岗位的专业性很强。在加强专业化培养的同时，还应当从辅导员自身良好心理素质的角度加强相应的培养。大学生的心理健康与否极大程度上取决于思想政治教育工作者自身的心理状况和道德品质。打铁先得自身硬，一名辅导员就是大学生的一面旗帜，具有一定的"路径依赖"效应。如果辅导员自身在心理和性格上存在阴暗面，就会造成学生的很多心理问题无法按正常渠道表达和倾诉，也无法从辅导员那里得到榜样的力量，学生们内心的种种问题在压抑到一定程度时，必然在一定时间爆发。同时，如果一些辅导员本身的道德品质低下将会造成其威信下降，更损害了思想政治教育工作的严肃性和实效性。因此，辅导员应该注重提高自身的道德修养和专业素养，通过专业化的培养才能够有效的应对形势的发展变化，提高解决实际问题的能力。

4. 提高辅导员业务水平

辅导员工作首先要得到高校师生认可，在加强辅导员队伍建设过程当中，各地各高校要把队伍培养、培训作为基础和核心环节紧抓不放。通过举办各种专题、各种层次的培训班、研讨班、论坛等等，为辅导员学习提供多重机会。使辅导员在日常思想教育引导、党员发展、心理咨询、就业指导、网络运用等方面都能比较熟悉，做到教育针对性和时效性有所增强，专业化水平明显提高。这样才能受到其他专业教师和广大学生的欢迎和好评。具体做法：

（1）掌握科学的世界观和方法论是提高业务水平的基础。有效的实践来源于科学理论的指引，辅导员必须具备既要宏观地把握当前教育发展趋势的能力，又要在处理学生的每件事情做到微观细致；既要能跳出学生工作的圈子认识和分析学生工作，又不能离开学生工作来谋划思想政治教育工作；既要遵循学校的思路谋划，又要有所创新地开展实践，按照坚持科学发展观的要求，做好本职工作。

（2）业务水平的提高来源于综合素质的提高。辅导员应该具备的综合素质涵盖了各方面的内容，既要求具备广博的专业知识、扎实的政治学、教育学基本功，丰富的育人经验以及严谨的工作作风，还要求具有独特的个人魅力。

（3）提高业务水平要善于找准切入点。切入点是解决问题的突破口，辅导员在处理学生事务的时候，要想找准切入点，一是看事物发展变化的规律，即学生个体的特点，学生与学生、学生与教师、学生与学习、学生与学校之间相互联系的特点。二是辅导员要有对事物的敏锐性和预见性，既要看到目前的形势又要把握发展变化的规律。三是辅导员要有先天夺人的气魄，抓住时机恰到好处地实践。

（4）业务水平的提高要提倡讲责任、讲奉献、讲感情。辅导员对于思想政治教育工作的责任感是提升工作能力的原动力，如果没有责任感则无法养成言出必行、行出必果的工作作风，如果没有奉献精神就谈不上爱心、耐心、细心。假如辅导员不讲感情仅用教育者的权力来从事思想政治教育，往往会使教育者和被教育者处于对立的位置，使得学生对于辅导员进行的思想政治教育工作产生反感心理，很自然地也就达不到教育的理想效果。

（5）业务水平的提高要以校园文化为实践阵地。校园文化包含大学精神、校风、学风，可以说是贯穿学生培养的始终，校园文化具有重要的育人功能。因此，要做到思想政治教育工作具有科学性，实践具有系统性，就要建设体现社会主义特点、时代特征和学校特色的校园文化，并以此为载体全面引导和培养学生，推动辅导员队伍的专业化水平和业务能力的不断提高。

5．建立辅导员创新激励基金

目前全国高校辅导员队伍建设尽管取得了很大的成效，但是按照党中央、国务院的要求，按照青年学生成长成才日益变化的要求还有一定的距离。建立创新激励基金，大力促进理论思考，破解学生工作难题，已经成为全国高校面临的一项重要任务。具体包括：

（1）确定研究领域。每年邀请思想政治教育方面相关专家确定当年或未来需要研究的课题，其目的是选择对学生思想政治教育工作有针对性的、客观可以实现的、有突破性的研究课题，以选题的方式推动创新活动的发展。

（2）以学生为本调查研究选题。每年要从不同层面选择一定数量的学生，通过问卷调查确定与学生关系密切的重要问题，把学生关心的、影响学生思想活动的热点焦点问题筛选出来，通过对这些问题难题的研究和破解，促进学生思想政治教育工作的发展。

（3）引进外部智力。在课题研究成员组建上，适当引进课题研究合作伙伴，这些合作伙伴的选择一般倾向于社会科学领域的教师或研究人员，也可以考虑经济管理类的教师或研究人员，把他们的研究思路、方法和相关理论引入到学生思想政治工作研究当中，必定带来创新思维，发挥学科交叉的研究优势。

例如北京大学 2008 年 3 月，正式启动基层学生工作创新基地工程，拨出 40 万元专项经费，支持首批 12 个院系就学生成长与发展，医学研究生思想综合素质培养等等，开展深入系统的专项研究和探索。由于所选有待攻克的难点工作属新领域，各院系必须深入调查研究，主动进行理论探索，在求得理论思考的答案和理论研究的支持之后，才能明确工作推进的具体思路。辅导员工作创新激励的评选和建设，在辅导员队伍内掀起了勇于理论思考，主动推进工作的热潮。

实践证明，辅导员制度是中国特色社会主义教育制度的成功实践。对辅导员建设要深入教育，健全机制，完善规划，创新举措，进一步确立科学发展观，不断增强队伍建设的后劲和实效，把辅导员由实践事务型向科学研究型转变，引导辅导员在问题与困难面前勇于创新，开拓进取，善于进行针对性的理论思考和深入调查研究。全面推进高校辅导员队伍建设走向新的阶段。

第3节　辅导员思想政治工作创新的有效途径

一、把社会主义核心价值观融入日常思想政治教育

社会主义核心价值观，是社会主义价值体系中最基础、最核心的部分，是在建设社会主义先进文化和弘扬民族精神基础上提出来的，是我们在建设中国特色社会主义伟大征程中的思想方法与行为方式，是新时期高校的思想政治教育的重要内容。高校辅导员作为我国教育体系中极其重要的一环，作为大学生思想政治教育工作的骨干力量，应成为社会主义核心价值观的倡导者和积极实践者，在思想政治教育中发挥重要的作用。

辅导员制度自七十三年前中国工农红军大学的政治指导员到 1953 年在清华大学设立政治辅导员，至今辅导员队伍已成为保证高等教育事业持续、健康、快速发展不可或缺的重要力量。随着我国高等教育的发展以及我国培养人才的目标要求的提高，对高校辅导员提出了更高的要求。高校辅导员要以改革创新精神，进一步明确工作职责，创新工作思维，改变以往传统做法，坚持以学生思想政治教育为核心，以构建社会主义核心价值观为主体，以学生事务管理为基础，将建设工作落实到思想政治教育与引导、心理健康教育与引导、学风建设与学业指导、党团和班级建设工作指导、职业规划与就业指导、素质拓展指导、日常管理工作、安全稳定工作和宿舍管理工作等具体内容上。在育人方法的创新上要注重对学生的激励和奖励，奖励是人们对某个目标，某个行动结果的期望，奖励有着引发、激励、导向和促进人们向着既定目标努力的作用。作为辅导员，要善于发掘学生的这种心理需要，通过探索、创新高校学生荣誉体系，对更多的学生进行激励和奖励，让他们在精神需要方面获得满足感，增强自信感，取得荣誉感，从而充分调动学生的积极性。但是要做到在奖励过程中公平公开公正，防止出现亲者宽疏者严的现象。要把保障和维护学生的利益放在所有工作的首位，要力求努力解决大学生的实际问题，把促进大学生全面协调发展作为一切工作的出发点，把教育管理和大学生的成长成才、价值目标联系在一起，积极按照党和国家的布署，有针对性地开展大学生思想政治教育活动，切实做到在情感上感动人，在生活上关心人、帮助人，在成才上引　导人，把社会主义核心价值观教育融入日常思想政治工作中。

二、拓展教育平台实现学生自我成长

在我国从观念到体制均发生深刻变革的新时期，党的教育政策也逐渐向和谐化、人本化的方向靠拢。当前形势下，积极探索适应高校环境变化和大学生特点的自我教育的思想政治教育新模式，是高校辅导员面临的一个重要课题。自我教育是现代教育发展的必然趋势，为创新高校思想政治工作思路、提高教育效果提供了全新的研究视角，高校辅导员要以高校学生的全面发展为本，深入实施素质教育，培养社会主义事业合格的建设者和接班人，坚持以"机制体制创新"为目标，不断拓展教育平台，培养发挥学生骨干力量，体现对学生各种能力及兴趣的培养的和谐考虑，实现学生自我成长。

高校中，辅导员是不可缺少的管理者，凡是涉及到学生的管理工作，都是辅导员负责的工作范围。无论是学校还是院系大量的工作都需要辅导员的参与和协助来完成。但是作为教育的最高境界，自我教育不仅是实现人才培养的有效手段，而且对于提高思想政治教育的实效性具有重大指导意义。实施新的管理模式就是要以学生干部为主体，实现学生的自我管理为主，学校的引导、协调、督察为辅的模式。寓教于管、寓情于教，引导学生由被动管理转变为自我主动管理，增强学生独立驾驭大学生活的能力。

首先，要建设一支高效务实的学生干部队伍。高校的学生干部都是成年人，其思维模式和成熟度决定他们不宜采用居高临下的管理模式进行工作，而应根据高校学生的年龄和心理特点，发挥他们的模范带头作用，锻炼他们的管理能力。

其次，通过社会实践等各种活动提升凝聚力。要重视在学生自我管理和发展这一层面上，通过组织课外活动丰富学业业余生活，拓展教育平台，根据学生实际确立组织目标，拟定班级活动计划，树立校园文明新风，切实提高学生的综合素质，以提升集体凝聚力为中心目标，致力于完善学生的自我管理。"凝聚力是任何组织最为重要，也是最难形成的人文力。凝聚力是集体组织运行中个体活力最后凝结而成的组织合力。"为此，辅导员应把自己摆在服务大学生发展的位置上，敢于打破传统知识观、教学观和人才观的束缚，探索有中国特色的思想政治教育的有效途径。

三、充分发挥辅导员的"教育、服务与管理"功能

《普通高等学校辅导员队伍建设规定》（教育部令第 24 号）中提到"辅导员是开展大学生思想政治教育的骨干力量，是高校学生日常思想政治教育和管理工作的组织者、实施者和指导者。辅导员应当努力成为学生的人生导师和健康成长的知心朋友"。这是国家以

立法形式对新时期高校辅导员队伍做出的新定位,同时也是对高校辅导员提出的新要求和新任务。

辅导员是高等学校教师队伍的重要组成部分,这确定了辅导员在高校的教师资格和地位。从新生报到的第一天开始,辅导员和他管理的大学生就确定了师生关系,他们是所有的老师中与学生接触时间最长,接触最频繁的人,所以一个好的辅导员会影响学生的一生,会影响一批学生的未来。辅导员独特的人格魅力来自于坚定的理想信念,良好的道德风范和心理素质,积极上进的工作作风。辅导员良好的学识魅力来自于深厚的马克思主义、毛泽东思想、邓小平理论和"三个代表"重要思想的理论功底,扎实的思想政治教育相关学科知识(如教育学、社会学、心理学等),广博的专业知识,并且要有广泛的兴趣爱好(如体育、文学、科技、互联网等知识)。一个好的辅导员要懂得用自己的人格魅力去感动学生,用自己的学识魅力去征服学生,用自己的行动带动学生,用自己的真心和努力塑造学生,达到引领和教育的目的。

一个辅导员要想做到对学生的成长有所启发、有所引导,除了需要增强自身的学识魅力和人格魅力以外,还必须做到真正的尊重、关心学生,深入的了解学生,理解、体谅他们,信任、接纳他们,逐渐建立起"关爱—引导—教育"的师生关系。辅导员的工作必须面向每一个学生,要经常与学生在一起,经常深入到学生班级、学生宿舍中去,辅导员是大学生成长成才的服务者,作为服务者,辅导员要牢固树立全心全意为学生服务的思想意识,要有奉献与服务精神,应从解决学生最关心、关系最密切的问题出发,急学生之所急,想学生之所想,如帮助贫困生解决申请贷款、勤工助学问题等等。要注意了解和善于倾听学生对学校工作不足之处的批评和建议,把学生们的合理的意见和建议及时向学校反映,辅导员的工作正在由管理型向引导服务型转变。

辅导员还应当利用现代科技手段实现管理科学化,例如通过 QQ 上网聊天,发 E-mail,写网络日志、微信、微博等和学生交流,有时也可用写信的方法,要善于引导学生合理正确的使用网络,并要了解学生的网络行为,因为在网络环境下可以认识更真实的学生,了解学生的真实想法,从而缩小与学生之间的心理距离,与学生建立起相互理解、相互关心、相互信任、相互支持的良师益友的关系。让学生在烦恼的时候愿意找辅导员倾诉,快乐时也愿意与辅导员分享,成为学生心目中无话不谈、心心相印的良师益友,真正实现教育、服务、管理三者相结合,促进大学生健康成长。

四、"以人为本。和谐管理"

改革开放以来,随着社会经济的发展和精神生活的提高以及大学生价值观多元化的趋势，让我们不得不探索思考思想政治教育的新理念和新方法。"以人为本，和谐管理"思想的形成、发展是基于社会经济发展和人们日益对人性的关注之上的一种创新思维，使之与高校的思想政治教育相结合，必然会带给高校思想政治工作新的理念和新的方法。

1. 创新高校的思想政治教育理念

在我国高校中，由于教育观念、体制、内容和方法滞后于形势的发展，致使高校思想政治教育存在一定的误区。其表现为：一是重科学轻人文。很多高校对学生教育时讲现实、讲利益多，讲长远、讲理想少。二是重他律轻自律。一些高校对学生的管理仍然是教师的严格管理，而非民主基础上的学生自律。三是重成绩轻德行。这就要求高校辅导员必须进一步解放思想，必须与时俱进地创新工作理念。

（1）明确树立服务学生的理念；

（2）深入体会自我提高的理念；

（3）时刻谨记为人师表的理念；

（4）完美实现自我教育的理念；

（5）熟练掌握情理交融的教育理念。

高校辅导员队伍能否树立正确的理念，在飚决问题中实现新突破，已经受到社会的广泛重视与关注。因此，只有熟悉所从事工作的特点，大胆探索符合客观规律的思想政治教育新理念，才能实现高校学生思想政治教育工作的新飞跃。

2. 多渠道、多层次开展高校思想政治教育工作

多层次开展思想政治教育活动，强调的就是要从不同的角度来看待问题，来解决问题。主要包括：一是加强学生党员队伍建设。在高校中，"一名党员就是一面旗帜"，是广大学生的引路人和带头人。学生党员在思想政治教育方面的模范带头作用，能促进学院各项工作的提高，让更多的学生受到感染，受到鼓舞，以此形成思想政治教育的良性循环。二是加强学生干部队伍建设。学生干部在整个学生群体的作用可以用一个形象的比喻来看待：对先进的同学，要严格要求，除了给他们一些社会工作外，更重要的是教给他们一些工作方法，让他们在实践中不断提高自己。这一模式，也是"以人为本，和谐管理"的前提和基础。三是以务实的态度开展思想政治教育。以往的思想政治教育存在着空泛化、灌输型的弊端，现在高校的思想政治教育要正视新的历史环境中大学生新的思想动态，根据新的情况，发现新的问题，提出新的方法显得尤为重要。实施思想政治教育还应注意发挥不同渠道的作用。比如：加强大学生的心理健康教育的渠道、营造一种合谐良好的校园文化的渠道、充分利用网络渠道及创新辅导员队伍的思想政治教育理念等等。这些都能起到一种课堂上起不到的潜移默化的作用，对思想政治教育的效果有着不可低估的作用。

3．以"和谐校园"为保障，积极构建学生成长环境

建设社会主义和谐社会的提出，为高校思想政治教育理念的发展提供了更广阔的思路。对于高校来说，受教育者都是刚刚步入成年的青年学生，他们是祖国的未来和希望，他们接受、理解能力强，充满朝气，思想活跃，这些特征都对高校创建和谐校园提出更高的标准和要求。推行和谐管理、构建和谐关系、建设和谐校园，是构建和谐社会的重要组成部分。

以"和谐校园"为保障，提高大学生的综合素质，构建良好的学生成长环境包括：继续加强和改进思想政治教育，不断深化大学生德育教育，保证构建和谐校园的理论方向；充分运用现代教育技术手段，开展生动活泼的教育教学活动，寓教于乐，彻底改变枯燥无味政治理论说教；深入开展大学生社会实践活动，搭建和谐校园建设的桥梁；发挥教师文化和学生文化相互作用的综合效果，如燕山大学材料学院一直营造"学术是品牌，特色是生命，质量是保证"文化氛围，探索校园文化建设的新途径和新手段；充分利用网络渠道，建立学院的论坛、"温馨交流"专栏，与广大同学、任课教师、已经毕业在外地工作的学生直接交流与沟通；加强安全教育和心理健康教育，创建平安的校园环境等等。

高校的思想政治教育"以人为本，和谐管理"的精神实质就是高校要重视人文建设，强调人文关怀。高等教育本身的功能和特点决定了和谐管理是大学校园的明智选择，和谐管理的根本途径就是理顺各种关系，考虑各种因素，进行人性化管理，创建校园和谐的人文关系，为学生成长成才构建积极环境，为培养具备完善人格的社会主义合格建设者和可靠接班人贡献力量。

参考文献

[1] 教育部社政司组编思想政治教育学原理.北京：高等教育出版社，2002.

[2] 张耀灿.现代思想政治教育学.北京：人民出版社，2001.

[3] 刘德华.马克思主义思想政治教育著作导读.北京：高等教育出版社，2001.

[4] 罗洪铁.思想政治教育原理与方法研究.贵州人民出版社，2002.

[5] 陈秉公.21世纪思想政治教育工作创新理论体系.吉林教育出版社，2000.

[6] 陈万伯，张耀灿.思想政治教育学原理.高等教育出版社，2007.

[7] 陈万柏.思想政治教育载体论［M］武汉：湖北人民出版社，2003.

[8] 陈万福.《大学生思想政治教育新论》，浙江大学出版社，2008。

[9] 石云霞.《高校思想政治理论课程建设史研究》，武汉大学出版社，2006。

[10] 吴潜涛，徐柏才，阎占定.《高校思想政治教育的理论与实践》，人民出版社，2012。

[11] 王茂胜.《思想政治教育评价论》，中国社会科学出版社，2006。

[12] 邱伟光.《思想政治教育学概论》，天津人民出版社，1988。

[13] 赵兴宏.《思想政治教育应用论》，东北大学出版社，2008。

[14] 陈秉公.《思想政治教育学原理》，高等教育出版社，2006。

[15] 王勤.《思想政治教育学新论》，浙江大学出版社，2004。

[16] 张瑜.《高校网络思想政治教育发展与创新研究》，人民出版社，2014。

[17] 车华.《高校大学生思想政治教育的理路探析》，中国水利水电出版社，2015。

[18] 冷天玖.《高校思想政治教育整体优化与创新机制探索》，中国水利水电出版社，2015。

[19] 滕建勇.《新时期高校思想政治教育探微》，上海交通大学出版社，2011。

[20] 蔡田，李翔宇，贾伟杰.《高校思想政治教育前沿问题探究》，中国书籍出版社，2013。

[21] 邓波.《高校思想政治教育的现状与对策分析》，载于《中北大学学报》，2014（05）。

[22] 雷随斌.《新时期大学生思想政治教育队伍建设研究》，载于《西南大学学报》，2008（04）。

[23] 赵春莉.《高校辅导员开展思想政治教育工作创新研究》，载于《吉林大学学报》，2014（04）。

[24] 董霞.《新时期高校思想政治教育面临的挑战与对策》，载于《山东省青年管理干部学院学报》，2010（11）。

[25] 牟万新.《网络时代高校思想政治教育面临的挑战、机遇与对策》，载于《首都师范大学学报》，

2002（04）。

　　[26] 苏畅.《我国当代大学生诚信教育现状分析及对策》，载于《大连海事大学学报》，2006（03）。